RESEARCH ON THE DEVELOPMENT OF CHINA'S ECONOMIC GEOGRAPHY

中国经济地理发展研究

刘长庚 彭文斌 魏晓 等◎著

人民出版社

序　言

党的二十大报告指出,高质量发展是全面建设社会主义现代化国家的首要任务。构建新发展格局是实现高质量发展的重要环节,深入实施区域协调发展战略是构建新发展格局的必然要求,区域经济协调发展的本质是解放地域生产力、实现区域共同富裕。回答和解决"怎样解放地域生产力,实现区域共同富裕"这个问题,存在不同的认识。2000 年左右,我在西部大开发研究中强调"分割、距离、密度、异质性"重塑空间格局,提出西部空间格局不经济假说,认为西部大开发成功的关键在于规避和克服空间格局不经济,这就是所谓"4D"分析框架。但 2009 年世界发展报告只强调"分割、距离、密度",提出所谓"3D"分析框架,认为分割、距离、密度重塑经济地理是经济发展的成功之道。然而,异质性是不可忽视的重要经济地理特征,对我们这一个超大规模、地域多样性极其丰富的国家尤其如此。正因为如此,21 世纪以来兴起的"新"新经济地理学、新空间经济学和量化空间经济学在理论和方法构建中无不高度重视异质性,包括地域禀赋和生产率的差异。因此,"4D"分析框架是塑造经济地理进而解放地域生产力、实现地域共同富裕的必由之路。通过经济地理重塑而实现地区经济增长和地区经济差距缩小相统一，为研究区域经济协调发展，建立区域经济协调新机制提供了一个新的理论线索和思路。刘长庚教授及其研究团队倾力合作，撰写出《中国经济地理发展研究》一书，此报告立足各地区本地条件，遵循区域经济发展规律，紧扣时代脉搏，深入浅出地向读者展示了我国经济地理及区域协调发展的理论、现状及意义。

该报告以地域综合思想、可持续发展思想为指导，以新经济地理理论、应用区位理论、空间结构理论、人地关系协调发展理论、地域分工理论、产业发展理论等基础理论为基石，以“区域发展与运行”为主线，实现了中国经济地理对“现实性”的强调。首先，从经济地理学的发展沿革、学科体系、相关理论、特征与定位进行概述（绪论），揭示了经济地理研究领域的动态发展规律、研究现状、热点和前沿问题（第一章），深入分析了我国地理位置、资源特征及其经济地理影响（第二章），详细介绍了我国城市及区域划分（第三章）；其次，基于理论机制探讨构建了经济地理发展的评价指标体系（第四章），并在此基础上对我国经济地理发展的空间格局（第五章）及区域联系（第六章）进行了系统阐述；最后，全面总结了我国经济地理区域发展的总体特征、战略（第七章）以及中央财政转移支付对缩小区域差距的影响（第八章）。作为研究中国经济地理发展的专门著作，报告全文不仅展现了学术的特色和创新，还具备应用价值。中国经济经过40多年的快速发展，取得了举世瞩目的成就，但是一些深层次的矛盾和问题也开始呈现。习近平总书记指出，“不平衡是普遍的，要在发展中促进相对平衡。这是区域协调发展的辩证法”①。本报告在健全区域协调发展体制机

① 《习近平谈治国理政》第三卷，外文出版社2020年版，第271页。

制、完善全国统一大市场、发挥各级政府的协调职能、发挥各地区比较优势、促进各类要素合理流动和高效集聚等方面提供了政策建议。此外，对经济地理发展理念的宣传有利于促进各地区携手构建区域发展新格局，防范化解区域经济新风险，塑造数字经济新动能，进而实现基本公共服务均等化、基础设施通达程度均衡化、人民基本生活保障水平平等化，推动区域协调发展。

我国幅员辽阔、人口众多，各地区自然资源禀赋差别之大在世界上是少有的，区域发展不平衡的问题由来已久。区域协调发展不可能一蹴而就，实现区域协调发展必然是一个长期的过程，需要久久为功。基于此，该报告立足于我国经济地理发展的现状，从资源特征、转移支付、空间格局、区域联系等方面深刻阐释了实现区域协调发展的必要条件，同时对限制我国区域协调发展的障碍因素提出了相应的对策建议。经济地理重塑是构建新发展格局、实现高质量发展的新思路、新线索。作为研究经济地理发展的高品质著作，本报告对推动区域协调发展和生态文明建设具有重要参考价值和借鉴作用，相信读者能够从中受益。

教授，博士生导师，国际欧亚科学院院士
中国社会科学院大学应用经济学院院长
中国社会科学院生态文明研究所党委书记

目　录

绪　论

我国现代经济地理学与地理学同步发源于19世纪20—30年代，在新中国成立后一度与自然地理学共同支撑了中国地理学20余年的发展。改革开放以来，经济地理学研究对象、研究范式、理论基础、应用对象趋于多样化，但整体上在中国地理学和人文地理学体系中的地位有所下降。与全球其他国家，特别是以美国为代表的西方经济地理学发展相比，呈现出鲜明的特色。我国经济地理学有两个维度的研究内容，包括研究经济地理过程和格局的形成与演变规律，以及研究其他地理过程格局演变的经济因素与作用机理。本章首先梳理了我国经济地理学的发展沿革、学科体系和相关理论，在此基础上深入剖析了经济地理学的重要作用，最后对本书的研究框架进行了介绍。

第一节　经济地理学发展沿革

经济地理学是中国地理学最活跃的分支学科之一，同时中国的经济地理学也是国际经济地理学界最活跃的分支之一。受发展阶段、制度环境和文化传统等因素的影响，新中国成立以来，中国经济地理学走过了比较独特的发展道路，其核心特点是“以任务带学科”，即学科发展的首要目标和驱动力是满足国家需求，同时以实践任务促进学科的理论发展和建设，因而也被称为“实践派”经济地理学，以区别于西方的“学院派”经济地理学。

20 世纪之初，当我国现代地理学诞生之时，经济地理学在人文地理学分支中并未占有突出的地位，人文地理学呈现出各分支学科多样化发展的总体态势。面向处于工业化和城市化初级阶段的旧中国的社会需求，经济地理学地位逐步提升。1940 年 8 月，在重庆成立中国地理研究所（内设自然地理、人生地理、大地测量、海洋 4 个学科组）就是源于当时支援抗战的西南和西北大后方各省的国防、工业、交通、农业等各项事业的建设，需要地理专才为之设计重大社会需求。1949—1978 年，中国地理学如同苏联一样，经济地理学取代人文地理学地位，地理学由自然地理学和经济地理学构成。经济地理学研究的“经济”范畴，只包括被社会主义经济认可的物质生产部门。受我国经济建设重点是农业和重工业的影响，这个时期的中国经济地理学实质上是以农业地理学和重工业地理学两大部门为主体，以交通地理学——作为基础设施部门地理为配套，以人口地理学和历史地理学为补充的学科体系。1961 年，当中国地理学会组建首批专业委员会时，经济地理学专业委员会名列其中。改革开放以来，人文地理学其他分支学科，特别是城市地理学和旅游地理学等得到长足发展，同经济地理学形成并驾齐驱的格局。中国经济地理学在这个时期有三个发展途径：一是主要通过借鉴国外研究前沿，在学科内部成长出新的研究方向和主题，重视经济全球化、信息化和服务化新现象，重视企业和公司等经济主体的作用，重视体制文化和创新等的影响，重视自贸区等新地域类型的研究；二是扩大经济地理学研究领域，把人地关系地域系统和区域可持续发展作为主题，秉承了交叉学科的定位和区域研究的传统，也为今天日益成型的综合人文地理学奠定了基础；三是吸纳经济学和管理学等其他相关学科，融入经济地理学研究，不仅丰富了经济地理学理论方法，也改变了经济地理学人才结构和学科布局。分析 1981 年创刊的《经济地理》杂志论文，可以发现：城市化研究从城市化、城镇化、土地利用和生态环境等方面，逐渐转向新型城镇化、城市网络、生态环境和协调发展等主题；区域经济发展研究经历了从经济联系转向产业集群，再转向空间相互作用关系的主题变化；区域旅游发展研究则从旅游资源、旅游业、生态旅游等方面，逐步转向乡村旅游、旅游经济协调发展等主题。

总体而言，我国经济地理学是研究领域乃至研究方向均处于变化中的学科，这与其学科特质和长时期的“以任务带学科”的学科定位密切相关。习近平总书记在党的二十大报告中指出，“推动绿色发展，促进人与自然和谐共生”“尊重自然、顺应自然、保护自然，是全面建设社会主义现代化国家的内在要求。必须牢固树立和践行绿水青山就是金山银山的理念，站在人与自然和谐共生的高度谋划发展”①。当前，我国正处于实现“两个一百年”奋斗目标、改革发展的重要历史时期，作为一门“经世致用”的学问，经济

① 习近平：《高举中国特色社会主义伟大旗帜　为全面建设社会主义现代化国家而团结奋斗——在中国共产党第二十次全国代表大会上的报告》，人民出版社 2022 年版，第 49—50 页。

地理学正面临学科发展的重要转型机遇。

第二节 经济地理学学科体系

学科体系是指学科内部的分支系统，经济地理学在百余年的发展中形成了自身的学科体系。根据研究对象的不同，经济地理学具有以下分支学科（见图 0-1）。

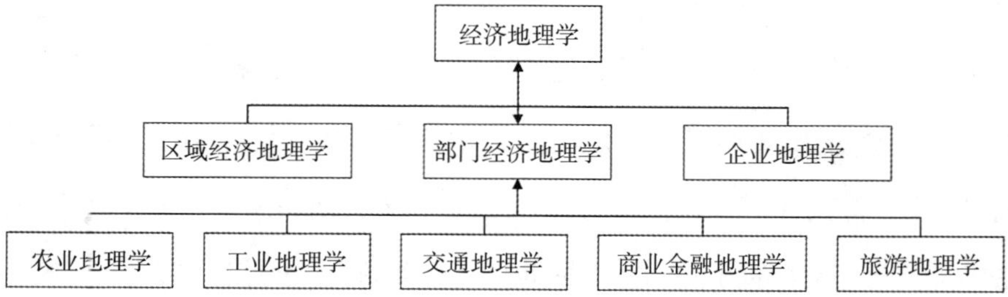

图 0-1 经济地理学学科体系

一、区域经济地理学

区域经济地理学是经济地理学历史最悠久的分支，记述阶段的经济地理多以区域经济地理的形式出现。区域经济地理学以地域范畴明确的区域为单位，研究其经济发展条件、经济结构、地域生产综合体与经济中心的形成与发展、生产地域分工以及与其他区域的关系等。在我国的实践中，国土资源调查、地区经济可持续发展、经济区划和区域规划成为区域经济地理学的主要研究方向。

二、部门经济地理学

部门经济地理学以经济活动的某一部门为对象，研究其区位、空间组织及其与环境的关系。部门经济地理的研究,在20世纪得到迅速发展。在总结各部门实践的基础上,逐步形成了部门经济地理的理论与方法,并用以解决实际中的问题。根据经济活动的部门划分,部门经济地理包括诸多分支,如:

(一)农业地理学

对农业地理学的一些重要概念和内容的研究已有较长的历史,它是经济地理学的最早分支之一。农业地理学的任务就是研究农业生产及其各个部门和环节客观存在的地域差异特征及表现形式;研究农业生产形成的自然因素、技术因素和社会经济因素,并探索其形成过程及变化发展趋向;研究由于农业生产地域分异而形成的各种农业地域类型和农业区的形成、结构和发展。在中国,2000多年前人们就注意到农业生产与地域条件的联系,指出了因地制宜利用自然发展农业生产的必要性。19世纪是地理科学和农业科学革新和深化的时期,为农业地理学的发展提供了基础。19世纪末至20世纪50年代是农业地理学蓬勃发展时期,不仅出现了大量的专题性、部门性和区域性农业地理著作,也出现了综合性农业地理理论著作。第二次世界大战以来,国际学术界对农业地理学的研究主要包括土地利用、农业技术创新、政府在农业空间组织中的作用和粮食供应与环境等。研究方法主要包括模型分析、农场主决策行为分析和农业生态系统分析等。近年来,农业可持续发展、农业产业化以及全球化与区域农业发展成为研究重点。

(二)工业地理学

工业地理学是研究工业或制造业地域分布及其规律的学科,

着重从区域和综合的角度，研究各种工业布局的因素和特点，以及不同类型的工业地域组合（地域工业综合体）的形成、发展和分布规律。工业地理学研究的空间尺度包括全球、国家、地区以及具体的工业企业。18 世纪以后，随着工业革命和资本主义社会的发展，欧洲地理学著作中关于各地物产、工业、农业的记述逐渐增多，但主要目的是服务于对外贸易。直至 19 世纪末，工业一直未成为地理学专门研究的对象。韦伯的工业区位论带动了经济地理学研究的理论发展，20 世纪后半期，国际上工业地理学家主要从事规范工业区位论的理论修改和实例分析、工业区位的行为分析、工业区位和区域工业发展的多变量定量分析、工业区位的企业组织分析、工业区域发展规划、工业区位和空间组织的政治经济学分析等。现代工业地理学在吸收经济学理论的基础上，深化了工业区位的理论研究。加强了工业发展与区域经济的相互关系的研究，并为此引用了投入产出分析、系统工程等定量分析方法。近期研究侧重于经济全球化影响、产业集群等。我国工业地理研究与国家经济建设需要相结合，开展了以重点项目布局和联合选厂为中心的区域规划，进行了摸清工业发展资源基础的区域综合考察、区域工业生产综合体、城市工业开发区和科技工业园区的发展论证等。

（三）交通地理学

交通运输地理学是研究交通运输在生产力地域组合中的作用、客货流形成和变化的经济地理基础，以及交通网和枢纽的地域结构的学科，是经济地理学的重要分支。其核心是研究交通网（包括线网、枢纽和港站）的结构、类型、地域组合及其演变规律；同地区间的运输经济联系、经济发展水平和人口分布有紧密联系的客、货流的产生与变化规律;交通运输在地域生产力综合体形成与发展中的地位与作用。在中国,这门学科是20世纪50年代中期由苏联引入的,随后快速发展。特别是70年代中期以来,在综合运输、选线设计、运输区划以及城市对外交通枢纽方面做了大量研究工作。作为研究交通运输活动空间组织的学科,交通运输地理可分为理论交通运输地理、部门交通运输地理、区域交通运输地理、城市交通运输地理四个部分。近几十年来的研究重点包括:交通运输网络、节点、货流和人流(多使用定量模型)分析,交通运输在其他经济活动地理变化的作用分析,以及交通运输服务的非均等性及非适当性分析。

(四)商业金融地理学

商业金融地理学是研究商品经济活动与地理环境关系的学科,是经济地理学的前驱。主要研究商品分布、集散中心、贸易联系及运输条件等,特别注重商业金融活动与地理环境的关系。商业金融地理学基本上可以被视为源于20世纪70年代出现的政治经济学派。当时正是发达国家产业大规模向外扩散的初期,产业活动的流动加快。因而,一些"激进"地理学家开始研究城市和区域内部金融资本的动态性,关注金融机构在引导特定地区资本流动过程中所起的作用。80年代,受全球产业转移和发达国家产业"空心化"的影响,西方国家的地理学者开始关注服务业的空间性研究,其中的代表性人物是戴维德·哈弗(David Harvey)。金融地理研究的大规模开展是在90年代,这与西方经济地理学中出现的"文化和制度转向"有关。近年来,随着商业金融地理学研究的不断深入,学者们开始从更微观的层面研究商业金融地理的发展,如商业金融活动的区位问题、商业金融地理研究中的社会文化转向以及货币地理研究等。

(五)旅游地理学

旅游地理学是研究人类旅行游览与地理环境关系的学科,不仅同经济地理学的许多分支关系密切,而且与社会学、民俗学、考古学、历史学、建筑学、园林学、管理学彼此渗透。19 世纪末 20 世纪初,国际上才从理论的角度对旅游进行专门的探讨。20 世纪 30 年代,美国地理学家克·麦克麦理(K.C.McMurry)发表的《娱乐活动与土地利用关系》一文,被世界地理学界公认为是第一篇关于旅游地理研究的论文。中国旅游地理学研究始于 30 年代,一些地理学家对自然风景区的成因机制问题进行了研究,如张其昀的《浙江风景区之比较观》、任美锷的《自然风景与地质构造》等。系统科学地研究旅游地理学始于 70 年代末 80 年代初,是在改革开放后旅游业迅速发展的巨大现实需求和地理学大变革(如人文地理学的复兴等)背景下出现的。中国旅游地理学进入系统研究的标志是 1979 年年底中国科学院地理研究所组建旅游地理学科组,随后得到了快速发展,其研究理论日趋深化和成熟,目前大量的旅游开发、规划与管理等均以旅游地理学为基础。目前研究内容主要包括旅游客源的研究、旅游资源的研究、旅游区划的研究、区域旅游发展规划的制订、旅游开发的区域影响研究、旅游信息系统与地图的研究等。

三、企业地理学

企业地理学是研究公司空间结构、空间行为及其环境关系的学科。经济地理学在某种程度上分割了区域之间的联系,部门经济地理学则分割了经济系统的产业关联。由于区域关联和产业关联大多数是由多区域和多部门企业来实现的,企业地理学在一定程度上整合了以上两种分割。企业地理学一词产生于20世纪60年代,之后随着大型企业和跨国企业在经济活动中地位的迅速提高,以及企业组织结构和决策过程的复杂化,该学科研究不断发展。其研究领域包括企业增长的空间研究、企业的空间结构、企业与环境关系、企业活动与区域发展等。90年代以来,中国的一部分国有企业经过公司制改造,逐渐摆脱了政府的控制,成为市场经济中自主经营的实体;非国有企业(如外资企业、乡镇企业)本身就具有较大的决策权。我国学者从90年代初期开始,围绕农村工业企业、国有企业、外资企业、高新技术企业进行系列研究。

第三节 经济地理学的相关理论

一、人地关系理论

中国经济地理在理论层面上突出体现人地关系思想。地理学自产生之日起便是研究人地关系的科学,人地关系理论也是中国经济地理的理论基础。协调我国人地关系最终要落实到地区综合发展中,任何区域开发、区域规划和区域管理,都必须以改善区域人地相互作用结构、开发人地相互作用潜力和加快人地相互作用良性循环为目标。人类对人地关系的认识,是一个逐步深入的过程。人地关系主要指人类活动与地理环境之间的相互关系,“人”是具有主观能动性的且具备社会属性和自然属性的个体或群体;

"地"指人类赖以生存的地理环境。人地关系论作为地理学研究中的重要理论基础经历了环境决定论、可能论、适应论、生态论、文化景观论、环境感知论、文化决定论和人地协调论等阶段的演变过程。人地关系的演变具有继承性,中国人地关系演变的动力机制主要包括生产力、生产关系、人口、战争和自然灾害。自然环境的演变是漫长的,因此在人类时期,人类活动是影响人地关系演变的主要因素。在不同历史时期,人对自然环境的认识有局限性,难以把握好改造自然的力度,人地关系也会由和谐到冲突,又从冲突到协调反复变化。

二、空间相互作用理论

所谓空间相互作用是指区域之间所发生的商品、人口与劳动力、资金、技术信息等的相互传输过程,它对区域之间经济关系的建立和变化有着很大的影响。美国学者乌尔曼(Ullman)于1954年最早提出空间相互作用理论,指出在城市体系中,任何一个城市都不可能孤立存在,而城市间的互补性、可运输性和中介机会构成了城市间人流、物流及资金流等相互作用强度的基础,地域邻近、交通便利和要素互补性强的城市之间相互作用也越强。空间相互作用理论的提出对城市之间的空间关系研究以及区域空间结构的演变等研究产生了深远影响。特别是进入21世纪来,一方面信息技术的发展与应用,使传统的物理空间距离的摩擦作用大大缩小;另一方面现代交通技术的进步与交通工具的革新大大压缩了城市之间的时空距离,城市空间相互作用与企业之间空间组织的新格局日益成为学术界的关注焦点。空间相互作用理论是揭示区域之间空间联系以及城市之间相互关系的重要理论,是本书的一大理论支撑。

区域之间发生相互作用需要存在以下几个方面的基本条件：第一，区域之间的互补性。即相关区域之间必须存在对某种商品、技术、资金、信息或劳动力等方面的供求关系。从根本上讲，只有区域之间具有了互补性，才有建立经济联系的必要。第二，区域之间的可达性。即区域之间进行商品、资金、人口、技术信息等传输的可能性。一般地，可达性受空间距离和运输时间、被传输客体的可运输性、区域之间是否存在政治、行政、文化和社会等方面障碍的影响。第三，干扰机会。这是指两个区域之间发生相互作用的可能性受到了来自其他区域的干扰。因为区域之间的互补性是多向的，即一个区域可以在某个方面与多个区域同时存在互补性。它究竟与哪个区域实现这种互补性，取决于它们之间互补性的强度，强度越大则发生相互作用的可能性及程度也就越大。总而言之，区域之间发生空间相互作用首先要存在互补性和可达性，并且没有干扰机会或干扰机会的影响小。

三、增长极理论

增长极理论是由法国经济学家佩鲁在1950年首次提出，该理论被认为是西方区域经济学中经济区域观念的基石，是不平衡发展论的依据之一。增长极理论认为：一个国家要实现平衡发展只是一种理想，在现实中是不可能的，经济增长通常是从一个或数个“增长中心”逐渐向其他部门或地区传导。因此，应选择特定的地理空间作为增长极，带动经济发展。增长极理论从物理学的“磁极”概念引申而来，该理论认为，受力场的经济空间中存在若干个中心或极，产生类似“磁极”作用的各种离心力和向心力，每一个中心的吸引力和排斥力都产生相互交汇的一定范围的“场”。这个增长极可以是部门的，也可以是区域的。该理论主要观点是，区域经济发展主要依靠条件较好的少数地区和少数产业带动，应把少数区位条件好的地区和少数条件好的产业培育成经济增长极。增长极理论的基本点包括：首先，其地理空间表现为一定规模的城市；其次，必须存在推进性的主导工业部门和不断扩大的工业综合体；最后，具有扩散和回流效应。在此理论框架下，经济增长被认为是一个由点到面、由局部到整体依次递进，有机联系的系统。其物质载体或表现形式包括各类别城镇、产业、部门、新工业园区以及经济协作区等。

现代区域经济研究中，增长极理论被广泛用作区域发展的指导理论，对增长极的具体解释产生了众多差异。有学者认为，增长极是推进型产业及其相关产业的空间集聚，是一个带动周围区域经济增长的城市中心，并且这个城市中心的特点是在一个时期内比区域内其他地区有更高的就业增长率，能通过扩散效应带动周围腹地增长的相关产业的空间集聚等。区域增长极具有以下特点：在产业发展方面，增长极通过与周围地区的空间关系而成为区域发展的组织核心；在空间上，增长极通过与周围地区的空间关系而成为支配经济活动空间分布与组合的重心；在物质形态上，增长极就是区域的中心城市。可以说对区域增长极的解释都存在布代维尔增长极的观点，即由于区域规模不一，增长极的规模也有等级之分，极化空间与城市中心的等级概念有相应的关系：一个极化区是一个异质空间，其中不同的组成部分相互依赖、相互补充，他们与区域内占支配地位的城市中心或极所进行的商品和服务贸易超过与周边区域的贸易。

四、产品生命周期理论

产品生命周期理论是 1966 年美国哈佛大学教授雷蒙德·弗农(Raymond Vernon)在《产品周期中的国际投资与国际贸易》一文中首次提出的。弗农认为:产品生命是指市场上的营销生命,产品和人的生命一样,要经历形成、成长、成熟、衰退的周期。就产品而言,也就是要经历一个开发、引进、成长、成熟、衰退的阶段。而这个周期在不同技术水平的国家里,发生时间和过程是不一样的,其间存在一个较大差距和时差,正是这一时差,表现为不同国家在技术上的差距,它反映了同一产品在不同国家市场上竞争地位的差异,从而决定了国际贸易和国际投资的变化。

产品生命周期理论实际上描述了对外直接投资区位转移的动态过程,这一理论把产品的三个阶段同企业的出口与海外生产联系起来,随着新产品依次经历创新阶段、成熟阶段和标准化阶段,企业对应的投资区位也依次从最发达国家向较发达国家,再到发展中国家转移。产品生命周期理论是第一次从比较优势的动态角度,将国际贸易和国际投资作为整体考察企业的跨国经营行为。其独到之处在于将企业拥有的优势同该企业产品的生命周期变化联系起来,在国际直接投资理论中加入了时间因素和动态分析内容,将美国跨国公司对外直接投资的动机、区位选择和产品创新较好地结合;揭示了跨国公司从出口转向直接投资的动因、条件和转换过程,解释了这些公司自第二次世界大战后先向西欧再向发展中国家投资的原因,并指出这种国际直接投资是拥有技术垄断优势的企业根据竞争条件的变化而采取的进攻性投资行为。当然,该理论不能很好地解释越来越多的发展中国家对发达国家的投资以及发达国家之间的双向投资现象,它主要涉及最终产品市场,而资源开发型投资和技术开发型投资与产品的生命周期无关。现实中,面对日益激烈的竞争环境,跨国公司的对外直接投资行为可能会与产品周期相悖。尽管产品生命周期理论的研究对象单一、研究范围狭窄,但其对国际直接投资理论的动态分析和产品创新等方面具有开创性研究,使其在主流国际直接投资理论中占有重要地位,是对垄断优势理论的发展,因此,该理论又被称为国际直接投资理论或国际贸易理论,属于国际直接投资微观理论之一。

五、梯度推移学说

梯度推移学说建立在产品生命周期理论基础之上,所谓梯度是指区域之间经济总体水平的差异,而不仅仅是技术水平的差异。梯度推移学说的基本观点是:一个区域的经济兴衰取决于它的产业结构,进而取决于它的主导部门的先进程度。在我国,梯度推移学说于20世纪70年代末引入区域经济研究之中,主要探讨国家经济发展的区域重点转移问题。梯度推移理论认为区域经济发展是不平衡的,区域之间存在经济技术的梯度。经济布局的重点选择应该根据区域之间的经济梯度来决定。首先要重点发展高梯度区域,在高梯度区域实行对外开放政策,国家给予重点扶持,通过引进、吸收和消化先进的技术,然后依次向低梯度的区域推移。随着高梯度区域的经济发展加速,推移的速度将加快,从而带动低梯度区域的经济发展,逐步达到区域之间的相对均衡。产业梯度转移即产业区域转移,是以企业为主导的经济活动,是由于资源供给或产品需求条件发生变化后,某些产业从某一国家或地区转移到另一国家或地区的经济行为和过程。产业梯度转移,可分为国家产业梯度转移和区域内的产业梯度转移。对某地区而言,包括外区域的产业梯度转移和本地产业梯度转移到其他地区两个动态过程。在我国,“梯度转移”表现为随着先富起来的东部地区的经济结构升级,某些劳动密集的、消耗大量自然资源的传统产业(如制造业)转移到中部、西部,甚至是按梯级顺序先转移到中部,再转移到西部。

梯度推移理论也有一定的局限性,主要是难以科学划分梯度,实践中容易扩大地区间的发展差距。该理论忽视了高梯度地区有落后地区,落后地区也有相对发达地区的事实,人为限定按梯度推进,这样做就有可能把不同梯度地区发展的位置凝固化了,把差距进一步扩大,使发达的地方更发达,落后的地方更落后。

六、“中心—外围”理论

美国地理学家弗里德曼于 1966 年提出“中心—外围”理论,也称“核心—边缘”理论,主要用于解释发达国家或地区与不发达国家或地区间的不平等经济关系。该理论认为,在若干区域内,个别区域会在各种因素的影响下首先发展起来而成为“中心”,其他区域则因发展缓慢而形成“外围”,两者之间存在不均衡的发展关系,中心处于支配地位,外围的发展则很大程度上要依赖于中心。中心对外围的统治作用源于中心与外围之间的贸易不平等,经济权力因素集中在中心,技术进步、高效的生产活动及生产的创新等也都集中在中心,中心依靠这些方面的优势从外围获取剩余价值,进而对外围发展产生压力和压抑。同时,弗里德曼认为,主导效应、信息效应、心理效应、现代化效应、连接效应和生产效应六大效应强化了中心的成长,促进了区域中心地对“边缘区”的统治地位,增加了“边缘区”对中心地的依赖性。

"中心—外围"体系的三个基本特征:整体性、差异性和不平等性。对于所谓的整体性,根据这种国际分工,首先技术进步的国家就成了世界经济体系的"中心",而处于落后地位的国家则沦落为这一体系的"外围"。"中心"和"外围"的形成具有一定的历史必然性,是技术进步及其成果在资本主义世界经济体系中发生和传播的不平衡性所导致的必然结果。对于"中心—外围"体系的差异性,技术进步首先发生在"中心",并且迅速而均衡地传播到它的整个经济体系,因而"中心"的经济结构具有同质性和多样性。"外围"部分的经济结构完全不同:一方面,"外围"国家和地区的经济结构是专业化的,绝大部分的生产资源被用来不断地扩大初级产品的生产,而对工业制成品和服务的需求大多依赖进口。另一方面,"外围"部分的经济结构还是异质性的,即生产技术落后、劳动生产率极低的经济部门(如生计型农业)与使用现代化生产技术、具有较高劳动生产率的部门同时存在。"中心—外围"体系的"不平等性",是普雷维什这一理论的第三个主要方面,也是该理论的关键和最终落脚点。普雷维什认为,从资本主义"中心—外围"体系的起源、运转和发展趋势上看,"中心"与"外围"之间的关系是不对称的且不平等的。

七、"点—轴"结构理论

"点—轴"理论由我国著名经济地理学家陆大道先生于 1984 年提出,该理论认为:社会经济客体在区域或空间的范畴总是处于相互作用之中。在国家和区域发展过程中,大部分社会经济要素在"点"上集聚,并由线状基础设施联系在一起而形成"轴"。"点"是指各级居民点和中心城市,是人口和各种职能集中的地方。“轴”指由交通、通信干线和能源、水源通道连接起来的“基础设施束”。轴线上集中的社会经济设施通过产品、信息、技术、人员和金融等,对附近区域有扩散作用,即“点—轴”渐进式扩散。点轴开发模式是增长极理论的延伸,从区域经济发展的过程看,经济中心总是首先集中在少数条件较好的区位,成斑点状分布。这种经济中心既可称为区域增长极,也是点轴开发模式的点。随着经济的发展,经济中心逐渐增加,点与点之间,由于生产要素交换需要交通线路以及动力供应线、水源供应线等,相互连接起来就是轴线。这种轴线首先是为区域增长极服务的,轴线一经形成,吸引人口、产业向轴线两侧集聚,进而产生新的增长点。点轴贯通,就形成点轴系统。因此,点轴开发可以理解为从发达区域大大小小的经济中心(点)沿交通线路向不发达区域纵深地发展推移。作为区域“最佳结构与最佳发展”的理论模式,“点—轴”理论适用于新时期我国的区域规划工作,是进行空间结构分析和空间规划的重要理论基础。

“点—轴”理论具有以下两种模式特征:其一,方向性和时序性。点轴渐进扩散过程具有空间和时间上的动态连续特征,是极化能量摆脱单点的限制走向整个空间的第一步。其二,过渡性。点轴开发将开发重点由点转向了轴线,多个点轴的交织就构成了网络,点轴开发成为网络形成的过渡阶段;随着区域网络的完善,极化作用减弱,而扩散作用增强,区域经济逐渐趋于均衡,因此,点轴渐进是区域不平衡向平衡转化的过程。对于欠发达地区来说也是二元经济结构的逐渐消除过程。可见,对于区域开发与规划实践来说,点轴渐进扩散理论除了回答经济发展和集聚过程外,更重要的是还提供了极化方向和时序控制这一新手段。点轴开发理论的实践意义，在于揭示区域经济发展的不均衡性，即可能通过点与点之间跳跃式配置资源要素，进而通过轴带的功能，对整个区域经济发挥牵动作用。因此，必须确定中心城市的等级体系，确定中心城市和生长轴的发展时序，逐步使开发重点转移扩散。

第四节　经济地理发展的特征与定位

经济实践活动的空间格局是经济发展的一个方面，经济建设的区位与空间组织，不仅制约着生产分布，也是经济建设过程中具有长远性和全局性的战略问题。某一项经济活动的区位，会对其他经济活动或产业的区位产生影响。生产空间布局的合理与否，都将直接关系自然资源与自然条件能否合理利用，以及能够保持生态平衡，最终将影响整个国民经济的发展。

一、发展经济地理学的意义

经济地理学是以人类经济活动的地域系统为中心内容的一门学科，它是人文地理学的一门重要分支学科，包括经济活动的区位、空间组合类型和发展过程等内容。经济地理学是以生产为主体的人类经济活动，包括生产、交换、分配和消费的整个过程，是由物质流、商品流、人口流和信息流把乡村和城镇居民点、交通运输站点、商业服务设施以及金融等经济中心联结在一起而组成的一个经济活动系统。这一系列经济活动都是在具体的地域内进行的，因此，以地域为单元研究世界各国、各地区经济活动的系统和它的发展过程，成为经济地理学研究的特殊领域。

在当今新科技革命不断深化与世界经济联系日益密切的形势下，学科的交叉渗透十分活跃，乃至形成许多新的学科，各个学科都在相互借鉴过程中努力发展自己。最明显的表现是经济地理学积极汲取经济学的理论与方法，努力把自己发展成为基础理论坚实、应用广泛而富有活力的地理学的新兴学科；主流经济学也在努力汲取地理学的优长，试图使其理论与方法论研究能够符合客观的社会经济实际，目前提出的“新经济地理学”就是有力的证明。目前，有一种说法，即在学科交叉渗透过程中，经济学与地理学，即经济地理学与区域经济学会走向学科全面融合，认为“新经济地理学”是学科融合的产物。

当今，在市场一体化发展的背景之下，经济地理学对我国实现高质量发展具有重要的理论意义。欧洲地理学家指出：经济学面临的一个主要问题是建立解释经济增长的理论。在解决经济增长来源这个问题时，区域科学与经济地理学家们认为，国家的繁荣与成功是来自该国之内某些区域的成功。在这方面，增长极理论、“中心—外围”理论、产品生命周期理论、创新与扩散理论和孵化理论，都从不同角度揭示了创新的区位条件，进而在空间上解释了经济增长问题。著名的经济学家克鲁格曼（P.Krugman）认为，经济地理学作为经济活动的区位论，其对研究经济学具有重要意义。

二、经济地理发展的特征与定位

过去百年间，我国经济地理学是沿着两个维度发展的：其一，以人类经济活动的地理分布成因和演变规律为研究对象的经典经济地理学，即研究对象是经济活动。由于影响人类经济活动地理格局的因素包括自然、经济、技术和社会等，所以研究人类经济活动的影响因素和作用机理呈现出学科交叉性、理论综合性和方法集成性等特点。其二,是对地理分布的形成和演变,揭示其经济学成因、机理和效应,即研究内容是经济机理。由于地理分布包括统一地理学、综合自然地理学及自然地理学分支学科以及人文地理学中其他分支学科,所以,用经济机理给出地理格局和过程的部分阐释,其研究对象即地理事项是多样的、复杂的,在工业文明时期采用经济学机理阐释人与自然关系以及人类活动的动因不失为具有较好解释度的途径。这样,我国经济地理学是在两个维度上展开的,这为经济地理学研究提供了广阔的研究领域和发展机遇。

我国经济地理学发展的突出特征表现为:一是基础研究与社会应用并重——具有传统研究优势的经济地理学与改革开放后理论方法得以迅猛发展的城市地理学、旅游地理学共同构成了人文地理学服务社会的主要应用方向。二是科研与教学并重——在基础教育、本科与研究生的高等教育中,经济地理学及其分支学科始终是主要的课程;在专业地理研究机构,经济地理学也是不可或缺的分支研究力量和人文地理学科研成果的主要产出领域。三是宏观战略研究与微观机理探索并重,其中微观经济地理学在揭示经济地理生成和演变机理方面,作出了突出贡献;而宏观经济地理学研究则面向战略和政策制定的社会应用方面更为擅长。四是国内学科建设与国外合作交流兼顾。以早期确定的工农业地理和交通商业地理的分支学科为基础,在国际交流中涌现出公司地理、演化经济地理和环境经济地理等新分支学科;从人地关系视角开展经济地理学交叉研究和引进苏联的技术经济与地域经济综合体方法,在新时代与国际前沿接轨中重视全球化、地方化、信息化、科技进步、文化社会转型的作用,以及企业微观主体行为和企业组织方式的影响。

认识经济地理学遵循复杂系统科学的基本规律和在人文地理学中的学科定位，结合经济地理学在优化国土空间开发保护格局中的应用定位，是理解新时代经济地理学，抓住重大发展机遇、探索适应性策略的基准。其中，对学科定位可从两个方面认识。

一方面，要深刻理解经济地理学是研究开放的、特殊的、复杂系统的一门学科，因此其研究范式必须遵循复杂科学研究的基本规律。开放系统突出表现为，我们的研究对象无论是一个经济部门或是一个经济区域，往往都是通过各种方式同其他部门、其他区域相互作用、相互影响，不是孤立和封闭的。特殊的系统则是指“人”，也即我们的研究对象，人的意识、人的价值观和人的行为习惯等一系列主观能动性就会使面对同一个作用力时、不同人的反应可能会不同，相同反应的人在下一步的适应性应对中的决策和行为可能也会不同，由此导致我们研究的经济地理格局的变化趋势就可能因此而不等同，导致许多经济地理学的规律存在显著的时空分异特征。复杂巨系统则更多地表现在驱动因素的庞杂和作用机理的复杂，一个区域一个阶段的驱动因素很可能在另一个发展阶段、另一些区域成为作用的结果，因果关系是可变的。一个区域某种经济地理现象的正外部性在另一个区域可能就变为负外部性，驱动机制和驱动过程存在不确定性。为此，其研究基本范式是复杂系统的统计学归纳，这是经济地理学规律总结方面常用的方法；固定若干变量以揭示主要参数间的相互作用关系，区位论和空间结构的研究基本采用了该范式；聚焦某个相对简单的因素、过程、格局开展作用机理和变化规律的探讨，而后再通过增加复杂性和不确定性实现对复杂系统混沌结构有序化的认知，这是目前经济地理学比较欠缺的研究技术路径。

另一方面,从人文地理学学科体系的分工、存在的共性问题,以及发展的总体战略中认识经济地理学的定位。人文地理学是探索人类活动空间分布规律的一门学科,通过学科发展战略研究,我国人文地理学学科体系可划分为4个分支学科群[①]:以人口和人类活动空间过程和格局集成研究为主要任务的综合人文地理学;以生产活动和服务业,即产业经济为研究对象的经济地理学;以生活空间为研究对象的聚落地理学,包括城市地理学和乡村地理学;以人类非物质活动为对象的社会文化政治地理学。其中,最突出的是以人口和人类活动空间过程和格局集成研究为主要任务的综合人文地理学。未来,一是要从经济活动的"全过程"发展经济地理学,全过程是指研发—生产—流通—消费—回收等,努力转变以往重生产领域的经济地理学研究的偏向。二是要从经济活动的"全时空"发展经济地理学,空间上要包含全球、国家、区域以及地方等不同尺度空间的转换和互馈关系,同尺度区域间相互作用在不同空间类型,如城乡经济地理学以及国别和区域经济地理学研究;时间上要关注历史经济地理学,特别是基于预判的,对未来经济地理的研究。三是要从经济活动的"全领域"发展经济地理学,包括经济主体、行业部门和地域类型,要重视研究人、企业和经济部门等在经济全过程中的角色,形成企业和公司地理、行业部门经济地理学,并以经济活动全过程在地域空间表现的经济地域类型、经济地域体系等作为经济地理集成研究的基本途径。四是要从经济活动的"全方位"发展经济地理学,主要指前向的经济活动环

① 樊杰、赵鹏军、周尚意等:《人文地理学学科体系与发展战略要点》,《地理学报》2021年第9期。

境、中间的经济地理过程与格局的调控,以及后向的经济活动效应。以协调经济与社会、资源、环境的关系为主线,重视经济发展条件、资源环境效应、社会公平和人民福祉响应等问题。而调控则包括经济空间组织模式、企业发展布局策略、区域经济政策和规划、国家产业链全球布局方针等。

第一章　经济地理发展的研究进展与展望

经济地理学是地理学最重要的分支学科之一，也是地理学中发展变化最快的分支学科之一，在社会实践中发挥着重要作用。进入21世纪以来，西方经济地理学家开始纷纷回顾经济地理学的发展历程，展望未来方向。毫无疑问，即使在学术全球化的时代，由于社会经济发展阶段的不同和研究传统的差异，各国经济地理学发展都有各自的特色。科学认识和总结中国经济地理学取得的成就、发展过程和特点是推进学科发展的前提。本章以科技论文为主要依据，结合重大规划和专著成果，剖析中国经济地理学发展动向及其变化后面的基本逻辑。文献计量法是一种基于数学和统计学的定量分析方法，它以各种科学文献的外部特征为研究对象，以输出量化的信息内容为主要特点。准确把握中国经济地理研究进展并提出未来展望，对于未来经济地理发展意义重大。

随着经济全球化与工业化的快速推进，全球生态环境危机频发，气候变化、资源能源枯竭与生态环境破坏等问题日益成为关注的焦点。由于社会经济发展不断地从相关学科中汲取科学知识，20世纪80年代以来经济学和社会学的多样化推动了经济地理学的文化转向。

中华人民共和国成立以来，中国经济地理学走过了一条与欧美经济地理学不同的发展道路。中国经济地理学面向经济建设主战场，在“以任务带动学科”的指导下，在很多领域都取得了可喜的成绩。但事实上，各国经济地理学都发挥着社会功能和学术功能。社会功能指以各种形式为国家和地方发展提供智力支持；同时，通过培养学生以保证学术研究和实践工作“薪火相传”。学术功能是指经济地理学家必须创造新的科学知识。但这两项工作所占的比重在不同的国家、不同的机构和不同的学者身上有所不同。总体而言，与西方学者走“学院派”路线不同的是，中国学者更偏向“实战”。这一特色在中国科学院系统更为明显。但从国内外发展趋势看，这两项工作在不断地靠拢。崇尚自由研究的欧美经济地理学家面临的社会压力使他们不得不考虑研究的社会价值。在学术竞争日益激烈的今天，中国经济地理学也更加注重理论创新和融入国际经济地理学。

第一节　国际经济地理学研究概述

经济地理演进思维的不断发散推动了多种思想的产生，如选择效应、锁定效应和路径依赖，这些思想在概念、理论和实证研究中常以不同的形式出现。然而，这种多样性带来了方法上的挑战，因为在不同的研究实践中，数据类型和分析方法有很大差异。由于经济地理学特殊的发展历程，对定量和定性方法进行相应阐释成为经济地理学演进研究中亟待解决的难题。一些先驱者遵循定量研究，如埃斯莱茨比克勒（Essletzbichler，2007）、普卢默（Plummer，2013）、博世马（Boschma，2015）等，这些研究为经济地理学的发展奠定了坚实的基础：严格定义了概念范畴，对研究主体的关系进行了理论化确定，厘清并测试了各种正式假设，提出了稳健的研究设计和数据源，测量绘制了跨时空的关联模式和演进变化规律的周期。正如定量研究者认为的那样，经济地理的定量研究一直在努力为模糊但重要的概念确定适当的代理指标，以便将经济、社会、政治等环境中不同层次的研究分析进行关联，确保空间维度及时间维度上数据的可用性和可比性达到所需水平，从而实现横向和纵向分析，确定因果关系的范围和性质，并优化路径。另一些研究者则更注重定性研究，如道利（Dawley，2015）、西米（Simmie，2010）、西多夫（Sydow，2010）等，他们采用更宽泛的概念进行理论化，对不同的地理环境进行比较分析，提供了丰富的实证及案例研究，捕捉了演进变化的多样性、多元性和异质性，并尝试确定因果关系、影响机制和作用过程。定量及定性研究拥有各自的拥趸，方法也各有优缺。

整体而言，经济地理学是一个在发展新的研究议题和理念方面充满活力的领域，但还需要缩小方法障碍，以便能够实现跨领域交流。同时，无论采用何种方法都应加强严格性，并探索不同方法之间的互补性。根据对近年来研究实践的总结以及与其他社会科学领域的讨论，经济地理研究可以从以下五个方面应对挑战。

一、弥合定性和定量研究的差距

自“数量革命”以来，有两个方法论阵营：一个是通过深入理解具体案例来寻找过程和逻辑，另一个是从大量观察中发现影响和规律。这两大阵营在经济地理领域共存，并在实证研究中相互竞争。定性分析通常很难解释数字和规则背后的含义，没有上下文信息很难完全理解分析的结果，添加典型案例有助于形成更有说服力的论据，减少测量问题，并以更好的方式将研究结果置于背景中。定量分析则面临在广泛背景下精准概括研究结果的困难。为消除方法壁垒，尝试连接定性和定量研究的新方法是新的突破，如定性比较分析（QCA）。拉金（Ragin，2014）认为，定性比较分析是一种分析定性数据的定量方法，它超越了识别单个变量的净效应，而是寻找条件的配置解释某一结果。定性比较分析广泛地应用于政治学、管理学和组织学研究，直到最近才被吕滕（Rutten，2019）、巴瑟特（Bathert，2020）等在经济地理学中应用。

二、选择合适的数据

过去的研究实践通常以缺乏数据为特征，我们现在面临的情况是收集和分析“大数据”的过程在许多领域中彻底改变了研究实践。大量新数据为研究提供了机遇，可以对现有理论进行延伸并找到更令人信服的证据。挑战在于我们如何利用“大数据”来回答经济地理学的研究问题。

三、提高严格性

在定量和定性分析方法中，都有以产生期望结果的方式操纵数据的可能。例如，在定量分析中，当研究人员只关心其系数的统计意义时，显著性操纵是一个常见问题，即只计算“星号”的多少，而忽略发现的理论意义或统计上不重要的结果；在案例研究中，研究人员同样可以在提供很少证据的情况下声称有新发现，并且很难检查他们的解释是否受到先验假设或预期的影响。在这两种研究背景下,经验分析与理论预测都存在不匹配问题。为了提高严谨性,需要在经验数据和概念论证之间建立更紧密的联系,适当解释案例研究的结果,并解决定量工作中的测量误差或内生性问题。

四、澄清因果关系

尽管方法不同,但定量和定性研究人员有相同的目标,即说服读者某一事件或该事件导致的另一事件。然而,定量分析与定性分析对因果关系的理解存在根本性的差异(Fiss,2011),这常常导致不同理念的研究人员之间产生混淆与误解。在试图消除方法上的差异时,我们需要考虑因果关系原则有何不同,以及如何将不同的发现相互关联起来。

五、确保高道德标准

在定量研究中,重要的是要考虑"大数据"可用性和个人隐私之间的界限,并制定防止数据泄露的程序。此外,由于缺少出于隐私原因而未公布的数据,公共人口普查数据可能难以用于空间分类分析。在定性研究中,当要求受访者签署正式的同意书时应事先提供基本的访谈纲领。伦理问题不仅决定了研究项目是否可接受和研究对象是否受到保护,还将影响研究结果。

这些经验在我国的经济地理研究中同样适用。近年来,中国的经济地理学家积极参与并组织国家和各省的主体功能区划,这些工作凸显了经济地理学研究的社会价值,是中国经济地理学家参与国家和地方经济发展的主要途径,是中国经济地理学的生存之本、发展之源,其意义远远超过发表几篇SCI。同时,大量的研究成果以专著等形式发表,但全面地收集规划成果和专著还是比较困难。因此,本章以科技论文为主要依据,并结合重大规划和专著成果,剖析中国经济地理学发展动向及其变化背后的基本逻辑。文献计量法是一种基于数学和统计学的定量分析方法,它以各种科学文献的外部特征为研究对象,以输出量化的信息内容为主要特点。

第二节　数据来源与研究方法

一、数据来源

为保证文献检索科学性,以“经济地理”为关键词,对中国知网(CNKI)期刊库内 CSSCI 文献进行搜索追踪。将时间限定于1998 年 1 月 1 日至 2022 年 8 月 3 日,最终得到 1127 份中文论文的有效文献(不包含学术会议信息、学科资讯、学术争鸣、书评、通知等)。在此基础上,再对关键词中的背景、影响因素、结果、建议、对策等泛词进行规范化处理。

二、研究方法

本章采用科学知识图谱法和文献计量法展开分析。目前,信息可视化技术作为文献计量学领域一种重要的研究方法被广泛应用于数字图书馆、教育学、经济学、图书情报等领域,其中,CiteSpace 和 VOSviewer 是可视化分析比较常用的两种绘制知识图谱的软件,都可以实现分析关键词、作者、科研机构、文献共被引、期刊共被引、发文地区等功能,但是两者的使用前提和操作难度存在差异。VOSviewer 软件主要以密度和距离等解析各个节点之间的强弱与聚类关系，使用该软件一般需要输入共词矩阵格式的数据，操作复杂，且数据格式要求比 CiteSpace 软件高；CiteSpace 软件主要以连线及树形图等解析各个节点间的强弱与聚类关系，使用时操作简单，对格式要求不高。因此，本章选择 CiteSpace 软件对 1998—2022 年的 1127 篇中国知网 CSSCI 来源期刊文献绘制科学图谱和进行计量分析。本章选择软件版本 CiteSpace6.1.R2 进行分析，以期直观地展现经济地理研究领域的动态发展规律，揭示其研究现状、热点和前沿问题。

首先对参数进行以下设置，时间切片（Time Slicing）：1998—2022 年，即文献的时间跨度为 1998—2022 年；时间分区（Year Per Slicing）：即以每一年作为一个时间分区；节点类型（Keypoint）：即以关键词为节点，对所选文献进行知识网络分析；网络配置的选择标准（Select Top 50 most cited or occurred from each slice）：即选择每一时间片段中被引频次或出现频次最高的 50 个节点数据形成知识网络；修剪方法（Pathfinder）：即对每个时间切片的知识网络及所有切片的合并网络进行修剪，从而精简网络结构，以便突出重要节点与其他关键词的联系。其他参数均采用默认设置。

第三节　经济地理发展的研究进展

一、核心学者及其合作情况

（一）知识基础演化

综合学者学术贡献、学术产量及研究经历，将 1998—2022 年经济地理研究核心学者划分为三个阶段:第一阶段包括陆大道、李小建等初期学者,这些学者于 20 世纪 90 年代基于中国所处的发展阶段及自身学科体系背景,产出优秀学术成果,对中国经济地理研究学术体系和学者体系构建发挥了奠基作用;第二阶段包括刘卫东、孙久文、樊杰等学者,承袭初期学者衣钵,以陆大道、李小建等初期学者为引领,以经济地理的研究侧重点及范式入手,从 21 世纪起持续活跃至今;第三阶段包括贺灿飞、曾刚、朱晟、何雄浪等学者,为近十余年崛起的新生力量,这些学者站在为期学者的肩膀上,从理论总结、实证运用和方法创新等方面扩展经济地理研究的广度。学者们历经近 25 年的深度博考,从"理论基础—技术手段—应用研究"全面搭建起中国经济地理研究广厦。

20 世纪 90 年代,新区域主义思潮涌现,我国开始出现经济地理学者。陆大道(1987)最先提出经济地理学在学科方向、研究内容与研究方法方面都应逐步转变到:以区域经济发展问题为主要方向、以区域总体决策研究代替单个区位决策研究、以区域分析和建造区域模型为主要研究方法,以更好地为经济建设服务,并推动学科本身进一步发展。李小建(1999)评述 80 年代以来著名经济学家克鲁格曼主要的经济地理观点,提出经济地理学一方面应通过不同观点之间的交流,使其理论不断发展;另一方面也可根据所研究对象和目的的不同,有倾向地选择研究方法,以充分利用这些研究方面的优势。这一阶段学者在区域范围内开展更为综合的研究,对经济地理学科进行联合作战改变以往农业地理、工业交通地理、城市地理、区域地理各研究各课题相互渗透较少的状态。

进入 21 世纪,经济地理学研究进入活跃期,经济地理学获得快速发展，大量经典文献涌现。刘卫东（2004）提出今后一个时期我国经济地理学的发展应处理好国家目标与理论研究、核心问题与具体研究议题、走向国际学术界与建设有中国特色的经济地理学以及宏观研究和微观研究、科学主义与人文主义之间的问题。孙久文（2005）则指出经济地理学理论建设既要与时俱进适应全球经济地理学的发展趋势，也要实事求是密切联系我国国情，服务于经济建设实践。“十一五”规划将“空间秩序”“空间结构”“区划”“区域规划”等一系列经济地理学的概念写入国家决策文本，对经济地理学旺盛的社会需求达到了前所未有的高度。樊杰（2006）剖析了经济地理学发展现状对社会需求的适应性，提出需以国家重大战略需求为导向，明确经济地理学的新学科问题，在解决实际问题中应用经济地理学理论，发现科学难点问题，不断深入探究，完善理论体系，在解决实际问题能力的同时，发展经济地理学科。这一阶段学者基于国家规划注重塑造国土空间开发利用的合理格局，正确认识和把握当今的社会需求，明确学科发展方向和重大命题，加快经济地理学步入新的繁荣发展时期。

2010年之后，经济地理学的演化转向进一步加快。贺灿飞（2016）结合中国地级市层面的企业数据探究了产业关联与产业结构演化的关系，验证了中国区域产业发展具有路径依赖性，产业关联在产业的进入和退出中发挥了显著作用。曾刚（2018）借助CiteSpace V软件对1982—2016年经济地理学领域产业集群研究文献进行梳理，发现研究内容逐步从关注经济活动的地理集聚，转变为多维邻近、路径依赖视角下的集群创新和集群演化。朱晟君（2018）根据制造业地理格局的剧变，指出中国经济地理相关研究的重心逐渐从关注市场化、全球化和分权化过渡到产业升级、转移和去地方化等要点。何雄浪(2022)基于新经济地理学 OTT[①] 分析框架的模型,将技术溢出引入线性自由企业家模型,发现运输成本、消费者对不同工业品偏好、工业品间替代性、本地溢出效应、跨界溢出效应的增加都会增加本地市场效应。这一阶段学者倡导的演化转向成为新经济地理学研究的最新动态,演化经济地理学强调对企业的关注,注重研究企业的组织惯例、知识基础及其长期演化动态,为创新与区域发展的相关研究提供了微观视角。

(二)学者合作网络分布特征

运用 CiteSpace 软件,选择节点类型(Node types)为"作者(Author)"选项,呈现发文作者间的相关性和合作关系。从共被引频次来看,在 1127 篇中国样本文献中,有 563 个中国学者发表了关于经济地理的文章。从合作网络与合作强度来看,最大的子网络成员达 12 个节点。经济地理领域已经形成了分别以贺灿飞为核心、以曾刚为核心、以陈明星为核心、以朱晟君为核心的四个较大的研究团队。此外,还有分别以刘春腊为核心、以余建辉为核心、以李小建为核心、以何雄浪为核心等小团队。虽然学者们组成了大大小小的众多团队,但这些团队之间存在交集,呈现出"小集中,大分散"的合作网络分布特征。

二、研究单位及其合作情况

中国知网中 CSSCI 来源期刊收录的关于经济地理的文献来自 440 个中国研究单位。如表 1-1 所示,按期刊发文量由多到少排

① OTT,主要由 Ottaviano,Tabuch 和 Thisse 提出,被后来的学者称为 OTT 分析框架,是一个合二次子效用的拟线性效用函数和附加型的分析框架。

序前二十位研究单位覆盖华东(4 所)、华南(2 所)、华北(9 所)、华中(3 所)、东北(1 所)和西南(1 所)六大地区,说明经济地理问题已经在中国引起广泛关注。此外,华北和华东地区的研究单位数量之和超过总数的一半,说明研究经济地理的主要力量集中在华北和华东地区。中国科学院地理科学与资源研究所(49 篇)、北京大学城市与环境学院(41 篇)、河南大学环境与规划学院(18 篇)、中国科学院区域可持续发展分析与模拟重点实验室(17 篇)和北京大学林肯研究院城市发展与土地政策研究中心(17 篇)发文量位列前五位,也反映出中国经济地理领域的科研水平较高。其中,中国科学院和北京大学各有两个研究单位进入前五位,说明中国科学院和北京大学在经济地理领域的科研水平在中国处于领先地位。

表 1-1 中国在经济地理领域发文数量前二十位的研究单位

序号	发文数量	研究单位
1	49	中国科学院地理科学与资源研究所
2	41	北京大学城市与环境学院
3	18	河南大学环境与规划学院
4	17	中国科学院区域可持续发展分析与模拟重点实验室
5	17	北京大学林肯研究院城市发展与土地政策研究中心
6	13	华东师范大学中国现代城市研究中心
7	13	中山大学地理科学与规划学院
8	12	湖南大学经济与贸易学院
9	12	西南民族大学经济学院
10	12	中国科学院大学
11	11	河南大学黄河文明与可持续发展研究中心
12	11	南京师范大学地理科学学院
13	10	中国科学院大学资源与环境学院

续表

序号	发文数量	研究单位
14	10	中国人民大学经济学院
15	10	南京大学地理与海洋科学学院
16	10	东北师范大学城市与环境科学学院
17	9	中山大学旅游学院
18	8	南开大学经济学院
19	8	北京大学政府管理学院
20	7	浙江大学经济学院

资料来源：运用中国知网数据，根据 CiteSpace 处理结果整理。

运用 CiteSpace 软件，选择节点类型（Node types）为“机构（Institution）”选项，呈现发文单位间的相关性与合作关系。中国研究经济地理的单位的合作网络中共有 440 个节点。其中，最大子网络成员是北京大学城市与环境学院，有 26 个节点，占总节点的 5.91%；其次是中国科学院地理科学与资源研究所有 24 个节点，占总节点的 5.45%。此外，中山大学地理科学与规划学院有 22 个节点、东北师范大学地理科学学院有 19 个节点、华东师范大学城市与区域科学学院有 18 个节点、广州地理研究所有 18 个节点。由此表明，经济地理领域在研究单位方面已经形成了分别以北京大学城市与环境学院为核心、以中国科学院地理科学与资源研究所为核心的两个较大的合作团队。此外，还有分别以中山大学地理科学与规划学院为核心、以东北师范大学地理科学学院为核心、以华东师范大学城市与区域科学为核心、以广州地理研究所为核心等小型合作团队。说明在中国经济地理研究领域、研究单位之间保持着广泛而密切的合作关系，它们不仅内部合作紧密，而且彼此之间的合作也很密切。具体来说，各核心团队的合作网络如下：

（1）中国科学院地理科学与资源研究所从2000年开始发表有关经济地理的文章，截止到2022年8月3日共发表49篇。与其合作的包括华南师范大学旅游管理学院、华东师范大学城市与区域科学学院、东北师范大学地理科学学院、北京大学城市与环境学院、中山大学地理科学与规划学院等24个单位。

（2）北京大学城市与环境学院从2010年开始发表有关经济地理的文章，截止到2022年8月3日共发表41篇。与其合作的包括中国科学院地理科学与资源研究所、华东师范大学城市与区域科学学院、东北师范大学地理科学学院、北京大学城市规划与设计学院、中山大学地理科学与规划学院等25个单位。

（3）中山大学地理科学与规划学院从2006年开始发表有关经济地理的文章，截止到2022年8月3日共发表13篇。与其合作的包括中国科学院地理科学与资源研究所、华东师范大学城市与区域科学学院、东北师范大学地理科学学院、北京大学城市与环境学院、中山大学旅游学院等23个单位。

（4）华东师范大学城市与区域科学学院从2015年开始发表有关经济地理的文章，截止到2022年8月3日共发表7篇。与其合作的包括北京师范大学地理学与遥感科学学院、华东师范大学城市发展研究院、东北师范大学地理科学学院、北京大学城市与环境学院、中山大学地理科学与规划学院等18个单位。

（5）东北师范大学地理科学学院从2013年开始发表有关经济地理的文章，截止到2022年8月3日共发表6篇。与其合作的包括中国科学院地理科学与资源研究所、华东师范大学城市与区域科学学院、北京师范大学地理学与遥感科学学院、北京大学城市与环境学院、中山大学地理科学与规划学院等 19 个单位。

总的来看,合作团队中各单位合作非常频繁,但最大的子网络成员只有 26 个节点,仅占总节点的 5.45%,说明合作团队外部之间合作关联极少。研究团队间整体上也呈现“小集中、大分散”的合作网络分布特征。

三、研究热点

关键词是对文献的研究主题、创新论点进行集中描述、高度概括的词或词组。包含高频共被引的关键词成员越多、规模越大的聚类,越能反映该研究领域的热点。因此,对关键词进行共现聚类分析可以洞悉经济地理领域的研究热点。

(一)关键词共现分析

将 550 个关键词按共现频次高低排序,得到 1998—2022 年中国经济地理研究共现频次前二十的关键词及其中心性(见表 1-2)。可知,热点关键词依次是经济地理(103 次)、产业集聚(38 次)、中国(36 次)、集聚(16 次)、影响因素(15 次)、产业集群(14 次)、地理学(13 次)、城市群(14 次)、经济增长(13 次)等。中心性(Centrality)作为关键词中介,处于中枢位置,或者一个关键词连接好几个关键词,具有中心性。表 1-2 中“经济地理”和“中国”这两个关键词的中心性分别为 0.37 和 0.12,超过了 0.1,说明这两个关键词为中心关键词,在研究中较为重要且具有较大的影响力。此外,“产业集聚”“集聚”“城市群”“经济增长”等关键词的中心性均超过了 0.05,说明这些关键词在中国经济地理领域研究较多。

表 1-2　1998—2022 年中国经济地理研究的关键词中心性

序号	数量	中心性	关键词
1	103	0.37	经济地理
2	38	0.07	产业集聚
3	36	0.12	中国
4	16	0.06	集聚
5	15	0.04	影响因素
6	14	0.02	产业集群
7	13	0.03	地理学
8	13	0.05	城市群
9	13	0.05	经济增长
10	11	0.01	一带一路
11	10	0.02	克鲁格曼
12	10	0.01	区域政策
13	10	0.01	区域经济
14	10	0.03	研究进展
15	10	0.01	空间格局
16	10	0.02	路径依赖
17	9	0.04	人口分布
18	9	0.03	制造业
19	9	0.01	规模经济
20	8	0.01	产业转移

资料来源：运用中国知网数据，根据 CiteSpace 处理结果整理。

经济地理研究的共现网络被划分成经济地理、人口分布、集聚、产业集聚、产业结构、路径依赖、城市群、乡村振兴、中国、城市地理、责任 11 个聚类，聚类规模依次递减，规模越大表明该聚类领域越重要。此外，各个关键词与其他聚类中的关键词彼此有关联，产生共被引纪录。例如，最大聚类（经济地理）主要包含经济地理、产业集聚、地区差距、低碳城市、时空演变、经济变迁等多个关键词，该聚类中最大的节点对应共被引频次最高的关键词“经济地理”（103 次），几乎与本聚类及其他聚类中的关键词都产生连接。

（二）研究热点分析

突现词（BurstTerms）是短期内突然出现频次较高的词汇，对关键词进行突现分析可以有效展示某一研究领域的进展趋势和前沿。运用 CiteSpace 软件的“Burstness（突现）”选项功能，按照突现起始年份排序，得出 1998—2022 年中国经济地理研究领域的前二十名突现词图谱。在中国知网 CSSCI 来源文献的突现词图谱中，从突现强度来看，“克鲁格曼”最大，其后依次为“产业集聚”“规模经济”“农业地理”“集聚”“集聚经济”“产业转移”“距离”“密度”等关键词。从突现时间来看，“经济增长”“路径依赖”等关键词持续时间最长，分别自 2013 年、2014 年起，连续 9—10 年成为中国经济地理领域持续型的研究热点；“乡村振兴”“要素流动”等关键词从 2018—2020 年起成为热点，一直持续至今。综合来看，近 25 年来中国经济地理研究的热度不断上升：2004—2016 年主要侧重于对“克鲁格曼”“产业集聚”“规模经济”“农业地理”“产业转移”“距离”“密度”“空间格局”等进行探讨；2017—2019 年开始重点关注“创新网络”“一带一路”“协调发展”等问题；2020 年至今，“路径依赖”“溢出效应”“要素流动”成为中国经济地理研究领域关注的前沿问题。

1. 克鲁格曼

相关热点关键词主要有克鲁格曼、规模经济、一体化、市场规模、报酬递增、运输成本等。经济地理领域的关键问题是个人和企业的经济活动如何在空间地理分布上集中。传统经济地理也强调生产报酬递增和运输成本对集聚与城市生产的交互影响，但是这些观点没有精确的统一模型所支持，特别缺少能够同时解释消费者和生产者的区位选择、进行一般均衡分析的模型。克鲁格曼突破传统假设和分析的不足，将规模经济、贸易与区位选择联系起来，形成一个相对统一的分析框架。新框架包括两类主体：生产者和消费者，分别以利润最大化原则、效用最大化原则进行经济行为选择；强调规模经济、差异产品和运输成本三个基本因素对贸易模式及区位选择的决定性作用。

克鲁格曼新经济地理学模型是以非线性动力学理论作为其产生的理论基础，将规模报酬递增和不完全竞争、固定比率的运输成本、过程的演进性以及动态模拟等研究方法引入模型，并建立了三个基础模型即"中心—外围"模型、历史和预期模型以及区域专业化模型。由于克鲁格曼初始模型的假设条件比较严格，需要从多方面进行扩展，之后研究新经济地理理论主要沿着两条线进行展开。

第一条线是在放松或改变基本特殊假定的基础上展开：奥塔维亚诺（Ottaviano，2002）等将 DS 偏好改变为线性偏好，证明初始模型的一些基础结论仍然成立；戴维斯（Davis，1998）认为克鲁格曼初始模型的一个核心假设"农产品贸易无运输成本"同现实数据不相符，现实中运输成本至少同制造业一样，这将削弱本国市场效应；藤田（Fujita，1999）等表明在两部门都有运输成本，农产品有差异性的世界里，仍然存在与克鲁格曼相似的机制，农业运输成本下降可以触发集聚。

第二条线是强调企业之间投入产出联系的重要性，并以此解释集聚趋势，为重要的现实问题提供了解释。投入产出联系最早由克鲁格曼（Krugman，1995）等和维纳布尔斯（Venables，1996）分析，最主要的思想是：新企业进入一个区域增加了市场的上游供给（即后向联系，同刺激移民的前向联系相反）；当上游供给方由于规模报酬递增而以更低成本生产时，下游成本也降低了；一个集聚积累的过程可以被上下游企业之间的交互影响而促进。如果劳动力流动性低、供给缺乏弹性，那么生产集中将导致工资上涨。这有两个相反的效应：一方面高收入导致需求增加、向心力增强，另一方面高工资降低企业利润，使向外围定位具有吸引力和离心力效应放大。由此进一步引发现实问题：经济一体化是加深还是缩小了中心—外围（或南北）的差距？经济一体化的深化能否促进各区域（各国）产业结构趋同？研究表明，经济一体化促进贸易成本降低、“中心—外围”模型形成，当贸易成本降低到一定程度、生产成本比贸易成本更重要时，外围吸引力增强，会使“中心—外围”差距缩小；经济一体化加深、产业内联系越强，专业化水平就越高，集聚越明显，各国产业结构越趋同。

2. 产业集聚

相关热点关键词主要有产业集聚、集聚、集聚效应、集聚经济、工业集聚、地理集聚、分布格局、产业转移、产业重构等。经济活动在地理上的不平衡分布是现代经济增长的一个重要特征，也是工业化进程中伴随的典型事实。改革开放以来，随着市场化改革和对外开放的不断推进，中国的产业分布地理格局发生了急剧的变化，产业逐步向东部沿海地区集聚，与之伴随的是中部和西部制造业比重不断下降，产业集聚在中国成为普遍现象。产业在地理空间分布上的不平衡，其主要原因可归纳为经济地理因素以及新经济地理因素。

经济地理因素主要包括地区的一些自然条件，如地理位置、外部环境以及要素禀赋等。传统经济地理学认为，集聚主要是由地区的外在条件决定的，即地理集聚是外生决定的。利用空间集聚模型可解释中国的地区分布不平衡现象,东部沿海城市由于地理优势成为产业集聚的初始地区并且这种优势通过规模效应得到不断强化。因此,内陆地区和沿海地区的经济差距不断加大。同时,沿海地区由于接近国际市场产业集聚程度更高。通过引入农林牧副渔产品、能源、金属矿物、非金属矿物以及能源等的投入强度指标,分析资源投入对产业集聚的影响,发现资源和劳动力投入强度影响制造业分布格局。要素禀赋对工业分布具有重要影响,密集使用某种要素的产业倾向于在该要素丰裕的地区开展生产活动。

经济地理因素虽然在一定程度上解释了产业集聚的动因,但对于一些重要的经济现象无法解释:第一,一些自然资源并不丰富的地区却成为产业集聚中心;第二,地理位置非常接近的地区会形成完全不同的产业结构,有些地区成为生产的“中心”,而与其相近的地区则沦为了边缘地带。克鲁格曼基于规模报酬递增以及“冰山”成本的假设,构建的“中心—外围”理论,解释了运输成本以及规模报酬递增如何影响产业空间分布,开创了新经济地理学的研究范式。新经济地理学中的核心假设为规模报酬递增,两个地区开始时的自然条件较为类似。但由于一些偶然因素产业集聚到其中一个地区,由于规模报酬递增机制会促使产业集聚得到自我强化,地区间由于存在运输成本,企业为了接近市场以及节约交通成本则不断向大的市场集聚。学者们借助新经济地理学的分析框架,开展了一系列实证分析。地区产业外部性以及消费者购买力对工业集聚具有显著影响。除此以外,一个地区的城市化水平以及道路交通基础设施可以提高产业集聚水平。中国制造业的“中心—外围”趋势有所加强,国外、地区和本地市场是产业规模报酬递增的重要源泉,本地市场效应作用要显著大于地区市场,这可能与中国的地区市场保护政策有关。地区专业化水平以及市场潜力显著促进了产业集聚，新经济地理学对产业的空间分布具有重要解释力。

3. 路径依赖

相关热点关键词主要有路径依赖、路径创造、区域经济、区域治理、绿色创新、创新绩效、产业空间等。路径依赖指某一事件是其自身历史结果的现象。自 20 世纪 80 年代以来，路径依赖被广泛地应用于人类学、历史学、社会学、经济学和管理学等学科。经济地理学者也陆续引入路径依赖的概念，经济地理学的文化、制度和关系转向以及演化经济地理学甚至认为经济景观的基本特征是路径依赖。樊杰等（2005）在对中国矿业城市分析的基础上提出，矿业城市单一的生产活动遏制了城市多样性文化的形成，不利于城市创新体系及创业环境的建设。也就是说，创新能力下降是路径依赖和对区域发展的重要消极影响之一，过度的专业化往往不利于创新产出。从现实看，在外部环境良好时期，路径依赖的消极影响会被表面的繁荣所掩盖；而在外部环境波动时期，路径依赖所形成的风险就会充分暴露出来。

解释经济景观需要借助路径依赖式的经济演化理论。路径依赖的演化理论从历史维度解释经济增长，强调偶然性、自我强化和锁定的重要作用，认为经济系统并不趋近于单一均衡状态，而是一个开放的系统，其演化依赖于系统过去的发展路径，即使新路径也是源于已有路径的发展，因此经济系统的发展路径是内生的过程。区域路径依赖由诸多原因造成，包括自然资源。区域发展路径依赖于某种自然资源及其引致的相关产业；地方资产和基础设施的沉没成本；产业专业化引致的地方外部经济；区域技术锁定效应；

集聚经济,如劳动力、市场规模、投入—产出网络关系、供应商、服务业等;区域制度、社会习俗与文化传统等以及区际联系和区际相互依赖性。

路径依赖是经济地理学关于区域产业发展的重要理论视角,但是有些区域能够突破现有路径,甚至创造新路径。经典的路径依赖模型依次为以下四个阶段:(1)历史偶然性:由某个历史偶然事件或随机事件导致的企业最初区位;(2)初始路径创造:自我强化的区位选择;(3)路径依赖和锁定:规模效应递增导致锁定;(4)路径解锁:不可预测、非预期的外部冲击导致产业衰退与消失。

第四节　经济地理发展的研究展望

经济地理学自诞生之日起,就随着科技和社会进步不断变换着思维视角,并在其发展过程中具有阶段性的特征。多样化的研究视角,为经济地理的发展拓展了不断延伸的研究范围和领域。经济地理学已经创造了辉煌的历史,它将继续在未来的发展道路上书写新的篇章,经济地理学者既拥有机遇也面临挑战。就机遇而言,中国正处于高质量发展转型的新发展时期,环境地理以及城市地理等新的研究议题和社会需求将不断涌现,为经济地理学者提供了广阔的研究天地。中国发展从实现小康开始迈向建设现代化的新征程,经济活动将会发生全局性和系统性的重大变化,而我国地理格局变化的经济机理也将在许多方面有着重大变化。同时,中国社会经济实力以及在全球地位的不断提高,为中国经济地理学者走向全球和进行国际学术交流合作创造了巨大的机遇。在

“十四五”时期乃至更长远的未来，学者们应该重点在以下几个方面作出突破。

一、继承优良传统的同时锐意进取

得益于“以任务带学科”的传统，中国经济地理学家在中国具有的社会地位达到让西方学者羡慕的地步。中国经济地理学的特色是积极服务国家和地方战略需要，研究复杂的区域经济系统，这是中国经济地理学的生命线。但如果单纯地进行问题研究而不将其提升到学科问题去思考，学术就难以取得重大进展，也难以为解决实际问题开出良方。事实上，那些在国家和地方政府规划界有影响的学者，对国家区域发展政策制定作出重要贡献的学者，大多是在理论上非常有建树的学者。此外，对于青年学者要高度重视以不同形式加强与政府、企业对话，应该直面国家社会经济发展的重大问题，传承发展经济地理学科建设和科学奉献的优良作风，坚持以国家重大任务需求为牵引，以经济地理学学科建设为核心，把专业基础理论与方法论创新置于更加突出位置。要贯彻落实国土空间开发保护的重大战略，把城市与区域发展切实融入新时代伟大工程、伟大实践当中去聚焦解决不平衡和不充分的区域发展实际，建立以地方优势为特色的国土空间开发保护体系，实现城市和乡村各具特色但价值均等的新型城乡发展格局，建成经济社会生态效益相统一、基本公共服务均等化的区域发展新格局。

二、融合研究方向与学科发展

著名地理学家黄秉维曾指出：“没有部门地理学的发展，地理学就是个空架子；但分支学科发展得越快，离心力就越大。”随着经济地理学科的不断发展以及社会的不断变革，近年来中国经济地理学如环境经济及城市经济等很多分支领域研究非常深入，全球环境变化、经济一体化和国家重大战略转型，对现代经济地理学发展提出了一系列重要的科学命题、决策咨询和实践问题；但部分研究却存在偏离经济地理与区域发展的方向去分析，这显然有悖经济地理学的初衷。此外，经济地理学作为一门典型的交叉学科，未来的发展需要加强交叉研究。经济地理学不仅需要与人文地理学其他分支领域加强交流，还应该不断增强与自然科学、技术科学及管理学、经济学以及社会学等学科的交叉融合，特别是强化应用基础研究和地理工程试验示范，推进跨学科领域综合研究势在必行。

三、厘清经济地理学中的人文与经济关系

从经济地理学的学科分类来看，国内外均存在两种经济地理学：一种是经济学的经济地理学，还有一种是地理学的经济地理学。从目前中国经济地理学的发展现状来看，目前的研究重点以及方向逐渐存在向经济学的经济地理学发展的趋势，而中国经济地理学发展应该坚持走地理学的经济地理学发展之路，应该更加关注经济活动背后的人文互动关系。在加强经济地理学计量与模拟研究的同时，更应加强经济空间规律的人文和制度研究。应该在理论研究和具体工作中，从思维方法、工具表达和问题解决方案凸显地理学研究经济现象的优势。聚焦构建新的发展格局、紧扣经济高质量发展过程、针对经济全球化新趋势以及围绕影响经济地理过程和格局的新因素和新机制，开展经济地理学重大命题研究。

第二章　地理位置、资源特征及其经济地理影响

地理位置和资源特征是区域经济地理研究的基础。我国地处亚洲东部、太平洋的西岸，海陆兼备，拥有众多天然良港；领土辽阔广大，南北纬跨度广，大部分位于中纬度地区，适宜种植和居住；地势西高东低，呈阶梯状分布，山地、高原面积大，复杂的地形提供了充分的成矿条件；东西相距约 5000 千米，大陆海岸线长达 18000 多千米，气温降水的组合多种多样，形成了四季分明的气候条件，在粮食种植、畜牧养殖等方面有着极大的优势。总体而言，我国自然资源条件较为优越，对区域经济发展和地理格局形成产生的作用不容忽视，合理利用各种资源对我国实现区域经济可持续发展意义重大。

第一节　地理位置

中国地处东半球和北半部，亚欧大陆东部，太平洋西岸。其陆

地总面积约 960 万平方千米，仅次于俄罗斯、加拿大，居世界第三位。南起南沙群岛南端的曾母暗沙南侧，北至漠河地区黑龙江主航道中心线，南北相距 5500 余千米；西起新疆维吾尔自治区乌恰县以西的帕米尔高原，东至黑龙江省抚远市境内黑龙江与乌苏里江主航道中心线汇流处，东西相聚 5200 千米。形成了西部深入亚洲腹地，东南面向世界海洋的地理格局。

同时，整体地势西高东低，山地、高原和丘陵约占陆地面积的 67%，盆地和平原约占陆地面积的 33%。山脉多呈东西和东北—西南走向，主要有阿尔泰山、天山、昆仑山、喀喇昆仑山、喜马拉雅山、阴山、秦岭、南岭、大兴安岭、长白山、太行山、武夷山、台湾山脉、横断山等山脉。西部有世界上最高的青藏高原，平均海拔 4000 米以上，素有“世界屋脊”之称，珠穆朗玛峰海拔 8848.86 米，为世界第一高峰。在此以北以东的内蒙古、新疆地区、黄土高原、四川盆地和云贵高原，是中国地势的第二级阶梯。大兴安岭—太行山—巫山—武陵山—雪峰山以东至海岸线多为平原和丘陵，是第三级阶梯。再向东为中国大陆架浅海区，水深大多不足 200 米，蕴藏着丰富的海底资源。可见，中国地形格局多以山脉为屏障，走向及成因不同的山脉往往是重要的地理分界线。全国可分为三大自然区：（1）以流水作用为主的东部季风湿润地貌区；（2）以风蚀、冰蚀与流水作用为主的西北干旱地貌区；（3）以冰冻、风蚀作用为主的青藏高原高寒地貌区。

中国陆地边界长达 2.28 万千米，东临朝鲜，北临蒙古国，东北临俄罗斯，西北临哈萨克斯坦、吉尔吉斯斯坦、塔吉克斯坦，西和西南与阿富汗、巴基斯坦、印度、尼泊尔、不丹等国家接壤，南与缅甸、老挝、越南相连。东部和东南部同韩国、日本、菲律宾、文莱、马来西亚、印度尼西亚隔海相望。此外，中国大陆海岸线北起鸭绿江口，南至北仑河口，长约1.8万千米，加之岛屿海岸线，总长约3万千米。沿岸多优良海湾和港口城市，自北向南依次有大连、秦皇岛、天津、烟台、青岛、连云港、南通、上海、宁波、温州、福州、厦门、广州、湛江、北海等。海岸与大陆架存在丰富的矿产资源和开发价值，中国的浅海大陆架是世界最宽广的大陆架之一，包括渤海、黄海全部，东海的大部分及南海的一部分。

地理优势条件对中国经济的发展起到了很大的促进作用。首先，沿海的优良港湾便于船舶避风和停靠，促进了海上交通事业的发展。以台湾海峡为例，其位于福建和台湾之间，由南到北连接着南海和东海，是我国海上运输的重要通道，又被称为“海上走廊”。从俄罗斯远东地区、日本、朝鲜、韩国、中国东部、北部沿海地区等通往东南亚、印度洋、太平洋彼岸，中东、欧洲等地的海上和空中的交通线大多经过台湾海峡，而且掌握着我国3/4的重要贸易航线的南下通道，对我国南北经济的均衡发展、对外贸易与交往的顺利进行有极为重要的意义。台湾这一优越的交通条件为发展以对外贸易为主的海岛外向型经济提供了重要基础，也为台湾经济的迅速发展提供了重要的保障。其次，我国内陆地区背靠亚欧大陆，为建设发达的陆上交通提供了可能。中国“第二亚欧大陆桥”由连云港向西一路可到达荷兰境内，随着世界各国的交往越发频繁，其交通价值的重要性也更加明显。总体而言，我国海陆位置具备天然的区位优势，需要充分利用。

海陆位置与地形大势相配合，形成了多方面的有利条件。亚欧大陆和太平洋、印度洋之间巨大的海陆热力差异，形成了明显的亚洲特有季风气候，除了青藏高原大部分地区和西北内陆地区以外，广大东部、南部和青藏高原小部分地区均受到夏季风的影响。与世界同纬度地区相比，我国北回归线附近并未出现荒漠景观，而成为世界上亚热带生态环境最优越的地区之一；由海陆位置决定的以季风气候为基础的自然地理特征，形成了我国东西向的多种自然带，丰富了我国复杂多样的气候条件和生存环境；与我国西高东低的地势相配合，许多大河东流注入太平洋，不仅沟通了东部、中部、西部地区，而且形成了丰富的水力资源。

第二节　气候资源特征及其经济地理影响

2021 年，我国气候暖湿特征明显，涝重于旱，极端气候事件多发、强发、广发、并发，气候状况总体偏差；气温创 1951 年以来历史新高，北方降水量居历史第二。汛期暴雨过程强度大、极端性显著，河南郑州 1 小时最大降水量创我国大陆小时降水量观测纪录，黄河流域秋季出现持续降雨，导致明显秋汛；高温时间长，夏秋南方持续高温；区域性、阶段性气象干旱明显，华南干旱影响较大；台风生成和登陆均偏少，但“烟花”陆地滞留时间长、影响范围广；强对流天气导致的极端大风频发，局地致灾严重；寒潮次数多、强度大，极端低温天气频现；沙尘天气出现早，强沙尘暴频发。与近十年平均值相比，气象灾害造成的农作物受灾面积和死亡失踪人口明显偏少，直接经济损失偏少。

一、气候资源特征

（一）四季分明是我国气候的主要特征之一

我国冬季受偏北风影响，高纬度冷空气大量侵入，与世界同纬度地区相比气温偏低。1月南北温差最大，0℃等温线位于秦岭—淮河一带，东北哈尔滨1月均温为-20℃，而华南沿海则保持在12℃以上。我国春季气温回升很快，4月15℃等温线位于秦岭—淮河一带，5月全国大部分地区均温已在15℃以上。我国夏季各地普遍高温，与世界上同纬度地区相比气温偏高。7月气温最高，大部分地区7月均温在22℃—28℃，秦岭—淮河以南地区特别是长江流域的一些盆地，经常出现37℃以上的高温。长城以北的黑龙江、吉林、内蒙古、黄土高原、云贵高原和沿海气温相对较低，7月平均气温为20℃—22℃。秋季由暖变冷，10月和11月全国气温明显下降。我国秋季东部近地面空气冷却快，高层空气较暖，大气结构稳定，日照丰富。①

（二）热量资源自南向北逐渐增加

我国各种农业指标温度起止期与持续期的分布呈现出规律性变化，在东部地区尤为明显。各种农业指标温度的始现期自北向南逐渐提前，终现期自北向南逐渐推迟，持续日数自北向南逐渐延长。秦岭—淮河以南，全年日均温在0℃以上；南岭以南，全年日均气温在5℃以上。我国南北冬季温差大，夏季温差小。北方地区冬季均有稳定的土壤冻结期和作物越冬期，且越靠北期限越长。

① 本节资料来源于中国气象局国家气候中心《中国气候公报（2021）》，见 http://www.cma.gov.cn/zfxxgk/gknr/qxbg/202203/t20220308_4568477.html。

夏季全国普遍高温，喜温作物自南向北广泛分布。我国积温的分布与地理纬度和海拔呈负相关。地理纬度和海拔越高，积温越低，我国最南的南沙群岛≥10℃活动积温[①]超过10000℃。

（三）降水量东南多、西北少，季节分布不均，年际变化大

降水量空间分布东南多、西北少，从沿海向内陆递减，由2000毫米以上降至不足25毫米。年等降水线大致呈东北—西南走向，400毫米等降水线大致从大兴安岭西坡起，经通辽、张北、榆林、兰州、玉树至拉萨，将我国分成东南和西北两大部分。在东南部湿润区，800毫米等降水线延秦岭—淮河分布，把东南分为湿润和半湿润地区。在西北干旱部，200毫米等降水线又划分出半干旱和干旱区。降水季节分配不均，受季风影响降水相对集中在4—9月，冬春季节大部分地区雨雪稀少。东北、华北地区夏季降水约占全年降水量的68%—73%，为夏雨集中区；长江中下游夏雨量约占全年降水量的45%，为夏雨相对集中区；江南丘陵春雨稍多于夏雨，属春、夏雨集中区；南岭以南夏雨约占43%，秋雨约占39%，为夏、秋雨集中区；台湾地区东北部冬雨约占35%，属全年有雨且冬雨相对集中区；广大西北部干旱区多属夏雨型地区。受季风气候影响，我国降水量年际变化大，其变化的基本规律为沿海小、内陆大；西南季风区小、东南季风区大。

（四）大部分地区太阳能资源较丰富，但时空分布不均

我国大部分地区太阳辐射较强，太阳能资源丰富。太阳能

① 活动积温指作物某时段或某生长季节内逐日活动温度的总和，是表征一地的热量资源的主要指标，通常把大于等于10℃持续期内的日平均气温累加起来，得到气温总和，称为活动积温。

最丰富区、次丰富区、中等丰富区的面积约占全国总面积 2/3 以上。最丰富区包括青藏高原及其边缘地区，太阳能资源仅次于撒哈拉沙漠，该区地势较高、空气稀薄、水汽和尘埃含量少、空气透明度高，因而太阳辐射量极高，年降水量少且多夜雨，日照时数长。拉萨被称为日光城，太阳能优势极大，但低温限制了太阳能资源的利用。次丰富区包括新疆、宁夏的大部分、甘肃、内蒙古的西部以及陕西、山西的北部。该地区处于我国西北内陆，云量少、晴天多，日照时数全国最长。同时，气温日差较大，冬季午间仍能保持较高温度，有利于太阳能的利用。中等丰富区主要包括秦岭—淮河以北地区、福建、广东的南部以及台湾地区和海南的大部分地区。其北方地区冬季气温低、辐射强度弱，春秋季节的普遍大风对太阳能利用效率有较大影响。较差区包括四川、贵州、湖北南部和湖南西部，这些地区阴雨天多、云量大，全年可利用的日照时数不多，四川、贵州是全国阴天最多的地区。

二、气候资源对我国农业经济的影响

农业作为基础产业、国民经济中最基本的物质生产部门，是人类衣食之源和生存之本，农业生产直接关系着人类生存、发展与社会稳定。而气候资源将直接影响农业生产，决定了农业生产的布局。此外，任何程度的气候变化都会给农业生产及其相关过程带来潜在的或显著的影响，特别是极端天气事件诱发的自然灾害将造成农业生产的波动，危及粮食安全、社会的稳定和社会经济的可持续发展。

(一)气候资源决定了我国农业生产结构、种植制度和作物种类

三大自然区域的气候资源决定了我国农业生产的基本格局。光、热、水资源量及其组合情况形成了各种农业气候类型,不同的农业气候类型又决定了不同的农业生产结构、种植制度和作物种类,进而还影响其产量及品质。三大自然区域的气候资源决定我国农业生产基本格局,东部季风区、西北干旱区和青藏高寒区是我国农业自然资源截然不同的三大区域,其光、热、水资源量和组合情况决定了我国的农业布局:以种植业为主的农业区主要分布在东部季风区的湿润和半湿润地带,以放牧为主的牧业区主要分布在半干旱和干旱地带。东部季风区内,雨热同季,光、热、水匹配良好,有利于农业生产,气候生产潜力较高。西北干旱区光资源丰富,光、热、水配合失调,气候生产潜力低。海拔在 3000 米以上的青藏高寒区,气候资源的垂直和水平变化剧烈,生长期短,积温不足,限制了农牧业发展,丰富的太阳能资源受低温的限制,气候生产潜力低,属于以喜凉耐旱品种为主的农牧业气候资源型,区内以牧业为主。

气候资源类型决定我国种植制度。其一,我国作物生长期间的热量自北向南逐渐增多,种植制度从一年一熟到一年两熟、三熟。青藏高原和东北北部是我国热量较少的地区,只能种喜凉作物;长城以北及新疆北部,一般为一年一熟;长城以南至秦岭—淮河以北,可两年三熟或一年二熟,是我国麦、棉主要产区;秦岭—淮河以南、南岭以北,作物以水稻、小麦为主,一年两熟到三熟;南岭以南,热量条件优越,水稻一年三熟。其二,降水量的地区差异造

成种植制度的地区差异。在热量保证的条件下，年降水量<600 毫米的地区多一年一熟或两年三熟，年降水量>800 毫米的地区稻麦两熟。

同时，我国季风气候年际、年内变率均较大，极易带来农业气候灾害。我国降水变率较大，干旱洪涝灾害严重。我国低温灾害常发生在北部地区。气候灾害也限制种植制度，特别是干旱和秋冬低温。

（二）全球气候变暖将对农业生产产生影响

首先，全球气候变暖影响了农业地带和种植制度。气候变暖使我国年平均气温上升，积温增加，生长期延长，从而导致种植区成片北移。当我国年平均温度增加 1℃时，≥10℃积温的持续日数平均延长约 15 天，可造成全国作物种植区的北移，如冬小麦种植北界将由目前的长城线北移到沈阳—张家口—包头—乌鲁木齐。气候变暖还将导致我国作物种植制度发生较大的变化。预测到 2050 年，目前大部分两熟制地区将被不同组合的三熟制取代，三熟制的北界将北移 500 千米之多，从长江流域移至黄河流域，而两熟制地区将北移至目前一熟制地区的中部，一熟制地区的面积将减少。

其次，全球气候变化影响了作物品种的布局。随着气候变暖，华北地区目前推广的冬小麦品种将因冬季无法经历足够的寒冷期以满足春化作用而被其他类型的冬小麦品种所取代；比较耐高温的水稻品种将在南方占主导地位，而且还将逐渐向北方稻区发展；东北地区玉米的早熟品种将逐渐被中、晚熟品种取代。在未来热量资源较为丰富的情况下，若仍维持目前的品种和生产状况，将不能充分利用丰富的热量资源。

最后，全球气候变化影响了作物的产量。气候变暖对我国农作物产量的影响，表现为正效应与负效应并存的复杂情况。如水稻产量的变化，在不考虑水分的影响下，早稻、晚稻、单季稻均可能呈现不同幅度的减产。单季稻由北向南减产幅度逐渐增加，在华北中北部产量下降幅度最大。又如小麦产量的变化，春小麦所受影响大于冬小麦，雨养小麦所受影响大于灌溉小麦。再如玉米产量的变化，春玉米和夏玉米、灌溉玉米和无灌溉玉米均产生不同程度的减产，这是由玉米生育期缩短和生育期高温导致的。

第三节　水资源特征及其经济地理影响[①]

一、水资源特征

2021 年全国降水量和水资源总量高于多年平均值，大中型水库和湖泊蓄水总体稳定。全国用水总量比 2020 年有所增加，用水效率进一步提升，用水结构不断优化。全国平均年降水量为 691.6 毫米，比多年平均值偏多 7.4%，比 2020 年减少 2.1%。

（一）水资源总量较丰富，但人均、耕地亩均占有量少

2021 年，全国水资源总量为 29638.2 亿立方米，比多年平均值偏多 7.3%，中国多年平均降水总量为 60854 亿立方米，折合降水深 643 毫米，多年平均水资源总量为 27741 亿立方米，居世界第

① 本节资料来源于中华人民共和国水利部《中国水资源公报（2021）》，见 http://www.mwr.gov.cn/sj/tjgb/szygb/202206/P020220615420151896249.pdf。

六位。其中，地表水资源量为 28310.5 亿立方米，地下水资源量为 8195.7 亿立方米，地下水与地表水资源不重复量为 1327.7 亿立方米。全国 728 座大型水库和 3797 座中型水库年末蓄水总量比年初增加 17.5 亿立方米。73 个湖泊年末蓄水总量比年初增加 12.0 亿立方米。与 2021 年年初相比，87.5%的浅层地下水监测站水位呈稳定或上升状态；85.5%的深层承压水监测站水位呈稳定或上升状态。全国人均综合用水量为 419 立方米，万元国内生产总值（当年价）用水量为 51.8 立方米。耕地实际灌溉亩均用水量为 355 立方米，农田灌溉水有效利用系数为 0.568，人均生活用水量为 176 升/每天（其中城乡居民人均用水量为 124 升/每天），万元工业增加值（当年价）用水量为 28.2 立方米。按可比价计算，万元国内生产总值用水量和万元工业增加值用水量分别比 2020 年下降 5.8%和 7.1%。中国幅员辽阔，人口众多，人均水资源量仅为世界平均水平的 1/4；耕地亩均水资源量为世界平均水平的 60%。

（二）水资源空间分布不均，与生产力布局不匹配

北方水资源贫乏，南方水资源丰富，且相差悬殊。北方六个水资源区（松花江区、辽河区、海河区、淮河区、黄河区、西北内陆河区）面积占全国的 63.5%，人口占全国的 46.1%，GDP 占全国的 44.5%，耕地面积占全国的 60.5%，而水资源总量却只占全国总量的 19.1%。南方四个水资源区（长江区、珠江区、东南诸区、西南诸区）面积占全国的 36.5%，人口占全国的 53.9%，GDP 占全国的 55.5%，耕地面积占全国的 39.5%，而水资源总量却占全国总量的 80.9%。经过比较多年平均值，全国各年代水资源总量变化不大，1990—1999 年偏多 4.2%，2000—2009 年偏少 3.6%，2010—2019

年偏多3.1%，而2020年、2021年2年平均偏多10.9%。南方四区1990—1999年偏多5.1%，2000—2009年偏少3.0%，2010—2019年偏多2.7%，而2020年、2021年平均偏多5.3%；北方六区1990—1999年接近多年平均值，2000—2009年偏少6.3%，2010—2019年偏多4.5%，而2020年、2021年平均偏多35.1%。

（三）水资源年内、年际分配不均，造成旱涝灾害频繁

受东南季风气候影响，中国降水量年内分配极为不均，大部分地区年内连续4个月降水量约占全年的70%，南方水资源区一般出现在4—7月，北方水资源区一般出现在6—9月。中国水资源年际变化大，七大江河普遍具有连续丰水或枯水年的周期性变化，丰水年与枯水年水资源量的比值南方水资源区为3—5，北方水资源区最大可达10。水资源时间分配上的不均，造成北方水资源区干旱灾害和南方水资源区洪涝灾害频繁发生，也使南方水资源区常出现季节性干旱缺水。全国供水总量和用水总量均为5920.2亿立方米，较2020年增加107.3亿立方米。其中，地表水源供水量为4928.1亿立方米、地下水源供水量为853.8亿立方米、其他水源供水量为138.3亿立方米；生活用水量为909.4亿立方米、工业用水量为1049.6亿立方米、农业用水量为3644.3亿立方米、人工生态环境补水量为316.9亿立方米。全国耗水总量为3164.7亿立方米。

二、水资源对我国区域经济的影响

我国是世界上相对缺水的国家，且水资源时空分布不均，部分地区缺水形势严峻，水资源短缺成为区域社会经济发展的制约

因素。

产业方面,我国农业缺水每立方米要损失粮食 0. 185 千克,工业缺水每立方米要损失产值 30—40 元,损失 GDP 10—15 元。目前及今后相当长时期内,我国 GDP 增长与需水总量的增长是一致的。经济增长导致需水增长,而水投资总量和结构的变化明显影响区域经济的发展。我国工农业生产量将进一步增长,使未来我国经济的发展与水资源的供给矛盾加重。城市方面,预计我国 21 世纪中叶,城市用水量将大幅度增加,部分地区不得不压缩工农业用水,或优先保证城市供水,这会加剧对地区发展的影响。

我国水资源不足导致了经济分布变迁,自改革开放以来我国的经济活动和生产力在逐步向人均水资源量超过 1700 立方米的富水地区和轻度缺水地区集中。从 20 世纪 70 年代后期到 21 世纪初,轻度缺水地区 GDP 占全国比重由 21%提高到 28%,大于 3000 立方米的富水区 GDP 所占比重由 15%提高到 16%。相反,重度缺水地区和中度缺水地区 GDP 所占份额均在下降,前者由 4. 2%下降到 2. 7%,后者由 12. 3%下降到 9. 7%。极度缺水地区 GDP 所占份额由 47%下降到 44%,这些变化的根本原因是水资源相对丰富的东南沿海地区经济的崛起。如果从区域水资源与经济活动分布的关系看,我国的经济布局则正在逐步向合理化的方向迈进。

水资源短缺制约了资源开发,恶化了生态环境。目前我国水资源与矿产等资源分布不协调,水资源短缺对其他资源的开发也产生了影响。我国矿产资源现已查明的潜在价值,北方地区占 59%、南方地区占 41%。具有丰富煤炭资源的山西和宁夏,每百元矿产资源潜在价值之拥水量却极低。水资源短缺显然影响了资源开发。目前我国面临的河湖萎缩、森林草原退化、水土流失与灌区次生盐渍化、水体污染等问题皆与水资源短缺密切相关。大规模河流上游用水导致了河流下游河长缩短、尾闾湖泊水面面积萎缩甚至消失,致使我国北方地区很多河流已成为季节性河流。黄河下游年年断流,造成下游地区生态环境恶化。大量超采地下水,致使水位下降,也导致地表干化、地面下沉、海水入侵等一系列生态环境问题,造成了局部地区森林草地资源的劣变,严重影响了地区可持续发展战略的实施。

第四节　耕地资源特征及其经济地理影响

一、耕地资源特征

耕地是农业生产最基本的物质条件,其数量和质量直接影响粮食产量和粮食有效供给。当前,中国正处于巩固脱贫攻坚成果和全面实施乡村振兴的关键时期,粮食安全对于维护社会稳定与国家安全具有至关重要的作用,且中国的粮食生产时空特征发生了显著的变化,"南粮北运"已演变为"北粮南调"。

(一)耕地资源的数量居世界前列,但人均资源量较少

中国国土多山地、高原、沙漠,国土面积约 960 万平方千米,但耕地面积只有 18 亿—19 亿亩,约合 120 万平方千米,约占国土面积的 12. 68%、世界耕地的 7%,人均耕地 1. 5 亩。虽然我国耕地面积总量大,但人均占有的耕地面积较小,只有世界人均耕地面积的 1/4。

（二）耕地资源不断减少

耕地面积总体呈减少趋势，但减少幅度呈下降趋势。空间变化上表现为“东减西增”，华北、西北地区耕地面积呈增长趋势，其余地区耕地面积均呈减少趋势。省域变化特征上，耕地面积减少动态度较大的地区主要集中于经济发达的北京、天津、上海、江苏、广东等东部地区，只有内蒙古和新疆的耕地面积呈增加趋势。[①]

（三）耕地资源地区分布不平衡

我国耕地主要分布在东部和东南部，东北、华北、华东、中南和西南（除西藏外）等地区的24个省级行政区划土地面积约占全国的45%，而耕地面积占全国86%左右；西部及西北地区的甘肃、新疆、宁夏、青海、西藏和内蒙古6个省份，土地面积占全国的55%，但耕地面积只占全国的14%。东部和东南部地区内部，耕地面积地区分布也不平衡。黄淮海地区土地面积只占全国的4.6%，而耕地面积却占全国的22.9%；长江中下游地区土地面积占全国的10%，而耕地面积却占全国的19.4%；黄土高原地区土地面积占全国的4.2%，而耕地面积占全国的10%。从东部和东南部省级行政区划之差异看，黑龙江拥有全国最多的耕地，约占全国耕地面积的9.2%；其次是山东，约占全国耕地面积的7.2%；除4个直辖市外，耕地面积最少的省级行政区划依次是西藏、海南和青海，其耕地面积占全国土地面积依次为0.23%、0.45%和0.60%。[②]

---

① 罗海平、邹楠、王圣云：《1981—2015年我国粮食主产区气候生产潜力的时空分异与演化》，《长江流域资源与环境》2021年第7期。

② 资料来源：第三次全国国土调查主要数据公报，见：http://www.gov.cn/xinwen/2021-08/26/content_563390.htm。

（四）全国耕地质量等别空间分布不均

从优、高、中、低等地在全国的分布来看，优等地主要分布在湖北、广东、湖南，总面积为 359.61 万公顷（5394.13 万亩），占全国优等地总面积的 90.50%；高等地主要分布在河南、江苏、山东、湖北、安徽、江西、广西、四川、广东、湖南、河北、浙江，总面积为 3207.94 万公顷（48119.15 万亩），占全国高等地总面积的 89.49%；中等地主要分布在黑龙江、吉林、云南、辽宁、四川、新疆、贵州、安徽、河北、山东，总面积为 5261.65 万公顷（78924.76 万亩），占全国中等地总面积的 73.71%；低等地主要分布在内蒙古、甘肃、黑龙江、河北、山西、陕西、贵州，总面积为 2119.61 万公顷（31795.24 万亩），占全国低等地总面积的 88.72%。

（五）秦岭—淮河一线是我国旱地和水田的分界线，但两者也有交叉分布

由于地貌、降水、热量、水利、劳动力资源及历史传统的差异，我国秦岭—淮河一线以北，集中有全国 85%的旱地，尤其是东北平原和黄淮海平原，旱地面积占全国旱地面积的 55%。而旱地中的水浇地及平川地，主要分布在华北平原、东北平原、汾渭谷地、河套平原、银川平原及河西走廊等地。旱地中的山坡地则以山东丘陵、辽东丘陵及黄土高原为主。全国水田面积 93%分布在秦岭—淮河一线以南，而水田中的平川田主要分布在长江中下游平原、珠江三角洲、成都平原等地，梯田主要分布在江南丘陵、四川盆地丘陵、云贵高原坝子等地。

二、耕地资源对我国粮食安全的影响

当前，中国已经进入到高质量发展阶段，以过度耗费耕地资源、破坏生态环境、牺牲农民权益为代价的耕地保护与利用模式难以为继。因此，在中国耕地资源五大突出问题和粮食生产与进口不确定性增强的背景下，既要尊重国内发展阶段转型的客观现实，又要采取有效策略应对耕地资源安全问题与粮食安全挑战，通过合理高效地利用有限的耕地资源实现粮食安全、生态环境安全及农民权益安全的协同。未来，应该构建四个耕地资源安全空间和以本地化为核心粮食生产与消费体系实现粮食安全主权化策略，来应对粮食霸权和极端气象灾害对中国粮食安全的威胁；通过构建耕地利用风险管控体系、实施风险清单导向的耕地综合修复工程来实现生态安全本地化策略，提升耕地质量和减轻耕地利用生态环境风险；通过提升耕地资源复合价值、构建"一纵双横"的耕地保护补偿机制来实现农民权益安全资产化，提高农民种粮收益和耕地保护积极性，提升中国粮食安全的保障能力。

第五节　矿产资源特征及其经济地理影响[①]

一、矿产资源储量特征

（一）矿种比较齐全，资源总量较大，人均资源量少

我国是世界上矿产种类较齐全、资源较丰富的国家。截至

① 本节资料来源于中华人民共和国自然资源部《中国矿产资源报告（2021）》，见 http://zgj.panzhihua.gov.cn/uploadfiles/202112/28/2021122818150494128801.pdf。

2020年年底，中国已发现173种矿产，其中，能源矿产13种、金属矿产59种、非金属矿产95种、水气矿产6种。我国矿产地近18000处，其中大中型矿产地7000余处。煤、铁、铜、铝、铅、锌等支柱性矿产资源的查明储量都较大，煤、稀土、钨、锡、钼、锑、钛、石膏、膨润土、芒硝、菱镁矿、重晶石、萤石、滑石和石墨等矿产资源在世界上具有明显优势，地热、矿泉水资源丰富。目前我国矿产开发总规模已居世界第三位。但我国矿产资源人均拥有量在世界上处于较低水平。金刚石、铂、铬铁矿、钾盐等矿产资源供需缺口较大。

表 2-1　中国主要能源矿产储量

序号	矿产	单位	储量
1	煤炭	亿吨	1622.88
2	石油	亿吨	36.19
3	天然气	亿立方米	62665.78
4	煤层气	亿立方米	3315.54
5	页岩气	亿立方米	4026.17

资料来源：中华人民共和国自然资源部《中国矿产资源报告（2021）》，见 http://zgj.panzhihua.gov.cn/uploadfiles/202112/28/2021122818150494128801.pdf。

（二）成矿条件较好，优劣矿并存，资源开发前景良好

我国是全球少有的地质构造复杂地域，地质成矿条件十分优越。其一，我国大陆古陆边缘构造带占较大面积，多数大型、超大型矿床分布在古陆边缘或靠近古陆边缘，尤其是古陆边缘的构造动力转折、不同构造交会和岩浆活动多发地区常能形成重要矿产区。其二，我国大陆的多个小型陆块和造山带在地史上长时期处于活动状态，造成各种元素尤其是低丰度元素反复浓集，使有色金

属和贵金属在地史的较晚时期富集成矿。其三，我国的复合造山带、叠合盆地与活化地带比较发育，叠加和改造成矿作用显著，有利于形成矿床。叠加成矿作用既有利于形成大矿、富矿，是产生多组分伴生、共生矿石的一个重要原因。我国既有品质优良的矿石，又有低品位、组分复杂的矿石。钨、锡、稀土、钼、锑、滑石、菱镁矿和石墨等矿产资源品质较高，而铁、锰、铝、铜及磷等矿产资源则贫矿多、共生与伴生矿多。

目前在我国查明资源储量结构中，资源量多，储量、基础储量少；经济可利用性差或经济意义未确定的资源储量多，经济可利用的资源储量少；控制和推断的资源储量多；通过勘察工作找到更多矿产资源的前景较好。老矿山深部、外围和西部地区是重要的矿产资源接替区。石油、天然气、金、铜等矿产资源的找矿潜力很大。

二、矿产资源分布特征

（一）金属矿产资源分布广泛，查明储量相对集中分布于中部、东部地区

我国独特的地质构造和成矿环境，导致我国金属矿产资源在区域分布上既遍布全国各地，又有储量相对集中的分布区。如铁矿产地几乎遍布全国，但近60%的资源储量集中在辽宁鞍山—本溪、河北迁安—北京密云、四川攀枝花—西昌、湖北宜昌—恩施、山西五台—岚县、江苏南京—安徽马鞍山—安徽庐江、内蒙古包头—白云鄂博及海南石碌等地，辽宁、河北、四川合占52.3%。铜矿也遍布各地，但77%的资源储量集中于长江中下游，如江西、云南、

西藏合占 48.4%。全国铅锌矿产地广布于 26 个省级行政区划,而 76%的查明储量却集中于云南、内蒙古、湖南、广东、甘肃、江西、广西、四川等 8 个省份。

(二)主要能源矿产资源分布不均

我国煤炭资源储量分布极不均衡,主要分布在新疆、内蒙古、山西、陕西、贵州、宁夏等省份,呈北多南少、中部集中的格局。大别山—秦岭—昆仑山一线以北地区资源量占全国总资源量的 94%,其中新疆、内蒙古、山西和陕西等四个省份占全国资源总量的 81.3%。我国煤炭产量山西居第一,约占全国总产量的 1/4,山西、河南、山东、黑龙江、内蒙古、河北、贵州、四川、辽宁、陕西、安徽等 11 个省份的产量共计占全国产量的 77.7%。我国动力煤储量主要分布在华北和西北,分别占全国的 46%和 38%。

石油资源主要分布于东北和环渤海的省级行政区划。我国石油资源分布于全国 6 个含油气区:东部区主要包括黑龙江、吉林、辽宁、河北、内蒙古、天津,中部区主要包括陕西、甘肃、宁夏和四川,西部区主要包括新疆、青海和甘肃西部地区,南部区包括江苏、浙江、安徽、福建、广东、湖南、江西、云南、贵州、广西 10 个省份,西藏区包括昆仑山脉以南,横断山脉以西的地区,海上含油气区包括东南沿海大陆架及南海海域。我国石油资源集中分布在渤海湾、松辽、塔里木、鄂尔多斯、准噶尔、珠江口、柴达木和东海陆架八大盆地,其可采资源量占全国的 81%。黑龙江、新疆、山东、陕西合占全国石油查明储量的 58%。

天然气资源主要分布于中部区和西北区。从天然气查明储量看，我国中部区查明储量最高，达43.6%；西北区、大陆架区的查明储量占全国的百分比明显小于它们的气资源总量和待查明气层气资源量占全国的比例。我国陆上大型气田也主要分布在中部区和西北区的若干盆地，海上大型气田全部分布在南海北部大陆架上的莺琼盆地（莺歌海盆地和琼东南盆地的简称）。我国海域天然气资源量占全国22%，对缺乏天然气的大陆东部，特别是对东南部形成了良好的资源匹配态势。①

三、矿产资源对我国工业建设的影响

（一）我国矿产资源地域配套类型多样

华北、东北地区属于以铁、煤、石油为主的矿产资源配套类型，华东区属于有色金属和非金属矿产资源配套类型，中南区属于有色金属、化工原料、建材非金属矿产资源配套类型，西南区属于黑色金属、有色金属、化工原料矿产资源配套类型，西北区属于煤、石油、有色金属、化工原料矿产资源配套类型。

（二）我国矿种配套分区差异明显

矿种配套比较好，而且多个重要矿种储量都很丰富的有河北、辽宁、山西、新疆、云南、山东、四川、安徽、内蒙古；矿种配套较差，但个别矿种储量相当丰富的有黑龙江（石油）、贵州（煤）、江西

① 王江：《论中国战略性关键矿产资源安全的法律监管》，《中国人口·资源与环境》2021年第11期。

（铜）、西藏（铜）；矿种较多，均有一定储量的有湖南、甘肃、广东；矿种不多，储量一般，但个别矿种仍较丰富的有广西（铝）、湖北（铁）、陕西（煤）、河南（煤）、宁夏（煤）、青海（钾盐）；矿种较少，储量有限的有浙江、福建、江苏、吉林。

（三）矿产资源地域配套对某些基础工业布局有巨大影响

如钢铁工业布局，按照煤、铁资源组合情况，我国省级行政区划可以分为以下几类：第一种是铁煤都比较多，铁、煤以及冶金辅助原料配套均比较好的，如河北、山西、安徽（绝对量不算太大，但在华东区相对较富）；第二种是铁多煤少，如辽宁、四川、湖北等（包括煤种不全、煤炭相对不足的因素）；第三种是相对丰富的煤而言，铁矿比较少，如贵州、黑龙江、宁夏；第四种情况是煤、铁都有一些，但都不算很丰富，如湖南、山东，这种情况适于建立中小型基地。

（四）矿产资源开发条件与地理位置、交通等同时对专业化部门的建立发挥作用

如新疆煤储量预测很大，但因位置偏远，近期大量东运煤炭不现实；西藏丰富的铜矿的开采也受到交通限制；而有的省级行政区划有些矿种虽然储量并不丰富，但由于地理位置有利，反而得到大规模的开发，如湖北的铁，陕西、河南、宁夏乃至江苏的煤等。就一个省级行政区划而言，若暂不考虑开发条件、质量及其他具体问题，矿产资源储量达到一定程度就已经具备了建立和发展专业化的矿产工业基地条件。

第六节 海洋资源特征及其经济地理影响[①]

一、海洋资源特征

(一)海洋国土面积广大

根据联合国1982年通过、1994年生效的《联合国海洋法公约》(以下简称《公约》)规定,沿海国家不仅享有领海主权,还享有毗连区内若干管制权利,专属经济区、大陆架上的主权和多项管辖权以及公海及国际海底区域内的正当权益。各沿海国家和地区都按《公约》所提供的法律依据宣布了自己的领海、毗连区、专属经济区和大陆架。按照《公约》,我国拥有包括12海里的领海、24海里毗连区在内的200海里专属经济区及不少于200海里的大陆架,中国管辖的海域范围近300×104平方千米,渤海为我国内海。广阔的海域是我国发展海洋产业的基础,也是带动沿海区域经济发展的重要保证。

(二)海洋资源赋存基础良好、种类繁多、数量丰富

首先,海洋生物的饵料丰富与栖息环境优越。我国拥有世界上最宽广的大陆架,为丰富的海洋生物种类的形成提供了重要前提。渤海的平均水深仅为18米,深度小于30米的海域约占总面积的95%,黄海平均水深也仅为44米左右,这两个海区全部属于

① 本节资料来源于自然资源部海洋战略规划与经济司《2021年中国海洋经济统计公报》,见 http://gi.mnr.gov.cn/202204/P020220406315859098460.pdf。

大陆架浅海。东海和南海海域由于地形、洋流、江河入海状况等因素,也为海洋生物资源的分布创造了条件。我国具有复杂的近海海流系统,再加上海流温度的季节变化等,营养盐丰富,浮游生物繁生,为鱼类觅饵、洄游、繁殖提供了良好场所。沿海通过长江、黄河和珠江的淡水流入,带来大量营养物质,为鱼类提供充足饵料。我国沿海共有鱼类 3000 多种,其中渔业利用价值较高的约 150 种,此外还有数百种虾类和藻类等。海洋渔业发展在很大程度上依赖其海洋地理条件。

其次,有优良的储油构造以及多种矿砂资源的形成条件。目前已查明大陆架浅海区含油气盆地约 80×104 平方千米;具有工业价值的砂矿有锆石、锡石、独居石、金红石、钛铁矿、磷钇矿、磁铁矿、铌钽铁矿、褐钇铌矿、沙金、金刚石和石英砂达 60 多种。我国近海广阔的大陆架既有长期的陆地湖泊环境,又有长期的浅海环境,接受了大量的有机物和泥沙沉积,形成了数千米至 1 万多米厚的沉积层,对油、气的生成极为有利。另外,隆起构造和断裂构造,更有助于完成油、气的运移和聚集。如渤海油气盆地、东海油气盆地就具有典型的油气储存特点。我国海岸线漫长,入海河流携带矿物质多,东部沿海地区因经受多次地壳运动,形成了丰富的金属和非金属矿,这些含矿的岩石风化后就近入海,在海流、潮流作用下,在海岸带沉积形成矿种多、资源丰富的矿砂带。

再次,具有海岸滩涂、气象和海流等诸多海水化学资源形成的有利条件。我国海岸线总长 32000 多千米,渤海的辽东湾、渤海湾、莱州湾以及长江以北的苏北平原海岸均为淤泥质海岸,滩地广阔,海岸平直,地势平坦,便于引纳海水提取海盐。我国各海区的盐度分布复杂，但一般盐度都在3%左右，且北方地区气候较为干燥，降水量少于蒸发量，有利于盐业生产的发展。黑潮给黄海及渤海海区带来了大量富含钠、镁、碘、溴等多种化学元素的高盐海水，为制盐业以及盐化工业发展提供了保证。

最后，各种海洋动力资源的形成得以保证我国广阔的海域蕴藏着丰富的海洋动力能源（海洋温差能、潮汐能、波浪能、海流能、潮流能等）。南部海洋（南海、台湾东岸太平洋海域）因表层海水的较大温差和众多的岛屿而有利于海洋温差能的形成。东海、南海水域辽阔，风向稳定，浪大涌多，黄海、渤海则以风浪为主，这都是波浪能形成的有利条件。众多的河流东流入海，在地形和地转偏向力的作用下，在海湾、河口处易于形成巨大潮差，其中东海的潮流越近岸流速越大，潮流能也就越大，长江口、杭州湾和舟山群岛附近形成了我国沿海潮流能资源最丰富的区域。

（三）海洋资源在东海和南海海域集中分布

我国各海区中，南海鱼种达1000多种，东海700多种（但产量高于南海），而渤海及黄海共有250多种。各海区沿海均有港口资源，但主要集中在基岩港湾和大、中河口。70%的海湾港口分布在东海和南海海区，河口港口也在这两个江河入海口岸段大量分布，如长江、黄浦江、钱塘江、闽江等。海洋石油天然气资源在各海区均有分布，东海大陆架和南海海域海底储油盆地面积占全国近海海底储油盆地总面积的70%以上，其可采油、气储量亦约占全国的3/4。我国海洋温差能几乎全部集中在南海、台湾东岸太平洋海域以及东海海域；潮差的分布表现为黄海、东海较大，浙江、福建两省蕴藏的潮汐能量约占全国潮汐能总量的80%。

（四）海洋环境对部分海洋资源的质量有限制作用

海洋环境恶化会导致海洋资源质量下降，由于我国海洋自身的环境特点，部分海洋资源的质量不高。如我国海水水文气象要素变化大，适应多种鱼类生活，但也因此不能出现巨大的单一鱼类群体，我国海洋污染范围不断扩大，大部分河口、海湾以及大中城市邻近海域污染日趋严重，严重污染的海域已不能满足水产养殖及海洋开发作业区的水质要求，其主要分布在辽东湾、渤海湾、长江口、杭州湾、江苏近岸、珠江口和部分大中城市近局部水域。同时，我国近岸海域的大部分海湾、河口、滨海湿地等生态系统也处于亚健康或不健康状态，表现为水体富营养化及营养盐失衡、河口产卵场退化、生境丧失或改变、生物群落结构异常等。①

二、海洋资源对海洋产业及沿海经济的影响

（一）海洋资源对我国海洋产业形成及结构具有影响

我国沿海地区以各海区海洋资源的地域组合状况为基础，形成了相应的海洋产业。由于我国海洋资源分布的不均衡性以及沿海各地区社会、经济等条件的差异，海洋水产业、海洋交通运输业、海洋油气业、海滨砂矿工业、滨海旅游业、海洋盐业、沿海造船业等各种海洋产业的发展亦表现出地区差异。一些省级行政区划以海洋资源为依托发展了新兴的海洋产业，如天津的海洋化工、浙江的

① 李加林、沈满洪、马仁锋、杨红生、陈一宁、孙才志、刘明、韩喜球、胡志丁、马学广：《海洋生态文明建设背景下的海洋资源经济与海洋战略》，《自然资源学报》2022 年第 4 期。

海洋生物医药等。2021 年，我国主要海洋产业增加值 34050 亿元，比 2020 年增长了 10%，产业结构进一步优化，发展潜力与韧性彰显。海洋电力业、海水利用业和海洋生物医药业等新兴产业增势持续扩大，滨海旅游业实现恢复性增长。海洋交通运输业和海洋船舶工业等传统产业呈现较快增长态势（见图 2-1）。

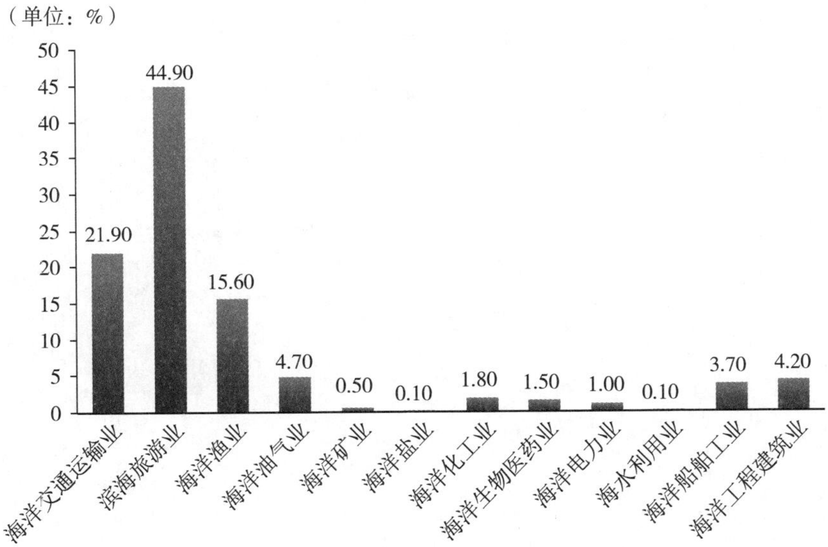

图 2-1　2021 年主要海洋产业增加值构成

资料来源：自然资源部海洋战略规划与经济司《2021 年中国海洋经济统计公报》，见 http://gi.mnr.gov.cn/202204/P020220406315859098460.pdf。

（二）海洋资源对我国沿海经济区的形成具有影响

环渤海经济区、长江三角洲经济区、珠江三角洲经济区一直是我国经济发展的重要极点，这很大程度上受益于海洋资源。这些地区以上海、广州、天津等大城市为中心形成了海港城市群，是我国对外承接产业转移和对内强力辐射的中心区域，我国三大沿海经济区已初步呈现区域海洋经济的规模。2021 年，北部海洋经济圈海洋生产总值25867亿元，比上年名义增长15.1%，占全国海洋生产总值的比重为28.6%；东部海洋经济圈海洋生产总值29000亿元，比上年名义增长12.8%，占全国海洋生产总值的比重为32.1%；南部海洋经济圈海洋生产总值35518亿元，比上年名义增长13.2%，占全国海洋生产总值的比重为39.3%。

第三章　城市及区域划分

城市一直是区域研究的重要议题，也是中国经济地理区域系统的重要组成部分。明确我国现阶段城市化水平与发展特征，为进一步优化经济发展和布局，科学制定全国经济和各地区经济的发展战略作铺垫。首先，必须从全国经济发展的地区差异出发，进行科学、深入的分区研究。其次，有必要对已经和将要实施的中国经济区划的主要方案进行分析和说明，对中国的各个经济区划分别进行分区的经济地理阐述。但是也应指出，经济区作为一种地域单元，与同样是一种地域单元的行政区划，既有其共性和个性，也有其相互间的密切关系。为此，在分析和说明中国经济区划主要方案之前，也有必要先对中国的行政区划问题作些简要说明。

第一节　城　　市

一、城市化水平与发展特征

城市是复杂的社会—经济—自然相结合的复合生态系统，是人类从事经济社会活动的重要平台和有力支撑，是高质量发展的战略要地，并且对周边区域的动力转换、方式转换和结构调整等方面起着重要的示范和带动作用。目前我国城市化正处于较快发展阶段，同时，随着中国特色社会主义进入新时代，与之关系密切的中国城市化进程也迈入了新时代①。

如图 3-1 所示，中国城市化近 40 年的发展历程基本符合诺瑟姆曲线规律，可分为三个增长阶段②：1978—1995 年为城市化起步阶段，这一阶段城市化年均增速在 2.5% 上下波动，增幅中等；1996—2013 年为城市化提速阶段，这一阶段由于宏观经济运行及户籍制度改革等社会因素，城市化进程提速明显，年均增速提升至 4.0%；2014 年至今，城市化增长速率趋向平稳，呈现出发展速度中等化特征，中国城市化发展步入新时代。其内在逻辑表明，在今后很长一段时期，城市化率增长过快或过慢都会违背城市化演化规律，而城市化新时代就是中国特有的、处于中高速发展的城市化阶段，是坚持因地制宜、社会稳步推进、经济适度增长的城市化发展阶段。这一阶段突破了原有城市化进程中的局限，追求城镇的包容性、协调性与可持续发展，重视发展的"质"，追求资源要素实现最优化配置，而不再一味追求发展的"量"。但是，基于空间视角下的不同区域而言，发展速度又存在差异性。在沿海发达地区的大城市，城市化速度将会有所减缓，保持城市化率的平稳提升，年均 0.5 个百分点即可；但对于欠发达地区，还可保持每年 1 个百分点左右的发展速度。

① 刘照胜、于尚坤、王成新：《我国城市化新时代基本特征与发展策略》，《山东社会科学》2019 年第 8 期。

② 数据来源：国家统计局编：《中国统计年鉴(2021)》，中国统计出版社 2021 年版。

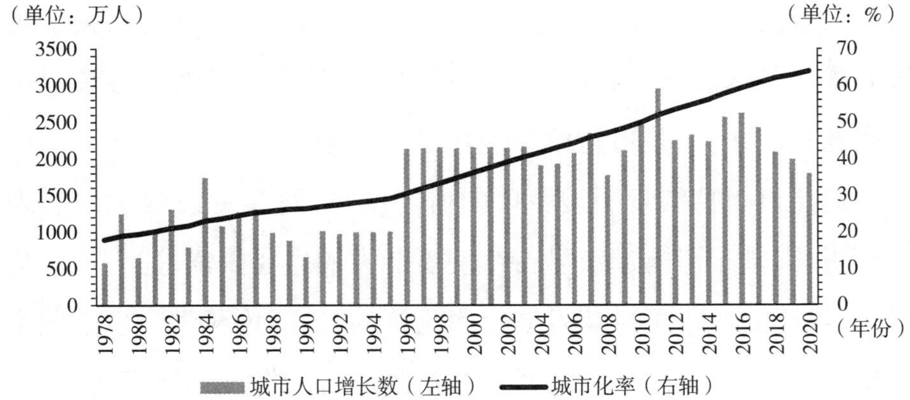

图 3-1 改革开放以来中国城市人口增数变化及城市化率

资料来源：中国统计年鉴。

二、中国城市可持续发展

随着世界工业化和城市化的推进，各国主要城市得以空前的繁荣和发展，城市成为各类资源和人口的聚集地。2009—2019年，中国的城市化率从48.34%提高到62.71%，并在未来几十年的经济社会发展过程中，我国城镇化率将在21世纪中期超过70%。城市化进程的不断加快，日益凸显城市建设在我国经济发展战略中的地位。但同时也面临一系列难题，例如：城市用地的迅速扩张、人口密度的急剧增加以及对自然资源的过度攫取。过快的城镇化容易对城市这个有限的生态系统造成巨大的压力，所以，城市发展必须要提高发展过程中的质量和效益。党的十八大以来，以人为核心的新型城镇化在不断深入推进，习近平总书记指出，城市发展不能只考虑规模经济效益，必须把生态和安全放在更突出的位置。“十四五”规划更是明确要求，要加快转变城市发展方式，建设宜居、创新、智慧、绿色、人文、韧性城市。为使城市向更高质量、更高效率的可持续方向演进，城市应该尽可能地降低发展过程中投入的生态资源、减少发展过程中对环境造成的污染，并为城市人民谋取最大化的福利。建设生态文明是关系人民福祉、关乎民族未来的长远大计,如何在城市有限的生态规模范围内持续提供较高的福利水平,是可持续发展建设的核心议题①。

对建设可持续发展型城市的研究中,以科学的发展思想和理论为指导,基于影响城市可持续发展能力的主要因素,建立一套科学的、可行的城市可持续发展能力指标体系,运用科学合理的城市可持续发展水平评价方法,对各城市的可持续发展水平进行评价。报告选取经济发展、社会进步、资源消耗和环境保护因素四个方面对中国城市可持续发展水平进行评价指标选择与构建②。

(一)31个省份城市可持续发展状况

通过运用熵权法对中国31个省份可持续发展能力进行测算,各指标权重结果、2020年中国31个省份可持续发展综合得分以及与平均值差距情况见表3-1、表3-2③。

表3-1　2020年中国31个省份可持续发展评价指标体系及权重结果

一级指标	序号	二级指标	权重
经济发展（8个）	1	人均GDP(万元)	0.0331
	2	在岗职工人均工资(元)	0.0321
	3	GDP增长率(%)	0.0048
	4	一般公共预算收入(亿元)	0.0359
	5	实际利用外资额(万美元)	0.0615

① 汪涛、张家明、禹湘等:《资源型城市的可持续发展路径——以太原市创建国家可持续发展议程示范区为例》,《中国人口·资源与环境》2021年第3期。

② 汪涛、张家明、刘炳胜:《国家可持续发展议程创新示范区评价指标体系研究》,《中国人口·资源与环境》2020年第12期。

③ 数据来源:国家统计局编:《中国统计年鉴(2021)》,中国统计出版社2021年版。

续表

一级指标	序号	二级指标	权重
经济发展（8个）	6	固定资产投资增长率（%）	0.0054
	7	第三产业产值占 GDP 的比重（%）	0.0465
	8	第三产业增加值与第二产业增加值的比值（%）	0.0542
社会进步（8个）	9	城镇居民人均可支配收入（元）	0.0362
	10	城镇登记失业率（%）	0.0113
	11	人口密度（人/平方千米）	0.0604
	12	常住人口城镇化率（%）	0.0084
	13	人均拥有公共图书量（册）	0.0433
	14	每十万人在校大学生人数（人）	0.0128
	15	每万人拥有公共交通车辆数（量）	0.0292
	16	人均城市道路面积（平方米）	0.0077
资源消耗（8个）	17	人均生活用水量（立方米）	0.0211
	18	人均供水量（立方米）	0.0197
	19	人均供气量（立方米）	0.0316
	20	造林总面积（千公顷）	0.0247
	21	森林覆盖率（%）	0.0221
	22	城市建设用地面积（平方千米）	0.0260
	23	万元 GDP 电耗（千瓦·时）	0.0392
	24	万元 GDP 水耗（吨）	0.0416
环境保护（8个）	25	生活垃圾无害化处理率（%）	0.0035
	26	污水处理厂集中处理率（%）	0.0077
	27	一般工业固体废物综合利用量（万吨）	0.0321
	28	工业废水治理设施处理能力（万吨/日）	0.0333
	29	人均公园绿地面积（平方米）	0.0119
	30	建成区绿化覆盖率（%）	0.0365
	31	城市建成区绿化覆盖率（%）	0.0151
	32	湿地面积占辖区面积比重（%）	0.1876

资料来源：中国城市统计年鉴、中国城市建设统计年鉴。

表 3-2　2020 年中国 31 个省份可持续发展综合得分及与平均值差距情况

省份	综合得分 F	与平均值差距	省份	综合得分 F	与平均值差距	省份	综合得分 F	与平均值差距
北京	0.4462	+0.2002	内蒙古	0.2391	-0.0069	黑龙江	0.1938	-0.0522
上海	0.4347	+0.1887	新疆	0.2373	-0.0087	河南	0.1930	-0.0530
江苏	0.3805	+0.1345	天津	0.2272	-0.0188	陕西	0.1818	-0.0642
青海	0.3734	+0.1274	四川	0.2194	-0.0266	重庆	0.1766	-0.0694
广东	0.3561	+0.1101	辽宁	0.2185	-0.0275	甘肃	0.1763	-0.0697
浙江	0.3379	+0.0919	江西	0.2177	-0.0283	山西	0.1762	-0.0698
西藏	0.3104	+0.0644	河北	0.2115	-0.0345	云南	0.1675	-0.0785
山东	0.2707	+0.0247	湖北	0.2097	-0.0363	贵州	0.1635	-0.0825
安徽	0.2553	+0.0093	海南	0.2014	-0.0446	吉林	0.1518	-0.0942
湖南	0.2511	+0.0051	宁夏	0.2012	-0.0448	平均值	0.2460	—
福建	0.2467	+0.0007	广西	0.1993	-0.0467			

资料来源：中国城市统计年鉴、中国城市建设统计年鉴。

如表 3-1 所示，经济发展、社会进步、资源消耗以及环境保护的指标权重较为均衡，四项指标的平均权重分别为 0.0342、0.0262、0.0282、0.0410。通过比对各二级指标权重结果并且进一步分析可知，权重超过平均值（0.0324）的指标有 13 个，分别为人均 GDP、一般公共预算收入、实际利用外资额、第三产业产值占 GDP 的比重、第三产业增加值与第二产业增加值的比值、城镇居民人均可支配收入、人口密度、人均拥有公共图书量、万元 GDP 电耗、万元 GDP 水耗、工业废水治理设施处理能力、建成区绿化覆盖率以及湿地面积占辖区面积比重。根据信息熵的概念，熵值越大，信息不确定性越大且信息价值高，表明这 13 项指标对省份城市可持续发展影响权重更大。同时，经济发展指标所占比重较大，这意味着经济发展对省份城市可持续发展起到更为关键的作用，为省份城市高质量发展提供充分的经济物质基础。值得注意的是，湿地面积占辖区面积比重指标所占权重高达0.1876，代表省份可持续发展信息的有用程度最为明显，说明为实现省份城市可持续发展目标，应从根本上重视人与自然之间的总体协调，为可持续发展提供良好的外部环境。

根据表3-2可得，2020年中国31个省份可持续发展综合得分及与平均值差距情况，全国可持续发展综合得分较高的前十位省份分别为北京、上海、江苏、青海、广东、浙江、西藏、山东、安徽、湖南。坐落于我国中部地区的安徽、湖南以及西部地区的青海、西藏可持续发展综合得分挤进前十，这充分响应了国家"中部崛起"和"西部大开发"的号召，为实现全国可持续发展发展奠定了坚实作用，为周围省份可持续发展提供了指引。而与北京、上海和江苏相比，广东可持续发展状况稍显不足，通过对广东可持续发展各指标进行分析，发现其各项指标得分稍高于全国各项指标平均得分，意味着为实现城市可持续发展，不断优化城市发展模式，推动智慧型城市建设，广东有必要在经济发展、社会进步、资源消耗以及环境保护等方面作出进一步完善和优化，秉承可持续发展理念，积极探索发展新模式。除此之外，2020年可持续发展综合得分靠后的甘肃、山西、云南、贵州、吉林，主要受自然地理环境和单一发展战略等因素影响，导致省份可持续发展综合性发展受限。

（二）中国重点城市可持续发展

运用熵权法对中国119个重点城市进行测度，各指标的权重结果见表3-3。

表 3-3 中国 119 个重点城市可持续发展评价指标体系及权重

一级指标	序号	二级指标	权重
经济发展（8个）	1	人均 GDP（元）	0.0256
	2	在岗职工人均工资（元）	0.0040
	3	GDP 增长率（%）	0.0047
	4	人均财政收入（元）	0.0473
	5	进出口总额（万元）	0.0698
	6	规模以上工业企业流动资产合计（万元）	0.0332
	7	第三产业产值占 GDP 的比重（%）	0.0036
	8	第三产业增加值与第二产业增加值的比值（%）	0.0056
社会进步（8个）	9	城镇居民人均可支配收入（元）	0.0158
	10	城镇登记失业率（%）	0.0039
	11	人口密度（人/平方千米）	0.0193
	12	常住人口城镇化率（%）	0.0034
	13	人均拥有公共图书量（册）	0.0282
	14	每万人在校大学生人数（人）	0.0209
	15	每万人拥有公共交通车辆数（量）	0.0174
	16	人均城市道路面积（平方米）	0.0110
资源消耗（8个）	17	人均生活用水量（升）	0.0118
	18	人均供水量（立方米）	0.0109
	19	人均供气量（立方米）	0.2436
	20	城区面积（平方千米）	0.0509
	21	年征用耕地面积（平方千米）	0.0304
	22	城市建设用地面积（平方千米）	0.0310
	23	万元 GDP 电耗（千瓦·时）	0.0104
	24	万元 GDP 水耗（吨）	0.0173

续表

一级指标	序号	二级指标	权重
环境保护（8个）	25	生活垃圾无害化处理率(%)	0.0034
	26	污水处理厂集中处理率(%)	0.0056
	27	工业颗粒物排放量(吨)	0.0395
	28	污水处理厂处理能力(万立方米/日)	0.0033
	29	人均公园绿地面积(平方米)	0.0161
	30	建成区绿化覆盖率(%)	0.1284
	31	城市建成区绿化覆盖率(%)	0.0391
	32	城市绿地面积(公顷)	0.0442

资料来源:中国城市统计年鉴、中国城市建设统计年鉴。

119个重点城市可持续发展综合得分及与平均值差距情况，对119个重点城市的可持续发展分为四个梯队:第一梯队城市是综合得分高于可持续发展平均值0.1以上的城市(共有8个重点城市);第二梯队城市是综合得分高于可持续发展平均值0—0.1之间的重点城市(共31个重点城市);第三梯队城市是综合得分低于可持续发展平均值0.2以内的重点城市(共有31个重点城市);余下的重点城市为第四梯队城市(共49个重点城市)。

1. 第一梯队城市

由图3-2可知,可持续发展综合得分高于可持续发展平均值0.1以上的城市为深圳、潮州、上海、北京、广州、南京、重庆、苏州，这些城市多为经济发达的城市。一般来说,城市规模越大,现代化程度越高,影响城市可持续发展问题的发生概率就越突出。但是，现代化程度较高的大城市,经济实力、技术手段、人才储备、管理水平相应较高,可持续发展能力也相对较强。

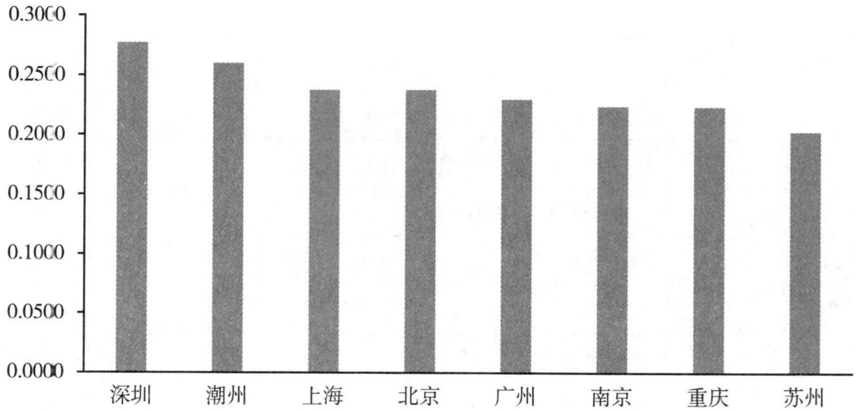

图 3-2　第一梯队城市可持续发展综合得分

资料来源:中国城市统计年鉴、中国城市建设统计年鉴。

2020 年,深圳市选用新能源环保车。新能源环卫作业车具有噪声小、低能耗、零排放、操作便捷、舒适度高等优点,可以大幅降低大气污染物含量,减少作业扰民。项目运用智能技术建立环卫全流程管控平台,通过垃圾分类收集处置全过程监管系统实现从垃圾源头到垃圾处理厂的全流程监管。潮州市在"可持续"方面,《潮州市推进重大项目建设三年行动计划(2019—2021 年)》提出建立"三个一批"机制,即开工建设一批、签约落地一批、洽谈储备一批。聚焦前期工作相对完备、开工条件较为成熟的项目,创造良好环境推动项目开工建设。2019—2020 年重点推动已签约的世界潮人文化旅游项目、潮州·智慧产业园项目、中国城乡控股集团等合作项目的落地工作。在此基础上,开展 2020 年列入广东省重点项目计划编报工作,编报列入 2020 年广东省重点项目 45 个项目,总投资 417.5 亿元,年度投资计划 69.8 亿元,并在 2020 年重点加以推进。同时,谋划"十四五"规划重大项目,准确把握"十四五"规划的重大趋势,加强项目规划储备,编制一批辐射带动力强的项目,为潮州市经济持续健康发展提供支撑。上海加强了对固体废弃物的排放管理,不断提高工业固体废弃物的利用率。同时,上海加大对城市绿化的投入,绿化覆盖率逐年提高,但人均公园绿地面积较少。上海作为我国的金融中心,保持着良好的经济发展态势,经济总量逐年增长,三产结构不断优化,第三产业是拉动经济增长的主要动力。北京在 2020 年实行“多能协同、智能耦合”项目,本项目是全国首个多能源技术耦合+智慧能源管理的行政办公区。系统耦合了地热能、天然气等多种能源,以地热和储能等可再生能源承担基础负荷,使系统可再生能源比例超过 40%,二氧化碳减排达 41%。项目利用能源管理云平台,实现“多能协同”“智能耦合”的能源站“智慧调度”,最大限度提升系统综合利用效率,充分利用地热和绿电,提升可再生能源使用比例,减少污染物和温室气体排放,实现清洁、绿色、低碳供能,促进可持续发展。广州市增城新塘永和污水处理厂,污水处理厂一、二、三期总规模 15 万立方米/天,四期项目规模 5 万立方米/天。该项目作为“广州市水更清”行动计划及水生态文明城镇建设的重要组成部分,有效地改善了增城区及新塘镇区域水环境总体质量。

2. 第二梯队城市

由图 3-3 可知,第二梯队为综合得分高于可持续发展平均值 0—0. 1 的城市。这些城市多为长三角城市群、珠三角城市群以及武汉城市群。2021 年以来,面对新冠疫情的严重冲击,党中央统筹疫情防控和经济社会发展,并且确定了“加快新型基础设施建设,深入推进重大区域发展战略,加快国家重大战略项目实施步伐。以新型城镇化带动投资和消费需求,推动城市群、都市圈一体化发展体制机制”的城市发展策略。在 2020 年 11 月 22 日在 G20 峰会上,习近平主席表示面对新冠疫情带来的严重挑战,可持续发展依然是“金钥匙”，拨开世界迷雾，照亮人类前程。我们要倡导绿色、低碳、循环、可持续的生产生活方式，平衡推进 2030 年可持续发展议程，不断开拓生产发展、生活富裕、生态良好的文明发展道路。因此，研究我国城市群的可持续发展具有重要价值。

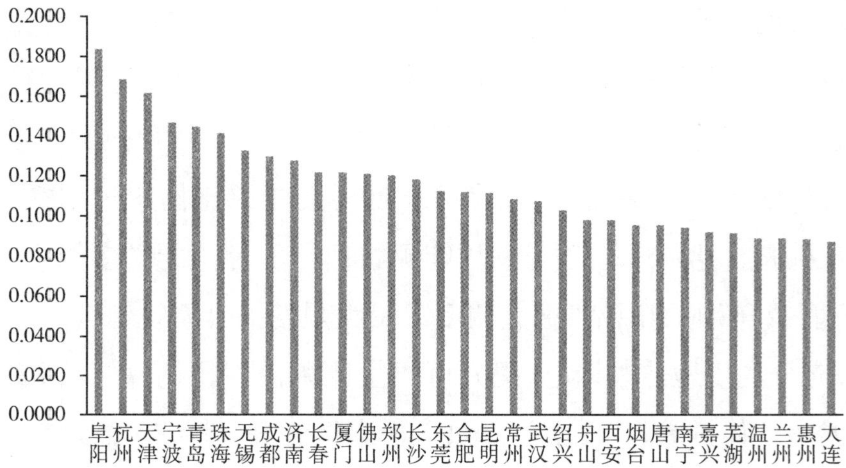

图 3-3　第二梯队城市可持续发展

资料来源：中国城市统计年鉴、中国城市建设统计年鉴。

城市群是资源要素在空间集聚的高级形态，是一个国家在城市化过程中由增长极模式到点轴模式，再到网络模式的必然结果，中国当前区域经济发展正逐渐由传统的省域经济、“带状经济”或“区块经济”和行政区划经济向城市群经济转变。因而，城市群是中国实现可持续发展的重要载体。以长三角城市群、珠三角城市群以及武汉城市群为例，它们能够大力发展技术密集型工业和第三产业；加强区域合作，实现优势互补，积极开拓海外市场；积极推进能源的跨区域调配，大力发展新能源等；同时完善城市基础设施建设，调整城市规模结构来促进城市可持续发展。

3. 第三梯队城市

白图 3-4 可知，第三梯度城市为综合得分低于可持续发展平均值0.2的城市。在第三梯队的重点城市中,存在石家庄、南昌、沈阳、乌鲁木齐、哈尔滨、福州、银川众多省会城市,这些省会城市在经济发展中取得了一定成绩,但是随之而来的问题也逐渐凸显出来,如经济增长方式比较粗放、没有形成特色经济、经济结构不合理、产业技术结构不合理等。尤其在产业结构方面,第三产业在整体经济发展中仍处于被漠视的状态。如果不能正确看待和解决这些问题,将直接影响经济的可持续发展;其次,这些省会城市的基础设施建设并不符合经济发展的速度,尤其在医疗卫生等方面很难满足人们的需求,而且在生活用水量、公共绿地、绿化覆盖率等方面指标很低,为社会可持续发展带来一定的影响;这些省会城市的区位条件处于半封闭式,在一定程度上造成水污染与大气污染。水污染方面主要因为地下水储量不断减少,加上工业、农业污水排放过多,导致水资源的污染很严重。这些问题都会影响城市的可持续发展。

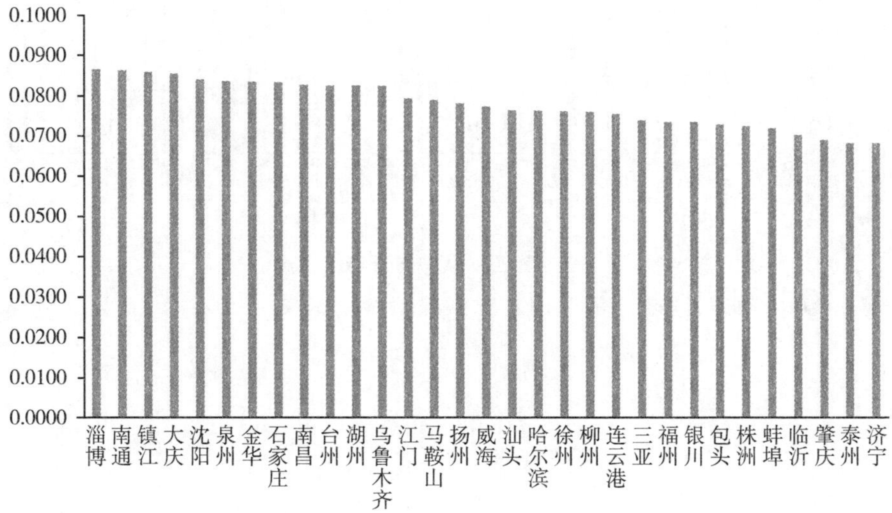

图3-4　第三梯队城市可持续发展

资料来源:中国城市统计年鉴、中国城市建设统计年鉴。

4. 第四梯队城市

由图 3-5 可知，第四梯队城市为综合得分低于可持续发展平均值 0.2 的城市。位于第四梯队的城市得分评分较为平均且经济水平相差不大。在第四梯队的重点城市中，都存在许多的共同问题：首先，自身条件不足，如产业基础薄弱、经济腹地较小、资源或能源供应紧张等问题，其次，在发展中出现类似问题如建设用地紧张、环境污染严重；最后，在城市结构上也存在诸如城市规模结构不合理、各个城市功能不清楚、结构趋同、城市环境问题增多等问题。因此导致这些城市在可持续发展能力上略微逊于第一梯队和第二梯队城市。

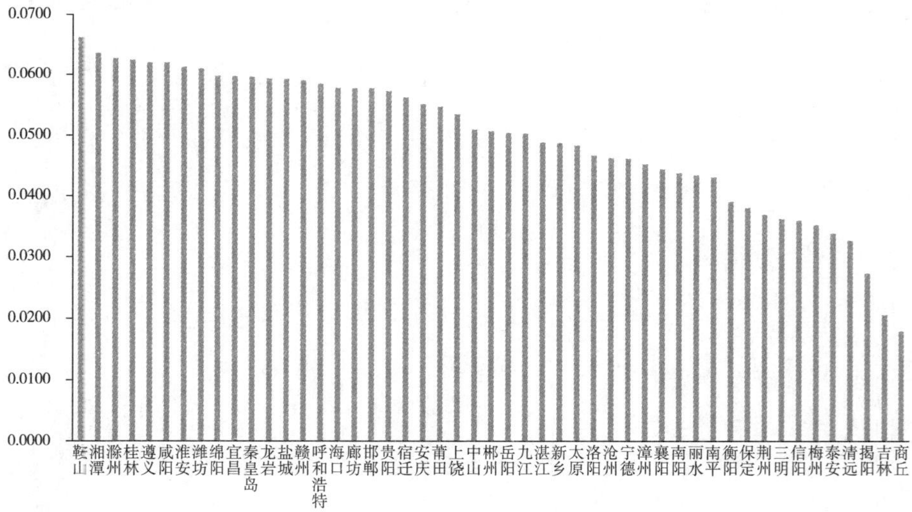

图 3-5　第四梯队城市可持续发展

资料来源：中国城市统计年鉴、中国城市建设统计年鉴。

第二节　行政区划

行政区划作为中央统治地方及中央与地方分权的一种重要形

式和手段,某种程度上可以视为国家结构形式的空间投影,具有管理与空间的双重属性。中国作为一个转型国家,不仅包括经济体制转型,还包括社会体制转型和政治体制转型,高质量的发展需要有高质量的城市化支撑。随着我国城市化进程的不断发展,出于促进经济社会发展的目的,党的十八大报告明确提出要优化行政层级和行政区划设置。

一、中国城市行政区划格局的演变历程及其主要依据

(一)传统社会地方行政区划演变历程

正如国家不是从来就有的一样,行政区划是伴随国家的产生而出现,并随着国家的发展而不断演变。我国的行政区划最早出现于公元前的夏朝,至今已有多年的历史,大致可以分为五个时期:萌芽时期、郡制时期、州制时期、道路制时期和省制时期[①]。

从夏朝至战国时期(即公元前 21 世纪至公元前 221 年),这一时期,包括从原始行政区划的出现到郡制的初步形成。公元前 21 世纪,第一个奴隶制国家夏朝建立之后,将天下分为九州,即冀州、兖州、青州、徐州、扬州、荆州、豫州、梁州、雍州。商王朝则将所辖区分为中央和地方。中央是商王直接统治的地区,地方指在其外广袤的地区,商王分封了许多诸侯,这些诸侯建立了众多的方国。到了西周王朝,开始了诸侯分封制。分封之初,共有 800 多诸侯国。春秋时期,开始出现县和郡,郡归国君直接管辖,郡、县之间没有直接的隶属关系。但到战国中期以后,郡已统县,郡制基本

① 吕育诚:《地方政府管理学》,元照出版公司 2001 年版,第 26 页。

形成。

到了秦朝至两汉时期(即公元前221年至公元220年),这一时期,基本上是郡、县两级制。秦始皇统一中国后,为有利中央集权,统辖全国的辽阔领土,推行郡制,全国共分36郡。郡以下设县,县以下设乡、亭。汉朝则既沿用了秦代的郡,又恢复了过去的封国制,但郡制一直延续到唐高祖即位后罢郡设州为止。

三国至隋朝时期(即公元220年至公元627年),这一时期,在郡、县之上出现了一级行政区划—州,故称为州制时期。其中三国、两晋、南北朝,采用州、郡、县三级制,而隋朝大体实行州、县两级制。

唐、宋两朝(即公元627年至1275年),这一时期,主要实行道路、州、县三级制。唐代的道和宋代的路同早期的九州有些相近,但名称已全部改变,主要根据名山大川命名。唐初,采取州、县两级制,但到了唐贞观元年,在州、县两级行政区划之上设置道,将全国划分为10道,后分离出5道,共计15道,道成为州、县之上的一级大行政区划。唐的行政区域由原来的州、县两级制变为道、州、县三级制。而宋朝的行政区域体制与唐朝的相仿,采取三级制,初为道、州、县,后改为路、州(府、军、监)、县。

元朝至清朝(即1276年至1911年),这一时期,其中元朝实行省、路、州、县四级制;明清推行省、府、县三级制。元朝统一中国后,在全国推行省制,将全国领土分为12个大行政区划。在中央京师附近地区设置中书省,其他各地方分为11个行中书省,即辽阳、岭北、陕西、甘肃、四川、云南、湖广、江西、江浙、河南、征东等省。至元27年,全国有12个省、155个路、359个州(府)、1127个县。明朝的一级行政区划沿袭元制,开始仍称为省,洪武九年改行中书省为承宣布政使司(简称省),一级行政区设有2直隶,13省和奴儿干、乌斯藏、朵甘3都司;二级行政区域有府140个、州193个;三级行政区域县1138个。到了清朝,除了废除承宣布政使司之名,正式恢复称省之外,地方行政体制沿袭明代,亦即省、府州厅、县三级制。至清末,全国共有23省、185府、34直隶厅、87散厅、73直隶州、145散州、1314县。

通过观察表3-4发现,中国历代行政区域制度具有很强的继承性和变革性。就出现最早的、系统的郡县制而言,早在春秋时期就已经产生,县出现于春秋初期并为此后的历代王朝基本沿袭。而其变革性以一级行政区域而言,西汉实行郡制,东汉时期"州"由监察区转化为拥有行政实权的一级行政区划,而到唐代"道"作为对州县的监察区演变为州之上的一级行政区域。但在设置地方各级行政区域时,历代王朝都曾规定或沿袭了设置的依据和条件。这些条件归纳起来,不外乎有三种:一是形势地位的重要性。如唐代把京师附近的州,无论大小都定为辅州,其余在交通要道或重要地点的州分别定为雄州、望州和紧州。县的情况也是一样。二是人口的多少。如唐代开元时以4万户以上为上州,2.5万户以上为中州,以下为下州。而沿边境地区,则以3万户以上为上州,2万户以上为中州。所谓"以户口多少,资地美恶为差"的原则来设置。三是经济发展程度。如明代以每年纳粮20万石以上的府定为上府,20万石以下为中府,10万石以下为下府。虽然在具体实行时及不同的时代会有一些变化,但这三条原则大体上是没有改变的。由此可见,历代王朝的行政区域设置,除了特殊地区如京城周围和军事要地外,一般是人口越多,经济越发达,则地方行政区划就设置越多。

表 3-4　中国历代王朝城市行政区划变更情况

朝代名	西汉	东汉	三国	西晋	南北朝	隋朝	唐朝	北宋	南宋	元朝	明朝	清朝
统计年代	元始二年	永和二年	景元三年	太康元年	大象元年	大业五年	天宝元年	崇宁元年	嘉定元年	至顺元年	万历六年	乾隆十八年
县数量	1587	1160	1206	1232	1562	1253	1570	1265	1386	1127	1138	1305
行政区划(数)	郡(103)	州(13)	州(18)	州(19)	州(253)	郡(190)	道(15)	路(26)	—	行省(13)	省(15)	省(23)

资料来源:吕育诚:《地方政府管理学》,元照出版公司 2001 年版,第 26 页。

(二)近代社会地方行政区划演变历程

1911 年辛亥革命爆发后,清政府被推翻,中国两千多年的封建君主专制制度就此结束。从史学上来看,1912 年至新中国成立前夕,这段时间称之为民国时期。民国时期的行政区划大体可分为两大阶段[①],即民国前期(北京政府时期)的省(特别区域、地方)、道、县(设治局、旗、宗)三级制和民国中后期(南京政府时期)的省(行政区划、特别市[院辖市]、地方)、县(设治局、管理局、旗、宗)二级制。

在民国前期,即 1912 年至 1927 年的北京政府时期,沿袭了清朝的行政区划,当时全国共有 22 省,即直隶(治天津)、奉天(治沈阳)、吉林(治吉林)、黑龙江(治龙江)、山东(治历城)、河南(治开封)、山西(治阳曲)、江苏(治江宁)、浙江(治杭县)、安徽(治怀宁)、江西(治南昌)、福建(治闽侯)、湖北(治武昌)、湖南(治长沙)、广东(治番禺)、广西(治邕宁)、云南(治昆明)、贵州(治贵阳)、四川(治成都)、陕西(治长安)、甘肃(治皋兰)、新疆(治迪化)。外蒙古、青海、西藏等地方均维持现状,台湾地区仍被

① 门岿:《中国历代文献精粹大典》,天津学苑出版社 1990 年版,第 67 页。

日本占领。

1911 年辛亥革命后,民国政府开始撤道,废府、州、厅,存县并县工作。1913 年 1 月,中华民国临时大总统颁布《划一现行各省地方行政官厅组织令》《划一现行各道地方行政官厅组织令》和《划一现行各县地方行政官厅组织令》,此后全国普遍废府州,实行省、道、县三级制。这是我国近代首次整理全国行政区划的命令。经一番调整,截至 1926 年年底,全国共辖地方一级行政单位 33 个,包括 23 省(含日占台湾地区)、5 特别区域、4 地方、1 特别市。以下共有 98 道,1800 余县。

在民国中后期,即 1927 年至 1949 年 10 月 1 日新中国成立之前的南京政府时期,一直是省、县二级制。在该时期,我国开始有了特别市的设置。即国民党政府定都南京后,于 1928 年 7 月正式公布《特别市组织法》和《普通市组织法》,规定特别市直属中央政府,普通市隶于省政府。在特别市方面,有南京、上海、北京、天津、武汉等市。在普通市方面,从 1927 年 5 月起至 1947 年 6 月底止,先后有宁波、杭州、安庆、苏州、重庆、济南、沈阳、成都、汕头、包头、长沙、厦门、昆明、武昌、南昌、连云、开封、桂林、贵阳、兰州、自贡、西安、衡阳、陕坝、湛江、迪化、归绥、银川、台北、基隆、新竹、台中、彰化、台南、嘉义、高雄、屏东、徐州、威海卫、西宁、福州、柳州、梧州、南宁、烟台、张家口、蚌埠、太原、唐山、石门、锦州、营口、鞍山、旅顺、本溪、抚顺、通化、安东、四平、吉林、长春、牡丹江、延吉、佳木斯、北安、齐齐哈尔、海拉尔等 60 余座城市设置过普通市(省辖市)。

截至 1947 年 6 月底,全国共辖省级行政单位 48 个。其中包括 35 省、1 地方(西藏)、12 院辖市。以下设 57 省辖市、2016 县、

40 设治局、1 管理局、131 旗。1948—1949 年 9 月底除增置梅茂、南山两县及添设嫌洒设治局外，其他无重大行政区划变化。总体而言，这一时期，地方政府关系主要以省、县为主。

（三）新中国成立后地方行政区划演变历程

1949—1977 年，中国经济社会亟待恢复和发展，建立新的政治秩序成为新生政权的首要任务。这一时期中国行政区划调整的主要任务是维护国家稳定和中央权威，具有很强的政治色彩，逐步形成了以单一制为主体和以民族区域自治、特别行政区划为补充的具有复合制特征的国家结构形式。具体而言，该时期行政区划调整的主要内容有以下四点：（1）大区建制的立与废。大区曾作为地方最高行政建制单位，是管辖若干省市的行政区域。1952 年，全国共设立华北、东北、西北、华东、中南和西南六个大区。1954 年大区随着行政委员会的撤销而废除。（2）省区的撤并重组。新中国成立初期，撤销察哈尔省、平原省、热河省、西康省和绥远省，恢复设置江苏省、安徽省和四川省，松江省并入黑龙江省，辽东省和辽西省合并设置辽宁省，设置新疆维吾尔自治区、广西壮族自治区、宁夏回族自治区和西藏自治区等。1949 年到 1969 年，中国的省从 29 个减少至 22 个，自治区从 1 个增加到 5 个。（3）直辖市数量的减少。新中国成立之初共有 12 个直属于中央政府的直辖市，1953 年增加为 14 个。随着大区建制的设立与废除，最终除北京市、上海市和天津市之外的 11 个中央直辖市也相应改为省辖市。此后，中国的直辖市数量在 1997 年之前一直稳定在 3 个。（4）建制市数量的调整。1949—1977 年，中国的建制市设置的主要思路是“市县分立、城乡分离”，主要区划调整模式是切块设市。如图 3-6 所示，新中国成立之初（1949—1957 年），中国城市数量有所增加，地级市和县级市分别从 1949 年的 56 个和 61 个增加到 1957 年的 92 个和 81 个[①]。自 1958 年起中国对城市的设置进行了较大的调整。全国地级市和县级市数量均经历了起伏波动再到趋于稳定的变化过程，到 1963 年中国共有地级市 78 个、县级市 97 个。1963 年国家明确提出了“对市镇人口必须严格控制，对市镇建制的设置必须恰当”的要求，之后市镇设置进入严格控制阶段。中国地级市数量自 1964 年起连续 10 年徘徊在 80 个左右，直到 1974 年才开始有所增加，到 1977 年全国共有 97 个地级市。同一时期，全国县级市数量经历了小幅波动，到 1977 年全国共有 90 个县级市。

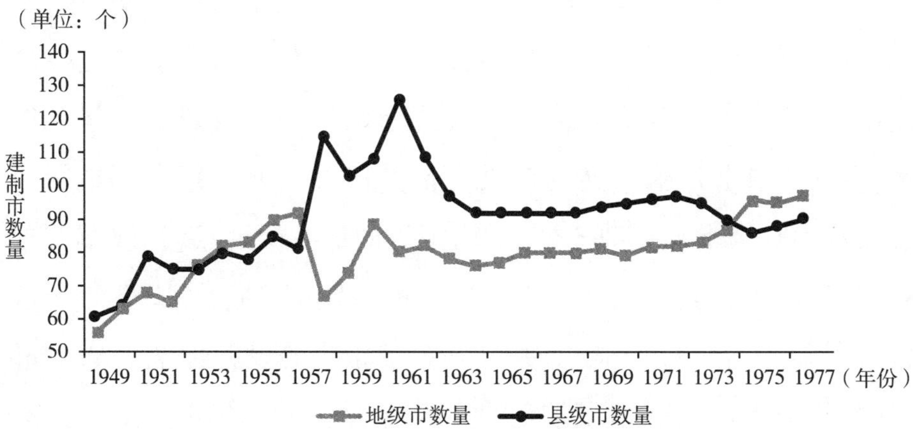

图 3-6　1949—1977 年新中国建设市的数量变化

资料来源：国家统计局经济综合统计司编。

---

① 数据来源：国家统计局经济综合统计司编：《中国民族统计年鉴（1949—1994）》，中国统计出版社。国家统计局编：《中国统计年鉴（1986/1993/2000/2007/2013/2021）》，中国统计出版社。

（四）改革开放后地方行政区划的调整

改革开放以来，中国的地方行政层级是三级：省、县、乡镇与四级：省、市、县、乡镇并行。除了 1988 年将海南从广东省划出，成立海南省，1997 年将重庆从四川划出，成立重庆直辖市外，中央基本上没有对省级行政区划进行过大的调整。目前共有 34 个省级行政区划，包括 23 个省（河北、山西、辽宁、吉林、黑龙江、江苏、浙江、安徽、福建、江西、山东、河南、湖北、湖南、广东、海南、四川、贵州、云南、陕西、甘肃、青海、台湾）、5 个自治区（内蒙古、广西、西藏、宁夏、新疆）、4 个直辖市（北京、天津、上海、重庆）、2 个特别行政区（香港、澳门）。

如表 3-5、图 3-7 所示，将 1978 年改革开放后到 2021 年行政区划的发展变化平均分为七个主要节点：1978 年、1985 年、1992 年、1999 年、2006 年、2013 年、2020 年。从表图中可以看出，第一，地级市大幅增加。随着市领导县体制的全面推行，国家通过撤地设市、地市合并和县市升格等行政区划调整手段设置了大量地级市，促使市县分治模式转向市县合治。1978—2020 年全国地级市总数从 100 个增加到 293 个，平均每年增加 4 个。第二，改革开放初期，县级市急剧增长。县级市还被称为地辖市直到 1983 年民政部才明确了"县级市"概念，并且制定了相应的设置标准。从 1985 年起，县级市进入高速发展时期。从数量上看，1978 年全国共有县级市 93 个，1985 年增加到 159 个，并在 1999 年达到顶峰 427 个。但在 1999 年后县级市数量缓慢减少，从 427 个降低到 388 个。第三，市辖区快速发展。1978—2020 年全国市辖区总数从 408 个增加到 973 个，年平均增加 13 个，且增长速度与地级市增长速度基本保持同步。

表 3-5　1978—2020 年全国行政区划数量变化

年份	地级市	县级市	市辖区
1978	100	93	408
1985	165	159	620
1992	191	323	684
1999	236	427	749
2006	283	369	856
2013	286	368	872
2020	293	388	973

资料来源:国家统计局经济综合统计司编。

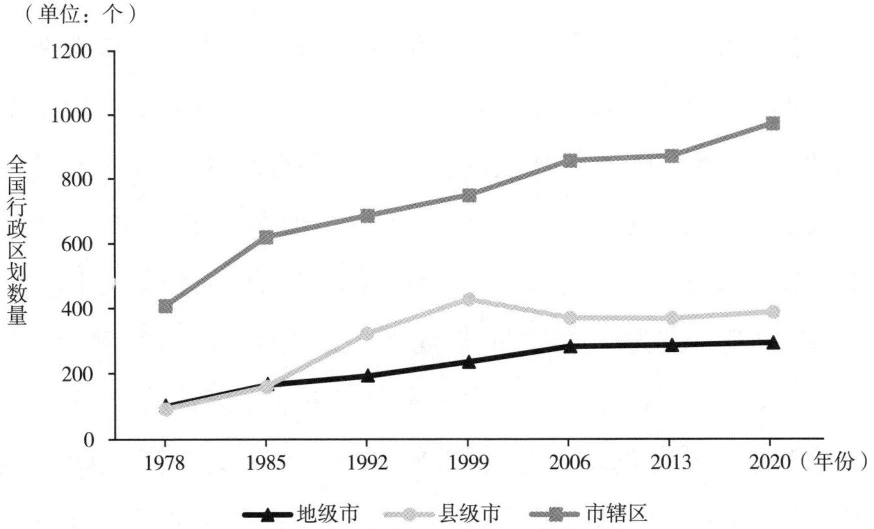

图 3-7　1978—2020 年全国行政区划数量变化

资料来源:国家统计局经济综合统计司编。

改革开放以来中国城市行政区划变更非常频繁,形式也很多样,大大促进了中国城市数量的增加。其主要城市行政区划调整归纳为三种:撤县设(县)级市;县、市升格或地区改(地级)地级市;撤县(市)设区[①]。进一步研究行政区划演变的驱动力因素,发

① 晏世琦:《完善我国区域政策框架体系》,《宏观经济管理》2021 年第 3 期。

现有以下五点:(1)城镇化进程加快。城镇化进程快速推进的背景下,人口和产业集聚造成城市建设规模不断扩张,需要将周边连为一体的县(县级市)改设为市辖区,城镇实力逐步增强和城市规模的不断扩大为设立县级市提供了条件[①]。(2)中心城市发展空间的拓展。改革开放以来,随着城市经济的持续快速发展,不仅城市的数量在增加,城市的用地规模也在逐步扩大。当中心城区发展空间不足时,必然要通过行政区划调整扩大中心城区的范围,以便在更大的范围内优化和配置资源。(3)人口的集聚与增长。城镇型行政区的分布与“胡焕庸线”(黑河—腾冲)高度吻合,县级市和市辖区大多分布于“胡焕庸线”的东南侧。主要原因就是东南地区自然条件好、人口密集,有利于形成较大的城镇规模。直辖市、地级市的市辖区以及县级市属于城镇型行政区,要比县的人口密度大。(4)交通通信条件的日益改善。改革开放以来,交通通信条件得到显著改善,高速公路发展迅猛,铁路、航空运输四通八达,使不少地方成为交通节点,进而形成新的城镇,因此对行政区划调整有了新的需求。此外,由于科技的进步、交通的改善、通信的发达和管理手段的现代化,行政管理效率也大大提高,地级市对县和县级市的管理加强,使许多县(县级市)改为市辖区。上级行政区划与下级行政区划之间的空间和时间距离的缩短,使行政区域的管辖幅度可以扩大,可以增加所辖行政区的数量。交通通信条件的改善直接驱动了省直管县(县级市)和行政区划合并,例如:地市合并、县市合并、县区合并等。(5)政策影响。政策法律对行政区划的调整具有很强的导向性和约束性。改革开放以来,

① 朱建华、陈田、王开泳、戚伟:《改革开放以来中国行政区划格局演变与驱动力分析》,《地理研究》2015年第2期。

政府制定了许多政策、方针、法律和标准来指导行政区划的调整工作，这些政策因素对行政区划格局产生了很大的影响。

二、中国城市行政区划调整的现状特征及其改革趋势

城市行政区划变更，主要指以城市为主要对象的行政区划或行政管理安排的变动，常常能够反映出国家行政结构或管理体制的调整与变迁。中国的行政区划调整始终顺应国家政治、经济和社会的发展潮流，时代背景不同，行政区划调整的主导目标也不相同。在对新中国 70 多年行政区划调整历程进行深入探索之后，本书进一步总结归纳了至今中国行政区划调整的现状特征及其改革趋势。

（一）中国行政区划调整的主导目标转向政区空间结构和布局优化

进入 21 世纪后，中国经济由粗放型发展向高质量发展转变，行政区划调整重点也随之从增加市镇数量转向扩大市区规模，通过撤县（市）设区、切块设区、区界重组和乡镇撤并等调整手段拓展市镇规模，提高城镇发展质量。2013 年以来，中国社会进入全面深化改革的新时期。城市化长期的快速发展导致的人口集聚规模和大中小城市布局在空间上不断失衡，由此引致的行政区划调整需求也越来越多元化。一方面，一些发展良好的中心城市急剧扩张，与周边区域一体化的趋势越来越明显；另一方面，很多县和特大镇的经济实力不断增强，其设市需求也越来越强烈。通过撤县设市、撤县（市）设区、区界重组、乡镇撤并、撤镇设街道办等模式优化行政区划空间结构和布局，促进各类要素在空间上的合理流动和高效集聚，成为这一时期中国行政区划调整的主导目标。

（二）区域行政区划调整的重点呈现出自东向西梯度转移的趋势

行政区划调整的主导目标随经济社会发展阶段的转变而转变，这一特征不仅适用于全国，也适用于不同区域。但是从横截面上来看，由于同一时期不同区域所处的经济社会发展阶段并不相同，因此同一时期不同区域行政区划调整的侧重点也有所不同。其特征在当前主要表现为，部分东部沿海地区已经进入区域一体化的发展阶段，相应地，行政区划调整的主要目标也已转向优化空间格局、提高地方政府的空间治理水平上；中部地区区划调整则处于由经济导向向空间治理导向过渡的阶段，区划调整中增设市镇与空间重组并存；而西部地区则主要处于区划调整以经济发展为主导目标的阶段，2017 年撤县设市重启后，增设小城市与小城镇将是未来西部地区区划调整的重要内容。

（三）行政级别越高的行政区划调整频率越低

从新中国 70 多年行政区划调整的历程来看，国家对省、自治区和直辖市这三类省级行政区划调整频率最低，且集中在 20 世纪 50 年代和 60 年代。虽然在 1988 年和 1997 年出现两次零星调整，但是并没有改变中国省级行政区划的主体架构。如表 3-6 所示，相较于省级行政区划，国家对地级行政区划的调整更加频繁。① 以改革开放后地级市行政区划调整为例，1978—2019 年全国撤地设市、地市合并和县市升格这三种区划调整方式一共发生了 267

① 吴金群、廖超超：《我国城市行政区划改革中的尺度重组与地域重构——基于 1978 年以来的数据》，《江苏社会科学》2019 年第 5 期。

次，调整频率显著高于省级行政区划。而对于县、县级市和市辖区等县级行政区划来说，其发生行政区划调整的频率比地级行政区划更高。以改革开放后为例，1978—2003 年，全国范围内通过撤县设市和切块设市形成县级市 473 个，县市合并发生 38 次；通过撤县（市）设区和切块设区形成市辖区 429 个，发生区界重组 270 次。[①]

表 3-6　1978—2020 年中国城镇型政区行政区划调整统计

年份	地级市			县级市			市辖区		
	撤地设市（次）	县市升格（次）	地市合并（次）	撤县设市（个）	切块设市（个）	县市合并（次）	撤县/市设区（个）	切块设区（个）	区界重组（次）
1978—2003	128	80	47	410	63	38	212	217	270
2014—2012	3	0	0	2	3	0	27	2	149
2013—2020	8	1	0	45	7	0	127	9	72
总计	139	81	47	457	73	38	366	228	491

资料来源：根据行政区划网及民政部的公开资料整理而得。

（四）行政区划调整的空间尺度不断细化

70 多年间，随着经济社会发展水平的不断提高，中国的行政区划调整逐步从宏观尺度转向微观尺度。新中国成立初期，中国行政区划调整的重点是构建国家权力结构体系，此时区划调整主要针对的是国家最高一级的地方行政建制，主要内容是划分省域空间，区划调整尺度很大。改革开放后，省级行政区划基本已经尘埃落定，随着市场经济体制的建立、以税制改革为代表的分权化改革的推行和城市化的不断推进，完善地级行政区划的权力配置和空间重构是行政区划调整的新的重点。从表 3-2 和表 3-3 可以

① 资料来源：根据行政区划网及民政部的公开资料整理而得。

看出,1978年之后中国的地级行政区划调整一共进行了267次,其中255次发生在1978—2003年,地级市总数在2003年之后基本保持不变。可以说地级市的调整在2003年左右基本告一段落。在地级市做实的同时,县级市和市辖区也在快速增加,县级市的增加在经历了一个高峰之后被人为叫停,而市辖区则一直处于优化调整之中,成为进入21世纪后中国行政区划调整的重点对象。此外,近年来,随着基层治理改革不断推进,乡镇级行政区划的调整也越来越被人们所关注,科学合理规范地实施撤乡设镇和乡镇撤并,有助于乡村振兴和构建共建共享共治的乡镇社会治理格局,这也是推进国家治理体系和治理能力现代化的基础。可以预见,未来中国区划调整的空间尺度将不断缩小,区划管理也将越来越精细化。

(五)行政层级调整趋向扁平化

我国现行行政区划特征基本上是三级制和四级制的行政区划体系。所谓"三级制"是指:第一级是省、自治区、直辖市,第二级是县、自治县和省辖市,第三级是乡、民族乡和镇;四级制则为"省—市—县—乡"。进入21世纪后,出于对扩大县域发展自主权、提高地方行政管理效率和提升地方治理能力的考虑,国家开始鼓励有条件的地方加快省直管县体制的改革试点。自2005年起,中共中央和国务院陆续出台了一系列相关文件,中国共产党第十八次全国代表大会、中国共产党第十八届中央委员会第三次全体会议更是明确提出要优化行政层级和行政区划设置,有条件的地方探索省直管县改革。在国家政策的推动下,不少省份积极响应,在省内区位条件好、经济实力强、城市化水平高的县域进行省直管县试点。因此,国内已有部分地区建立起"省—市(县)—乡"三级制地方行政层级。由此可见，中国的行政区划调整已呈现出行政层级扁平化的趋势。①

第三节　经济区划

经济区划，是指根据社会劳动地域分工的规律、区域经济发展的水平和特征的相似性、经济联系的密切程度，或者依据国家经济社会的发展目标与任务分工，对国土进行的战略性区划。一般认为，经济区划的客观基础是经济区，即在商品经济较发达条件下形成的有全国意义的、专业化的地域经济统一体。中国的经济区划在不同时期，根据分类指导的战略需要经历“沿海与内陆”“一线、二线、三线”“经济协作区”，到现今的“东、中、西”及城市群经济区划，经济区划成为认识和管理区域经济的战略工具。我国经济发展经历了“均衡发展”—“非均衡发展”—“协调发展”的过程②。

一、经济协作区

中华人民共和国成立后，面对旧中国落后的极不平衡的生产力布局和冷战格局的挤压，中央加强对地区经济的计划指导，协调各大区内省、自治区、直辖市间的经济联系③，根据当时的实际，考

---

① 戚伟、王开泳：《中国城市行政地域与实体地域的空间差异及优化整合》，《地理研究》2019 年第 2 期。

② 叶振宇、李峰波、王宁：《我国区域经济高质量发展的阶段成效与难题攻坚》，《区域经济评论》2022 年第 1 期。

③ 孙久文：《构建中国区域经济学学科体系——评〈刘再兴文集〉》，《经济研究》2020 年第 8 期。

虑历史关系和政治、经济、军事需要，在 20 世纪 50—60 年代建立了经济协作区的经济管理形式。将全国划分为 7 个协作区（东北、华北、华东、华南、华中、西南、西北），并要求各区尽快建立大型的工业骨干和经济中心，形成若干个具有比较完整工业体系的经济区域。原七大协作区的管理范围为：

东北协作区，管辖辽宁、吉林、黑龙江、东蒙（内蒙古自治区东部三个盟）。

华北协作区，管辖北京、天津、河北、山西、内蒙古自治区（内蒙古西部四个盟和呼和浩特市）、河南。

华东协作区，管辖上海、江苏、浙江、安徽、福建、山东、江西。

华南协作区，管辖广东、广西。

华中协作区，管辖湖北、湖南、河南。

西南协作区，管辖云南、贵州、四川、西藏。

西北协作区，管辖陕西、甘肃、青海、宁夏、新疆。

20 世纪 60 年代，华中、华南两个经济协作区合并，全国划分为六大经济协作区：东北（辽宁、吉林、黑龙江）、华北（北京、天津、河北、山西、内蒙古）、华东（上海、江苏、浙江、安徽、福建、江西、山东）、中南（河南、湖北、湖南、广东、广西）、西南（四川、贵州、云南、西藏）、西北（陕西、甘肃、宁夏、青海、新疆）。各大区曾设置中央局和大区纪委，用以协调各省、自治区、直辖市的关系。十年动乱期间大区一级组织机构相继撤销。

中国的经济协作区方案，作为全国经济区划的尝试和实践，取得了一定的成绩，为后来的经济区划工作积累了经验。同时，它们在一定程度上起了经济区的作用，为未来的区划方案奠定了一定基础。但由于各大经济协作区基本上是在 20 世纪 40 年代末、50

年代初行政区划的基础上划分而成，实际上是一种行政区划。原来应是一个经济区的冀、鲁、豫三省，被分别划入华北、华东、中南三个经济协作区，割裂了三省之间的传统经济联系。划分和建立经济协作区的指导思想，带有经济发展"均衡论"倾向，主观企求尽快实现全国各地区的均衡发展，客观上却使原来先进的省、直辖市的发展受到抑制，对一些后进省、自治区实行拔苗助长，结果是欲速则不达，延误了全国经济发展的进程。

二、三大经济地带或地区的划分

20 世纪 80 年代末到 90 年代初，尽管中西部的经济发展与改革开放前相比取得了很大的发展，但与东部地区的差距却在迅速扩大，已成为困扰中国经济发展的一个突出问题。随着非均衡协调发展战略的实施，"七五"计划时期，中央首次将我国划分为东部、中部、西部三大经济带，国家把投资和经济发展重点转向了东部沿海地区。通过东部沿海地区的经济发展带动中西部地区的经济发展，实行由东向西梯度推进的区域经济政策。

三大经济带的划分，是根据我国各地区的自然条件、经济资源、经济发展水平、交通运输条件、经济效益等方面的差异进行划分。从经济发展水平、生产建设的经济效益水平、基础设施，以及科学、技术、经营管理等方面看，大体是东部地带高，西部地带低，由东向西递减；从土地、矿藏和水力等自然资源方面看，则大体是西部地带和中部地带丰富，东部地带一般较缺乏，由东向西呈递增趋势。同时，根据各地区的经济、社会和科学技术的发展水平来科学地划分经济地带，可以充分发挥各经济地带优势，实现各部门、各地区、各层次的生产布局的有机联系，求得整个社会经济协调发展；使各地明确各自在国民经济和社会发展中的地位、作用和经济技术特点，便于国家对各地经济规划进行分类指导；可以推动横向经济联系，促进地区分工合作、联系，有利于国民经济的整体发展，合理布局我国生产力所必需，各地共同繁荣。

（一）东部沿海地带

东部沿海地带包括辽宁、北京、天津、上海、河北、山东、江苏、浙江、福建、广东、广西、海南。国土面积占全国的14%左右，人口约占全国的42.3%。

东部经济地带地处我国地势的第三阶梯上，面向海洋，背靠大陆，地表平坦，气候温和，雨量充沛，人口密集，交通方便，历史开发较早，技术条件较好，宜于工农业生产的发展，是我国经济最发达的经济带。本带经济发展主要是加强传统工业和现有企业的技术改造，大力开拓新兴产业，发展知识技术密集型产业和高档消费品工业，使产品向高、精、尖、新方向发展，加快经济特区，沿海开放城市和经济开发区的建设。

经过20多年的高速发展，东部沿海地带已进入工业化的起飞阶段，走在了全国前列。市场经济体制已基本形成，并在世界贸易组织规则下迅速与国际市场接轨。国民经济以年均10%—11%的速度增长，超过全国平均2个百分点以上，经济总量占全国经济总量的65%以上，人均GDP达1700美元①。这一地区形成了3个中国经济最发达的经济圈和都市圈，即以广州、深圳和珠海为中心的珠江三角洲地区，以上海为中心的长江三角洲地区和以北京、天津

① 数据来源:《中国城市统计年鉴(2021)》,王晓红总编,中国统计出版社。

为中心的环渤海经济区，这三个区域相继创造出区域发展的奇迹。特别是长三角和珠三角，更是高速赛跑，比翼齐飞，成为我国的制造业中心，占全国经济的权重愈来愈大。

（二）中部地带

中部地带包括黑龙江、吉林、山西、内蒙古、安徽、河南、湖北、湖南、江西9个省份。国土面积约占全国的30%，人口约占全国的32.6%。

中部地带拥有丰富的能源资源，有色金属、黑色金属和化工矿产资源很丰富。工农业生产、科技力量都有一定基础，具有一批工业发达、科技水平较高的城市和地区，是我国粮、棉、油、烟、糖、杂粮、牛猪和水产等产品产区。地处全国腹地位置，决定了中部地带在全国生产力布局中处于东西接合部和承东启西的战略地位。向东，提供能源、原材料，接纳东部转移扩散的企业、产品，配合东部沿海地带的产业结构调整；向西，传递技术，包括从东部地带吸收的新兴产业技术和本地带积累的开发利用能源、原材料的技术，为西部地带提供商品粮、重型机电设备、钢铁和日用工业品。

但目前中部地带工业布局比较分散，有些地区商品经济不太发达，资源开发程度较低，原材料加工水平不高，地区优势还远未充分发挥出来。今后，应进一步加强能源和矿产资源的开发，加快能源、原材料工业建设；引进先进技术和资金，改造传统产业；开发丰富的农、林、牧、渔资源，发挥农业生产潜力，促进粮食和经济作物的稳定增长；重点开放长江中游沿岸产业带和陇海铁路沿线产业带。

（三）西部地带

西部地带包括重庆、四川、云南、贵州、西藏、陕西、甘肃、青海、宁夏、新疆10个省份。国土面积占全国的56%，人口约占全国的25.4%。

西部地带地处我国的西部，深入内陆，地势较高，地域辽阔。从总的方面看，能源和各种金属、非金属矿产资源、农牧资源以及旅游资源都很丰富，开发潜力巨大。水电、有色金属、机械工业在全国地位较突出，重工业产值超过轻工业产值。但本地带地处边疆，人口稀少，经济基础、科技力量、交通运输等条件都不如东部和中部地带，工农业基础薄弱，生态环境脆弱，生产经营粗放，生产力水平低下。

在国家实施西部大开发的几年里，五大标志性工程（生态环境建设、西气东输、西电东送、青藏铁路、南水北调两线工程）进展顺利。东部资本、港澳台资本和外资加快了西进步伐。产业结构正在调整，传统产业和高新技术产业都出现可喜的发展势头。各省份内的铁路、高速公路、机场、水利、县乡道路、农村电网改造等基础设施推进很快。重庆、成都、西安等城市建设突飞猛进。

根据其资源特点，西部地带当前主要是加强资源普查勘探，重点开发能源和某些矿产资源；加强现代经济的技术改造，加速军工技术向民用技术的转化和扩散；发展农林牧业生产和产品深加工，把西部地带建设成为全国的能源、有色金属以及畜牧业基地。

三、七大经济区域的划分

由于我国地域广阔，在三大经济地带内部，各地区的经济发展水平、特点和条件仍存在明显不同，例如工业分布上存在“北重南轻”的结构差异和“北煤南水”的能源差异，农业上更是存在水热组合条件和农业利用结构上的差异。因而，有必要对各地区的差异进行更深入的区分，以形成合力的区域经济结构，发挥各地区的综合经济优势，提高宏观经济效益。从国情出发，全国人大八届四次会议提出了中国七大经济区的方案。

七大经济区域是：环渤海经济区、东北综合经济区、长江三角洲及沿江经济区、中部五省经济区、东南沿海经济区、大西南综合经济区和西北综合经济区。七大经济区的划分，可使处于内地的中部、西部省区通过沿海、沿边、沿江省区的联系，将内陆腹地的资源优势同沿海的区位优势相结合。各区域根据其自然和资源条件，经济技术基础和相互经济联系，按不同区域特征，在较大范围内规划地区经济布局，形成适合国情的多层次经济发展、对外开放以及合理布局的格局。

（一）环渤海经济区

环渤海经济区（“3+2”经济区域）是指环绕着渤海全部及黄海的部分沿岸地区所组成的广大经济区域。该区包括北京、天津两大直辖市及辽宁、河北、山西、山东和内蒙古中部地区，共五省（区）二市，全区陆域面积达 112 万平方千米，总人口 2.6 亿人。以北京、天津、沈阳、大连、济南、青岛、石家庄、唐山、太原、呼和浩特等城市为核心，由三个次级的经济区组成，即京津冀圈、山东半岛圈和辽东半岛圈，坐落于我国东北部的中心，是国家政策引导发展的重点区域。

从优势上分析，首先，环渤海经济区具有明显的区位优势，该区地处全国政治、文化中心和沿海对外开放的中北段，又处东北亚中心，为该区带来极强的经济辐射潜力；其次，是明显的人才优势，这里科技、教育水平高，是发展高新技术产业最理想的地区之一；再次，是交通优势，该地区拥有全国密度最高的交通网络和独特的港群（大连、营口、唐山、天津、黄骅、烟台、威海、青岛等港口），沈大、京津、济青、京石、太旧、济德等高速公路，也将使该区有希望最先在中国建成区域性高速公路网地区；最后，该地区矿产资源丰富，品种多样，石油、铁矿、煤炭、海洋资源在全国均占重要地位。

除此之外，环渤海经济区具有强大的工业生产能力，石油、石油化工与海洋化工、钢铁、机械、电子、轻纺棉花及水产品在全国占重要地位。今后除发挥现有工业潜力之外，宜充分利用智力资源，大力发展微电子、光学、计算机和生物工程新材料等知识技术密集型产业，同时在农业开发上集中力量建设河北、山东的粮棉果和海水捕捞与养殖基地，加快北京、天津的产业结构调整和第三产业的发展。

（二）东北综合经济区

东北综合经济区是以石油化工、钢铁、矿冶机电设备、汽车制造、森林工业为主导产业的全国最大的重工业基地和粮食、原木、甜菜、畜牧产品的重要基地。该区包括黑龙江、吉林、辽宁和内蒙古。面积 124 万平方千米，总人口 1.2 亿，2010 年该区的 GDP 达到 38190 亿元。

从区域上来说，东北综合经济区位于中国与东北亚市场板块的接合部，与俄罗斯、朝鲜、韩国接壤，与日本隔海相望，是中国对东北亚地区开放的窗口，资源丰富而且地域组合条件好，拥有比较发达的现代综合交通网。今后的方向除了加速现有工业企业的技术改造和体制改革外,应充分利用地处东北亚经济圈中部的有利地理位置,积极发展外向型经济。

(三)长江三角洲及沿江经济区

长江三角洲及沿江经济区包括上海、江苏和浙江,具体包括长江三角洲 14 个市和沿江 28 个地市,面积约 33 万平方千米,人口 1.68 亿人,是全国最大的经济技术核心区,在科技文化水平、内外贸易的发达程度上都居全国领先地位。该经济区以制造业为主,重化工业比较发达,汽车、钢铁、石化等产值占全国同类行业的 1/3—1/2,沿江地区以纺织、轻工业为主,在城市化进程中,该区第三产业发展加快,是全国最大的对外开放基地。

在其区域特点上,拥有优越的区位条件。长江三角洲及沿江经济区地处我国东部沿海地区与长江流域的接合部,拥有面向国际、连接南北、辐射中西部的密集立体交通网络和现代化港口群,经济腹地广阔,对长江流域乃至全国发展具有重要的带动作用。同时,该区位于亚太经济区、太平洋西岸的中间地带,处于西太平洋航线要冲,具有成为亚太地区重要门户的优越条件。

随着经济全球化和区域经济一体化的深入发展,国家区域发展总体战略深入推进,长三角地区一体化发展势头强劲,但也存在土地、能源匮乏的问题,资源环境约束明显;各城市发展定位和分工不够合理;区域整体优势尚未充分发挥;交通、能源、通信等重大基础设施还没有形成有效的配套与衔接;产业层次不高,现代服务业发展相对滞后,产业水平和服务功能有待提升;贸易结构还需优化;自主创新能力不够强,国际竞争力尚需提高等挑战。

（四）中部五省经济区

中部五省经济区是指地处中国腹地的五省，包括安徽、江西、河南、湖南、湖北，面积 87.1 万平方千米，人口 3.13 亿人。中部五省经济区为我国重要的农业基地，水稻、棉花、淡水产品、油菜籽等主要农产品在全国占有重要地位，是我国经济发达地带向西部的过渡带和上海、连云港、广州三个对外开放窗口的连接地带。在地理区域上，该区水土、光热等自然条件优越，农业发达，有色金属、水能、铁、非金属等资源比较丰富，交通运输条件便利。①

近年来，随着中部崛起战略的推进，大大促进了湘鄂豫皖赣等中部五省经济快速发展。京广、京沪、京九、焦柳 4 条南北运输通道和陇海、浙赣—湘黔、新月—新菏兖、襄渝—汉丹—武大 4 条运输干线组成的“四纵四横”主骨架的形成，该区经济发展已步入快车道。同时，继东部的上海浦东新区、天津滨海新区和西部的重庆市、成都市开展综合配套改革试点后，国务院选择武汉城市圈和长株潭城市群开展综合配套改革试点。武汉城市圈分布于长江中下游地区，以中部唯一的特大城市武汉为圆心，周边百千米范围内的黄石等 8 个城市构成的区域经济联合体，承载人口超过 3 千万人，是中部崛起的战略支点；长株潭城市群由位于中国京广经济带、泛珠三角经济区和长江经济带的长沙、株洲、湘潭 3 市组成，是湖南经济的核心增长极。基于此，中部五省经济区今后应积极担负起我国经济开发中“承东启西”的桥梁和基地作用。

① 数据来源：国家统计局城市社会经济调查司编：《中国城市统计年鉴（2021）》，中国统计出版社 2022 年版。

（五）东南沿海经济区

东南沿海经济区包括福建、广东和海南，面积 29.9 万平方千米。该地区地理环境优越，地处热带、亚热带，水热条件良好，是我国热带经济作物产地，锰及有色金属、水能资源比较丰富。此外与港、澳、台毗邻，海外侨胞众多，在开展对外经济技术合作方面有着特殊的有利条件，是我国改革开放的前沿和经济特区集中的地带，也是中国收入水平最高的地区，经济发展居全国领先地位。

（六）大西南综合经济区（重庆、广西、四川、贵州、云南、西藏等）

大西南综合经济区包括四川、重庆、贵州、云南、广西、西藏和海南以及广东西部的湛江、茂名、肇庆。该区地处长江上游，生态环境状况对整个长江流域影响重大。资源组合条件良好，矿产、水、能源、可开发的土地生物、林木、旅游、劳动力等资源丰富，其中水电可开发资源占全国一半以上。但资源开发程度较低，交通、通信条件较差，经济相对落后。虽以内陆为主，但漫长的边境线使之成为我国面向东南亚和南亚开发的前沿。在发展上，以地方资源及资源组合优势为基础，重点发展高耗能的重化工业，成为钢铁、有色金属、磷化工、机械、轻纺、食品等的工业基地。

（七）西北综合经济区（陕西、甘肃、青海、宁夏、新疆、内蒙古）

西北综合经济区地处大西北，通过新亚欧大陆桥，成为我国通往中亚、西亚乃至欧洲的重要门户。包括陕西、甘肃、宁夏、青海、新疆及内蒙古西部盟市，面积 344 万平方千米，占全国的 36%。该地区自然资源特别是能源、矿产、可开发利用的土地等资源丰富，但气候条件较差，生态环境脆弱。因此，经济总体水平偏低，经济不发达。以后的发展主要利用资源优势和亚欧大陆桥的纽带作用，以水电和石油开发为基础，建成有色金属冶炼、石油化工、盐化工、机械制造等能源和原材料生产基地。

四、城市群经济区域的划分

城市群经济区域是城市经济向区域一体化发展的重要形式。城市群中的每一个城市通过生产、流通方面的协作和合作，形成城市经济板块之间的内在联系和城市经济一体化运行机制。近年来，中国国民经济中的城市群经济区的内在经济联系得到增强，尤其是城市群的一体化基础设施和制度创新不断取得突破，从而不断深化区域城市化与城市区域经济一体化进程。例如，长三角经济区中的长三角城市群的内在经济联系的强化，推动着长三角经济区一体化发展，就是城市群经济区这种区域经济一体化发展形式具有强大生命力的例证。

在生产要素区域流动基础上，区域发展过程中的空间关联日益深化，区际经济联系模式也在不断演化，形成经济发展的空间依赖。选择城市经济作为考察基本空间单位，是城市群经济在区域经济中的战略地位日益显现。无论是沿海的长三角城市群、珠三角城市群、环渤海城市群，还是中部的中原城市群、武汉城市群、长株潭城市群、环鄱阳湖城市群等，已经成为区域经济发展重要的"牵引空间"，在人口和经济集聚力日益提高的同时，其规模效应产生的增长作用对区域经济发展发挥着战略核心作用。

国民经济空间结构呈现人口、经济等的空间分布具有相似性与规律性，以城市为基本单元呈现出空间组团化趋势。

通过重要的交通干线连接作用，构成城市间、城市群间空间经济联系的要素流通基础，如横向的新亚欧大陆桥快速交通束（主要由铁路、高速公路构成）、长江快速交通束及纵向的京沪、京广、京九快速交通束等形成的网络化、现代化交通体系[①]，在我国沿海—内陆城市群间形成有力的空间经济联系基础，为加强区域传递的实现提供了通道，也为空间协调发展的实现提供了支撑。综上所述，中国国民经济发展的空间结构特征已呈现出区域城市化、城市集群化发展趋势。

① 邓晰隆：《城市群形成的本源性逻辑探究及其协同发展的政府行为建议》，《青海社会科学》2021年第6期。

第四章　经济地理发展评价指标体系的构建与机制探讨

改革开放后，中国各地区、各城市产业相继获得发展，由“旧”经济地理格局逐渐过渡到“新”经济地理格局。本章从三个方面内容进行描述：一是文献综述内容的描述；二是基于密度（Density）、距离（Distance）、分割（Division）的新经济地理学的“3D”理论框架；三是关于“3D”指标体系内容的构建，主要包括密度、距离和分割。其中，文献综述部分从理论基础研究、“3D”指标的提出及应用研究和“3D”与城市、区域间的关系来展开，另外，理论基础研究部分包括新经济地理的产生、发展和重塑研究三个部分内容。旨在通过“3D”指标体系的构建，为我国城市经济竞争力的综合评价提供创新途径，有助于人们在更广阔的视野中把握城市的发展。

第一节　新经济地理的初探与发展

一、理论基础研究

（一）新经济地理的产生

许多研究经济和地理等方面的专家，长期探索空间对经济活动的影响。农业生产方面,冯杜能在《孤立国》中提到城市距离和地租间的关系,距离城市越近,单位面积土地租金越高,生产越集约;越远离城市,单位面积土地租金越低,生产越粗放。工业生产方面,阿尔弗雷德·韦伯在《工业区位论》中认为,影响企业区位选择的因素包括两种,分别是区域性和聚集因素,为了最大限度降低运输成本,会综合考虑原材料到工厂、产成品到消费者市场的运输成本以及工厂所在地的劳动力成本。而德国地理学家克里斯塔勒研究不同规模城市在空间上的相互联系,认为城市体系表现出等级性特征,越低等级的城市数量越多、低等级城市向周边小范围的地区提供低等级的商品和服务;而高等级城市数量少但服务范围较广,提供的商品和服务种类更多。

传统主流经济学是没有空间的,即使存在,也是虚拟而不是现实的空间。许多经济理论建立的前提是假定完全竞争。然而,经济区位论认为生产要素可以自由移动,但需要运输费用,生产企业在空间上不断集聚可产生规模效益,一个城市或地区的发展与企业高度集聚产生的规模效益有关。集聚的收益递增是指经济上相互联系的产业或经济活动,由于空间上的相互接近而带来成本的节约,或者是产业规模扩大而带来无形资产的规模经济等,但由于经济区位论和传统的经济地理学的研究内容和研究方法未能用严密的数学方式和经济学语言进行描述,未能引起主流经济学家的重视。

20 世纪 70 年代,迪克西特(Dixit)和斯蒂格利茨(Stiglitz)将张柏林(Chamberlin)的垄断竞争概念模型化,构建了新产业组织理论分析工具。克鲁格曼(1991)参考了迪克西特和斯蒂格利茨的垄断竞争模型,结合萨谬尔森(Samuelson)的冰山运输成本,从外部经济、运输成本、规律报酬递增、要素投入和产出等方面来解释区域空间集聚，从而构建了“新经济地理学”的基本模型，即“中心—外围”模型。这标志着新经济地理学(New Economic Geography)的创立。

(二)新经济地理的发展

新经济地理学由区域模型、城市模型和国际贸易模型等组成，主要研究经济活动的空间分布规律，解释空间集聚现象的原因和形成机制，并由此探讨地区经济发展演变路径。

关于理论基础方面，新经济地理发展较为完善。奥塔维亚诺(Ottaviano,2002)等在微观的二次效用函数基础上，建立了线性“中心—外围”模型。蒂斯、田渊、村太(Thisse, Tabuchi, Murata, 2003)等分析了不同流动的劳动力、初始状态地区发展状态不同、自然禀赋不同情况下的空间经济动态均衡。皮卡德(Picard)分析了农业对经济集聚过程的影响，得出农产品是集聚的不利因素，降低农产品运输成本能够加快集聚的结论。康罗伊(Conroy)依托于十多个拉美国家的民众消费以及收入数据，对地方经济地理“密度、距离、分割”的特征与相关经济福利的关系展开分析，分析结果表明，货币福利和人口密度之间存在强烈的正相关，低福利水平和长距离紧密联系，少数民族区域其相应的福利水平相比于其他地方要低。范晓莉(2020)采用中国2008—2016年省际面板数据，研究文化消费、区域基础设施对城乡收入差距的作用机理和影响效应。研究结果表明，第一，交通基础设施水平的提升显著缩小了我国各区域的城乡收入差距，而信息基础设施水平的改善在一定程度上也呈现出缩小我国城乡收入差距的效应，但效果相对薄弱；第二，东部、中部地区文化消费对缩小城乡收入差距的效应较为显著，而西部地区则尚未发挥出来；第三，经济干预程度和文化产业人力资本水平拉大了城乡收入差距。其中,东部地区文化产业人力资本水平的提升显著扩大了城乡收入差距,中部、西部地区这一效应并不显著,而东部、中部、西部地区经济干预程度均是导致城乡收入差距逐步扩大的重要原因。

(三)新经济地理的重塑研究

世界银行(2009)在新经济地理理论、新贸易增长理论的基础上提出了世界经济地理重塑是21世纪重大的发展思路。2009年以来,国内外对这方面也有较广泛的研究。尹虹潘(2012)指出,如果将“沿海—内陆”连接起来,共同联动开发和开放,就会使中西部内陆地区成为新的优势经济发展区域。胡鞍钢和周绍杰等(2015)、安虎森和郑文光(2016)指出,“一带一路”倡议不仅有利于重塑中国经济地理,带动中国落后地区的经济增长,还能够重塑世界经济地理,并有利于推动建立全球经济新秩序。孙久文(2016)提出,依托“一带一路”、长江经济带和京津冀协同发展这三大支撑带,实现区域空间均衡协调发展,推动中国经济地理重塑。吴福象和段巍(2017)构建资本跨区域流动两国三区域模型,对重塑中国经济地理格局下“一带一路”倡议及国际产能合作战略进行分析,研究得出重塑中国经济地理需要国际产能合作和负面清单管理双管齐下,实现资本流动的溢出效应与资本积累的增长效应在空间上的功能互补。通过再造以我国为主的国际生产体系来强化中国在“一带一路”价值链中的龙头地位。安同良和杨晨(2020)通过动态空间面板模型检验互联网影响企业区位选择的微观机制,运用工具变量法验证互联网重塑经济地理格局的宏观效应。研究得出,网络经济时代,互联网已成为地区竞争优势的源泉,对企业具有极强的吸引力。快速上涨的房价大幅提高了拥挤成本,成为分散企业的力量,中国的"基础设施奇迹"填平了"接入鸿沟",在充分发挥网络外部性的同时,助推企业由高房价地区流入低房价地区,互联网放大了以房价为表征的拥挤成本的分散,正在重塑着中国的经济地理格局。

二、"3D"指标的提出及可行性研究

"3D"指标也常用来衡量经济地理重塑。自"3D"理论框架被提出以后,获得了国内外学者们的认同,并将其运用到实证研究。康罗伊(Conroy)根据经济地理的三个基本特征,对拉丁美洲的福利状况进行实证分析。罗伯茨(Roberts)选择2000—2007年重庆的相关数据,对其劳动生产率与"3D"的关系进行了研究。王伟凯、黄志基和贺灿飞(2012)采用主成分分析法对我国16个城市群进行实证分析,发现我国共有3D城市群3个、2D城市群3个、1D城市群2个、0D城市群8个。城市群呈现金字塔等级结构,但1D城市群需要0D城市群发展补充。陈肖飞和纪莉莉等(2014)运用主成分分析法和空间自相关方法对江苏省地级市经济地理空间演化格局进行了分析,并根据各地区的得分,将地区分成了四类——"0D""1D""2D"和"3D"地区;并指出各地区的得分具有显著的空间正相关性。鄢慧丽、徐帆、熊浩和王雅茜(2020)借鉴新经济地理学的"3D"框架理论,构建了旅游经济空间"T—3D"分析体系,分别以旅游经济地理集中度、时空距离及旅游联系诠释了旅游经济空间的密度、距离及整合。以长三角地区为例,刻画了旅游经济空间的"T—3D"特征。研究结果表明:长三角地区各市旅游经济空间密度的数值差异明显,空间分布差异显著,整体呈现"南

疏北密”的分布特征；长三角地区旅游经济空间距离总体较优，各城市间距离较近，差异不大呈现出“核心—边缘”特征；旅游经济空间整合表现为上海、杭州、苏州三足鼎立之势，呈现出“一核两翼”的区域旅游发展特征。王勇和黎鹏（2021）借鉴新经济地理学的“3D”框架理论在分析贸易效率影响机理的基础上，以区域全面经济伙伴关系协定成员 2000—2019 年面板数据构建随机前沿引力模型，测算了中国与区域全面经济伙伴关系协定成员的出口效率和进口效率，基于“一步法”非效率模型实证分析了密度、距离、分割对出口效率和进口效率的影响。研究结果表明：中国与区域全面经济伙伴关系协定成员出口效率和进口效率存在异质性，进出口潜力巨大，其中进口潜力大于出口潜力。区域全面经济伙伴关系协定成员经济密度提升有利于提高中国出口效率，但不利于提高进口效率，城镇化对中国进出口效率影响显著为负；交通基础设施对中国进出口效率具有显著正向影响，且在 2008 年国际金融危机后影响强度更大，通信基础设施有助于改善中国进出口效率；签订自由贸易协议对中国进出口效率具有正向影响，伙伴国政府效能可以显著提升中国出口效率，对进口效率的提升具有时滞效应。

三、“3D”与城市、区域间的关系

关于“3D”与城市化的研究，刘世庆和林睿（2013）研究指出，提高密度、缩短距离和减少分割是推进成渝地区城市化进程的有效途径，并指出不同城市化阶段所采取的政策要有所侧重。对于城市化初级阶段，政策主要任务是提高密度；对于城市化中级阶段，政策需要同时考虑提高密度和缩短距离；对于城市化高级阶段，政策应该同时兼顾提高密度、缩短距离和减少分割。毛其智和

龙瀛等(2015)利用人口密度的空间分布情况,对城市化的空间格局分布进行了识别。阿布舍克(Abhishek)对影响印度城市化的因素进行了分析,研究指出,人口密度越大,距离城市越近,基础设施越完善越有利于推进城市化。韩(Han,2008)和谢(Xie,2008)等从空间视角对中国交通密度与城市化的关系进行了研究,发现中国城市化与周边城市的交通密度呈倒"U"型关系,并表现出拥挤效应,现阶段交通拥挤的空间效应已成为制约中国城市化进程的重要力量。

关于"3D"和区域间的联系,李燕和贺灿飞(2013)采用主成分分析法从密度、距离和分割三个方面对长三角城市群经济空间的演化特征进行了研究。该研究认为,经济空间分割是北翼城市面临的主要问题;南翼城市将成为发展潜力最大的经济空间优化区域,未来长三角城市群经济空间优化的主要方向是提高南翼城市的经济密度和一体化水平。陈肖飞和张落成等(2015)基于"2009年世界银行发展报告"的理论框架,对长三角城市群空间发展状态进行了研究。结果表明,城市化的发展依赖于密度的增加,区域发展依赖于克服距离约束,区域一体化依赖于减少分割。孙博文(2020)利用2000—2013年长江经济带主要城市数据与中国工业企业数据库微观匹配数据,采用空间杜宾模型对相关命题进行实证检验,研究发现,第一,市场分割对城市经济增长存在显著的促进效应,但这一效应并不可持续,限于样本时间与区域特征属性,其影响经济增长的先促进、后抑制的倒"U"型关系不显著;第二,在简化对称均衡分析情景下,不同城市市场分割存在空间策略互动行为,市场分割促进了本地经济增长的同时,还实现异地经济增长的"携手并进",但这一结论在高市场分割水平下的灾变式集聚状态中可能不存在。鄢慧丽、徐帆、熊浩和王雅茜(2020)借鉴新经济地理学的“3D”框架,提出了旅游经济空间“T—3D”体系,构建旅游经济空间“T—3D”的测量模型,并以长三角地区为例,运用SPSS、ArcGIS等软件从密度、距离、整合三个维度刻画了长三角地区旅游经济空间发展的“T—3D”特征,验证了旅游经济空间“T—3D”分析体系的有效性。研究表明:第一,密度:长三角地区各市旅游经济空间密度数值差异明显,空间分布差异显著,旅游经济整体呈现“南疏北密”的空间集聚特征,且呈现以“南京—镇江—常州—无锡—苏州—上海—舟山”一线为中心轴,向两侧逐级递减的态势。第二,距离:长三角地区的距离总体较优,除个别城市外各城市间市场距离较近且差异不大,在地理空间分布上呈现明显的“核心—边缘”特征,距离长三角核心区偏远的边缘城市处于距离劣势地位。第三,整合:长三角地区旅游经济空间一体化程度总体呈现较高水平,上海、杭州、苏州呈三足鼎立之势,上海在其中处于绝对核心地位,与苏宁杭构成两条旅游经济联系通道,在地理空间上形成“一核两翼”的旅游经济发展特征。第四,综合“T—3D”指标来看,长三角地区“3D”类型城市有3个、“2D”类型城市3个、“1D”类型城市6个、“0D”类型城市4个。

第二节　新经济地理学“3D”理论框架

《2009年世界发展报告:重塑经济地理》整合并拓展新经济地理学和新贸易理论,系统地提出了新经济地理学的“3D”理论框架,认为密度、距离和分割是影响经济地理变迁的基本路径。《世界发展报告》认为,高密度、短距离、低分割是经济成功发展的基本条件。这一思想同样可以推广应用于构建一个国家城市的经济地理格局。提高城市密度有利于增强城市的经济竞争力,获得整体的集聚经济;缩短各城市与外部市场的距离,有利于城市参与全球化的进程中,获得城市经济效益;降低各城市内部的经济分割程度,提高内部整合,有利于城市在统一市场和经济政策层面实现溢出效益,有利于城市整体综合竞争力的提升。因此,基于"3D"理论框架的城市经济空间分析,为我国城市经济竞争力的综合评价提供了创新途径,有助于人们在更广阔的视野中把握城市的发展。

关于密度(Density)方面的研究,沈体雁等(2012)指出经济密度是研究经济集聚与分散、经济空间结构、经济发展绩效以及环境经济可持续性等重要课题的一个枢纽性变量,是反映区域经济发展水平和集聚程度的重要指标。李君华和彭玉兰(2010)利用2002年度中国省区、行业数据,研究得出农业中间投入和采矿业中间投入密度较高的行业倾向于选择农业和矿采资源较为丰富的地方生产。这说明各省份在制定地区产业发展战略时应当考虑地区的比较优势,充分利用地区现有的各种资源和优势,促进相关产业的发展。张改素等(2013)基于经济密度综合指数,对2000—2010年中部地区整体、省域、市域经济密度的时空分异进行研究,对中部区域进行定量分析和格局定位分析,探索中部区域发展方向与地位。陈肖飞等(2015)认为密度指每单位国土面积上的经济活动强度,聚合经济所带来的生产优势在更高的密度背景下可以得到更有效的发挥。陈昭和林涛(2018)利用粤港澳地区2001—2015年的面板数据,研究得出经济密度、交通、通信基础设施、市场化、对外开放水平和政府规划支出的增加都促进了其市场一体化，人口密度的增加却没有促进其市场一体化。庄赟和曾五一（2020）利用2003—2016年中国大陆省域面板数据，采用空间杜宾模型研究得出经济密度具有明显的空间溢出效应，在显著促进本地区经济发展的同时对周边省份经济的发展产生积极的间接影响，促进区域经济增长的总效应显著，对缩小区域经济差异具有积极作用。但也有相关研究分析得出，密度的提高会对经济效应产生负向影响。负效应源于拥挤效应，经济密度较高的地区，可能会出现技术创新缓慢，同时，竞争愈加激烈、公共资源紧张以及成本等要素不断增加，造成了企业生产成本提高，使产品出口竞争优势减弱，出口效率提升缓慢。同时，经济密度较高的地区生产能力的提升，会逐渐演化成进口替代而引发贸易摩擦，增加贸易连接成本，阻碍进口效率的提升。因此，密度水平对区域经济的影响具有双重效应。

关于距离（Distance）方面的研究，新经济地理学认为，距离是指到某个经济密度区所需要的成本，经济中心距离和经济产出呈负相关关系，是影响经济活动密集地区和落后地区间差异的主要因素。雷丁（Redding）认为，距离不仅包括空间距离，还包括社会文化、经济制度、基础设施状况等差异产生的经济距离。罗森塔尔（Rosenthal）发现，在其聚焦的所有产业中，有6个产业的集聚外部性与其距经济活跃中心的距离呈显著的负相关效应。戴维斯（Davis）和亨德森（Henderson）通过考察一定地理范围内美国总部企业的专利引用情况，探究其经济集聚状况，发现技术溢出效应在小地域尺度内的作用相较大地域更明显。肖慧敏和刘辉煌（2012）采用2000—2010年中国企业在118个国家（地区）建立的1052家子公司的数据进行实证分析，发现中国境外投资企业间存在较大程度的异质性，地理距离与企业生产率门槛值呈正相关，存在“随机的自我选择机制”，生产率较低的企业选择进入邻近市场，生产率较高的企业更有可能投资于距离较远、市场需求较小的东道国。陈肖飞等（2015）指出较近的距离一方面有利于要素之间的相互流动，另一方面距离空间正外部性与距离呈负相关关系。胡晓丹（2019）、王领等（2019）和葛明等（2018）研究得出距离缩短导致贸易成本降低，从而形成产业集聚，促进专业化分工，实现规模报酬递增，进而有利于贸易效率提升。经济距离主要体现在交通可达性和信息壁垒。交通可达性强，能够节省运输时间，降低运输成本，加快要素流动，促进贸易合作，进而提升贸易效率。吕越等（2020）、郑健壮等（2020）认为信息壁垒通过影响贸易关系建立阶段的信息搜寻成本、沟通成本，以及贸易履约阶段的合规成本影响贸易效率。

关于分割（Division）方面的研究，分割是指因国际市场发展的制度性约束阻碍市场要素流动而形成的经济边界，国家因政治体制、宗教、种族、语言、经济规则和文化习俗的不同而存在经济分割。范欣、宋冬林、赵新宇（2017）、付强（2017）等通过对市场分割研究后认为，地方政府的保护性政策导致市场分割是中国区域经济扭曲的主要原因，市场分割与经济发展呈现“U”型作用。金祥荣和赵雪娇（2017）将行政权分割与市场分割相结合对中国省域的分析表明，行政分割会显著抑制经济效率，市场分割长期趋势下也会导致效率降低。区域发展所存在的分割现象不仅包含地方政府影响下的行政与市场分割，因地方间文化、语言及历史发展差异所造成的软约束也会形成区域协调发展的障碍。刘毓芸、戴天仕、徐现祥（2017）、丁从明、吉振霖、雷雨（2018）等对文化分割的研究发现，由于我国行政区划与文化分割的高度重叠，导致文化分割在区域经济发展中的壁垒效应被严重低估。孙博文（2020）利用2000—2013年长江经济带主要城市数据与中国工业企业数据库微观匹配数据，采用空间杜宾模型，分析得出市场分割对城市经济增长存在显著的促进效应，但这一效应并不可持续，限于样本时间与区域特征属性，其影响经济增长的先促进、后抑制的倒"U"型关系不显著。李洪涛和王丽丽（2020）利用2007—2017年中国19个大城市群面板数据模型，通过固定效应、PSM—DID、反事实估计等计量方法，分析得出行政分割与文化分割对城市群的协调发展起到显著抑制作用，市场规模扩大能够有效促进城市群人均收入的增长与发展趋势收敛。

第三节　经济地理发展的"3D"指标体系构建

一、指标体系构建原则

运用指标体系进行评估是实现目标管理的工具，根据"3D"指标体系内容按照导向性、公正性、可行性和可比性原则，可以合理地提高指标体系的科学性。由于评价指标体系不仅要阐释和说明各准则层的具体情况，还要较为直观地体现指标体系的整体情况。因此，在构建指标体系时，要遵循科学性、系统性、典型性、可操作性和独立性与协同性相结合这五大原则。

（一）科学性原则

科学原则是评价一切事物不可或缺的原则，如果指标体系过大或过小，都不利于作出正确的评价，过大会造成信息的重复率提高与可用价值降低，过小又会造成信息的不全面。因此，我们必须从发展规律出发，科学严谨地选择指标，进而可以提高选取指标的质量和效率，才能保证作出的评价是真实有效的。“3D”指标体系所采用的客观数据必须能够真实地描述密度、距离和分割在不同城市、区域的变化趋势和现状，让使用者能够对目标对象产生准确而有效的评价。

（二）系统性原则

指标体系是一个完整体，在构建指标体系时系统性原则尤为重要，系统性原则也是构建指标体系的重要原则。首先，在指标体系构建的内容上，应基于“3D”指标内容的内在逻辑基础，坚持全局意识和整体观念，在经济、社会、环境、技术创新等方面建设相关指标，从宏观到微观、总指标到分级指标全面系统地反映国内新经济地理城市、区域的研究现状。其次，在指标设立上，既要有反映发展现状和发展潜力的静态指标，又要有反映外部环境应对能力的动态指标。最后，在指标体系构建结构上，应做到各分级指标与总指标紧密联系，各总指标之间彼此联系又相互独立，自上而下且层次分明，形成一个不可分割的有机整体。

（三）典型性原则

“3D”指标评价体系的构建在遵循科学性和系统性原则的同时，不能只从一般性的角度确定指标，还需要突出主题的典型性。在选取评价指标时不但要注重整体发展情况，还要从多个维度和多个层次综合选取典型指标进行考量和评价，这样才能使评价结果更加全面且具有代表性。要确保选取的指标具有典型性,以提高准确性和可靠性。

(四)可操作性原则

“3D”指标体系是以最终实施为目的,因此其要具有可操作性原则。该原则要求每一个具体指标必须做到主体明确、阶段目标清晰和实施措施可行。构建评价指标体系,既要着眼于体现新发展理念的要求科学建构评价指标体系,更要考虑到在实际工作中获取各项指标的可能性、可靠性和可行性。同时指标体系要简明扼要,指标的获取性强,便于实际应用。目前世界各国的统计核算指标较多,既不便于指标数据收集、加工和处理,也不便于使用,因此,在建立评价指标体系时应力求简单、明了,不仅要选择主要的、有代表性的指标,又要保证指标的含义清晰,符合统计规范,在实际运用中具有较强的可操作性。此外,指标应大小适宜,粗而不失描述系统目标的主体本质特征,细而不失建立和规范实施的可能性。

(五)独立性与协同性相结合的原则

指标体系是由若干个反映社会经济现象总体数量特征的相对独立又相互协同的统计指标所组成的有机整体。因此“3D”指标体系应当目标明确、定位清晰,与现有其他研究成果相比有所创新,这样才能体现自身的价值和独特性,并且在同一层次上要相对独立,彼此间不存在因果关系。同时,协同性原则要求指标体系的各项指标具有关联性,“3D”指标体系中的各项指标要相互关联,而且设计的指标体系也要与现行的政策指标体系和统计体制机制相协调、相联系。

二、"3D"指标体系内容

具体的指标体系见表4-1，下面分别对密度、距离以及分割三个一级指标进行描述①。

表4-1 "3D"指标内容

一级指标	二级指标	三级指标	编号
密度（共10个）	人口密度	地均人口密度（万人/平方千米）	1
	就业密度	地均就业人口密度（万人/平方千米）	2
	经济密度	地均GDP（万元/平方千米）	3
	能源密度	人均能源消耗量（吨标准煤/人·年）	4
	创新密度	科技投入占地方财政支出比重（%）	5
		万人拥有专利数（件/万人）	6
	污染密度	$PM_{2.5}$年平均浓度（微克/立方米）	7
	绿色密度	建成区绿化覆盖率（%）	8
	环保密度	污水处理厂集中处理率（%）	9
		生活垃圾无害化处理率（%）	10
距离（共8个）	地域距离	省会城市到其他30个省会城市之和（千米）	11
	交通距离	境内公路总里程（千米）	12
		万人平均公共交通车辆数（辆/万人）	13
	收入距离	各地在岗职工工资收入与平均收入之差（元）	14
		人均GDP变异系数	15
	消费距离	距离衰减后加总的社会消费品零售总额（万元）	16
	市场距离	距离衰减后加总的货物进口总额（万元）	17
		距离衰减后加总的货物出口总额（万元）	18

① 资料主要来源于《中国统计年鉴》《中国城市统计年鉴》《中国环境统计年鉴》《中国区域经济统计年鉴》及国家、地区、城市政府公布的统计年鉴、统计公报等官方出版物。

续表

一级指标	二级指标	三级指标	编号
分割 (共11个)	贸易分割	货物进口总额占 GDP 比重(%)	19
		货物出口总额占 GDP 比重(%)	20
		外商直接投资(万元)	21
	结构分割	少数民族人口比例(%)	22
		城镇常住人口比例(%)	23
		高等学校在校学生数占常住人口比重(%)	24
	运输分割	公路货运量(万吨)	25
		公路客运量(万人)	26
	产业分割	第一产业占地区生产总值比重(%)	27
		第二产业占地区生产总值比重(%)	28
		第三产业占地区生产总值比重(%)	29

资料来源:《中国统计年鉴》《中国城市统计年鉴》《中国环境统计年鉴》《中国区域经济统计年鉴》及国家、地区、城市政府公布的统计年鉴、统计公报等官方出版物。

(一)密度

发达国家经验证明,集聚经济是影响经济活动最大的因素,因此密度至关重要。密度关注经济活动在单位土地上的产出,本书使用人口密度、就业密度和经济密度来反映经济活动投入密度和产出效率;使用能源密度、污染密度、绿色密度和环保密度来反映环保活动投入密度和产出效率;此外,创新密度可以反映城市未来增长潜力的大小,使用科技投入占地方财政支出比重表示投入密度,万人拥有专利数表示成果密度。

具体而言,人口密度是指单位面积土地上居住的人口数,表示世界各地人口的密集程度的指标,其数值越高说明某个地区的人口集中度越大;就业密度是劳动力发展水平和聚集程度的重要测度,主要指单位土地面积所承载的就业人数,即区域就业人数与区域面积之比;经济密度是区域国民生产总值与区域面积之比,说明了城市单位面积上经济活动的效率和土地利用的密集程度;污染密度主要用 $PM_{2.5}$年平均浓度来衡量;绿色密度用建成区绿化覆盖率来表示,主要是指在建成区的绿化覆盖面积占建成区的百分比,其中绿化覆盖面积指城市中乔木、灌木、草坪等植被的垂直投影面积;环保密度分别用污水处理厂集中处理率和生活垃圾无害化处理率来表示,其中污水处理厂集中处理率指污水集中处理的量与整个污水处理量的比率,表示污水处理的状况和能力,而生活垃圾无害化处理率指无害化处理的城市市区垃圾数量占市区生活垃圾产生总量的百分比。

(二)距离

新经济地理学中的距离是指“商品、服务、劳务、资本、信息和思想穿越空间的难易程度”,能够反映运输成本。距离不单指地理空间距离,更重要的是由于交通、通信基础设施落后等造成的经济距离。对商品和服务而言,距离包括时间成本和货币成本。交通运输基础设施的位置、质量、到达市场的便捷程度以及当地居民的收入、消费水平都是影响地区之间经济距离的重要因素,与消费市场的距离对部分经济密度集中区域的发展起决定性作用。因此,本书采用地域距离、交通距离、收入距离、消费距离及市场距离五个二级指标对经济地理距离进行描述。具体而言,地域距离采用省会城市到其他 30 个省会城市之和来表示,交通距离采用境内公路总里程、万人平均公共交通车辆数等来表示,收入距离采用各地在岗职工工资收入与平均收入之差、人均 GDP 变异系数等来表示,消费距离采用距离衰减后加总的社会消费品零售总额来表示,市场距离采用距离衰减后加总的货物进口总额、距离衰减后加总的货物出口总额来表示。

对于市场距离的计算方式,市场距离计算公式见式(4-1),主要考虑地级城市的消费能力,通过与地级市之间的距离加权得到一个地区或城市的总的市场距离的大小。市场距离 P_{fi} 为

$$P_{fi}=\begin{cases} f_i, d_i = 0 \\ \dfrac{f_i}{d_i}, d_i \neq 0 \end{cases} \tag{4-1}$$

其中,f_i 为地市 i 的进口、出口总额,d_i 是地市 i 到最主要进出口口岸的距离。

(三)分割

分割指一国或地区自我设置的影响商品、资本、人口、知识流动的因素,包括货币、关税、信息、技术、观念、贸易保护和语言差异等对经济活动造成的壁垒。降低壁垒有助于经济开放的增强和要素的流动,能够促进地区之间的交流,获得更大效益。从商品、服务流通的角度来看,分割主要体现在运输壁垒,采用公路货运量及公路客运量对运输分割进行描述,主要指报告期限内公路运输企业报告期内实际运送的货品数量和旅客数量;从资本的流通角度来看,分割包括贸易壁垒、鼓励进出口程度、资本项目开放程度等,采用贸易分割进行描述;从知识和人员流动角度来看,分割主要包括对信息、技术、观念的自由获得限制程度,采用结构分割和产业分割进行描述。其中,关于结构分割,少数民族人口比例是用我国少数民族占全国总人口的百分比来表示;城镇常住人口比例用城镇人口数量占全国总人口的百分比来表示;产业分割分别用第一、第二和第三产业占地区生产总值比重来衡量。

第五章　经济地理发展的空间格局

对我国而言，促进经济增长和协调区域发展一直是一项重要课题。改革开放后，虽然我国实现了经济的高速增长，但与此同时，各地区之间仍存在较大的区域差异，诸如东部地区、中部地区、西部地区以及东北各地区之间、富裕地区与贫困地区之间、城市与农村之间，经济发展差距较大。地区之间的较大差距不利于新常态下我国经济的稳步发展，也严重影响社会经济的协调发展。为了实现区域经济协调发展，党的十九大报告指出要建立区域经济协调发展新机制。区域经济协调发展的本质是同时实现地区经济增长和地区经济差距缩小相统一，它既是经济地理发展过程，又是解决中国社会主要矛盾的重要举措。

第一节　经济地理发展的测度与评价

2009年世界银行发布《重塑世界经济地理》报告，在克鲁格曼“新经济地理”框架结构上提出的“3D”框架从不同地理尺度刻画世界经济地理格局。根据“2009年世界发展报告”，经济地理发展就是通过提高密度、缩短距离、减少分割来实现经济地理的变迁，最终实现“不平衡经济增长与和谐性发展”相统一的过程，即实现地区经济增长与地区经济差距缩小相统一。这表明密度、距离和分割与地区经济增长和差距之间存在密切的联系。本章首先根据从“3D”理论框架下建立的评价指标体系，采用熵权法对全国31个省份的经济地理发展能力进行客观评价，然后分别对密度、距离和分割这三个分项进行分析，最后刻画经济地理发展能力、密度、距离以及分割的空间分布格局，根据“东部加快发展、中部崛起、西部大开发、振兴东北”等战略布局揭示我国各地区之间经济地理的发展差异。

一、经济地理发展的测度

采用熵权法（Entropy Weight Method，EWM）综合评价中国大陆31个省份的经济地理发展能力。熵权法是借鉴信息论中“熵是对不确定性的一种度量”的概念所形成的一种综合评价方法。信息量越大，不确定性就越小，熵也就越小，指标的权重越大；反之则信息量越小，不确定性越大，熵越大，指标权重越小。

熵权法所反映的重要程度是由同一个指标观测值之间的差异程度决定的。因此，熵权法是一种客观赋权法，它依据指标的重要程度进行赋权。从目前的参考文献看，评价体系的权重确定可分为两大类：一类是主观赋权法，即根据专家的经验主观判断确定，如德尔菲法、层次分析法等；另一类是客观赋权法，即根据评价指标的实际数据确定，如主成分分析法、熵权法、相关度法等。熵权法是一种基于计算指标信息熵来相对客观地确定指标权重的一种赋权法，由于其能够避免人为因素对指标权重带来的随机性与臆断性的影响，且具有较高精度和适应性强等特点，因此被广泛运用于确定指标权重。熵权法的具体步骤为：

（一）原始数据 x_{ij} 标准化处理：

$$x'_{ij} = \frac{x_{ij} - \min x_{ij}}{\max x_{ij} - \min x_{ij}} \tag{5-1}$$

其中，x_{ij} 为原始数据，x'_{ij} 为标准化后的数据，$\max x_{ij}$ 为原始数据的最大值，$\min x_{ij}$ 为原始数据的最小值。

（二）将各指标同度量化，计算第 j 项指标中各样本 i 的比重 p_{ij}：

$$p_{ij} = \frac{x'_{ij}}{\sum_{i=1}^{n} x'_{ij}} \quad (i=1,2,\cdots,n; j=1,2,\cdots,m) \tag{5-2}$$

其中，n 为样本（即省份/城市）个数，m 为指标个数。

（三）计算第 j 项指标的熵值 e_j：

$$e_j = -k\sum_{i=1}^{n} p_{ij}\ln(p_{ij}) \tag{5-3}$$

其中，$k = \frac{1}{\ln(n)}$。

（四）计算第 j 项指标的信息效用值 g_j：

$$g_j = 1 - e_j \tag{5-4}$$

（五）计算各指标 j 的权重 w_j：

$$w_j = \frac{g_j}{\sum_{j=1}^{m} g_j} \tag{5-5}$$

（六）计算各样本 i 的可持续发展综合得分 F_i：

$$F_i = \sum_{j=1}^{m} w_j x_{ij}' \tag{5-6}$$

通过以上六个步骤，即可以测算出中国 31 个省份的经济地理发展能力综合得分 F 值，用 F 值作为测算变量的替代值。

二、经济地理发展的评价

（一）经济地理发展综合评价分析

由表 5-1 得到中国 31 个省份经济地理发展能力综合得分。总体来看，我国省域经济地理发展能力的差别较大。2019 年全国经济地理发展能力综合得分为 0. 1906，仅有北京、天津、辽宁、黑龙江、上海、江苏、浙江、福建、山东以及广东 10 个省份的经济地理发展能力超过了全国平均水平，而河北、山西、内蒙古、吉林、安徽、江西、河南、湖北、湖南、广西、海南、重庆、四川、贵州、云南、西藏、陕西、甘肃、青海、宁夏、新疆 21 个省份的经济地理发展能力低于全国平均水平。此外，2019 年经济地理发展能力最高的省份是天津，其综合得分是发展能力最低省份吉林的 4. 38 倍。

表 5-1　2019—2020 年中国 31 个省份经济地理发展能力综合得分

省份	2019 年	2020 年	得分变化
北京	0. 3069	0. 3805	0. 0736
天津	0. 4196	0. 2672	-0. 1524
河北	0. 1591	0. 1555	-0. 0036
山西	0. 1116	0. 1227	0. 0111
内蒙古	0. 1056	0. 1317	0. 0260
辽宁	0. 1976	0. 2167	0. 0191
吉林	0. 0959	0. 1158	0. 0199
黑龙江	0. 2195	0. 2565	0. 0370
上海	0. 3770	0. 4593	0. 0824
江苏	0. 2541	0. 3233	0. 0692
浙江	0. 2405	0. 2890	0. 0485
安徽	0. 1472	0. 1770	0. 0298
福建	0. 3899	0. 4548	0. 0648
江西	0. 1309	0. 1486	0. 0178
山东	0. 2252	0. 2807	0. 0555
河南	0. 1461	0. 1666	0. 0205
湖北	0. 1653	0. 1565	-0. 0088
湖南	0. 1794	0. 1794	0. 0000
广东	0. 3880	0. 4400	0. 0520
广西	0. 1277	0. 1644	0. 0366
海南	0. 1171	0. 1953	0. 0781
重庆	0. 1605	0. 1409	-0. 0196
四川	0. 1748	0. 1934	0. 0186
贵州	0. 1367	0. 1569	0. 0202
云南	0. 1433	0. 1720	0. 0287
西藏	0. 1568	0. 2047	0. 0479
陕西	0. 1426	0. 1547	0. 0121
甘肃	0. 1233	0. 1256	0. 0023
青海	0. 1047	0. 1263	0. 0216
宁夏	0. 1133	0. 1323	0. 0191
新疆	0. 1491	0. 1899	0. 0408

资料来源：根据《中国统计年鉴》《中国城市统计年鉴》《中国环境统计年鉴》《中国区域经济统计年鉴》及国家、地区、城市政府公布的统计年鉴、统计公报等官方出版物公布数据，采用熵权法测算而得。

与2019年相比，除了天津、河北、湖北、重庆等4个省份的经济地理发展能力综合得分有所下降之外，其余27个省份的经济地理发展能力综合得分均有所提高。2020年全国经济地理发展能力综合得分为0.2154，相较于2019年的0.1906有所提高，但与2019年情况相同的是，依然仅有北京、天津、辽宁、黑龙江、上海、江苏、浙江、福建、山东以及广东10个省份的经济地理发展能力超过了全国平均水平，而河北、山西、内蒙古、吉林、安徽、江西、河南、湖北、湖南、广西、海南、重庆、四川、贵州、云南、西藏、陕西、甘肃、青海、宁夏、新疆21个省份的经济地理发展能力低于全国平均水平。此外，2020年经济地理发展能力最高的省份是上海，其综合得分是发展能力最低省份吉林的3.97倍，相较于2019年的4.38倍，全国经济地理发展能力最高和最低省份之间的差距在缩小。

由图5-1可知，与2019年相比，2020年我国大多数省份的经济地理发展能力均有所提升。增长率较高的前五个省份依次为海南、西藏、广西、新疆和江苏，相应的增长率为66.71%、30.57%、28.69%、27.35%和27.24%，而增长率较低的后五个省份依次为湖南、河北、湖北、重庆和天津，相应的增长率为-0.03%、-2.27%、-5.33%、-12.23%和-36.33%。增长率为负，说明湖南、河北、湖北、重庆以及天津5个省份2020年经济地理发展能力不升反降。全国经济地理发展能力的平均增长速度为13.88%，有天津、河北、山西、内蒙古、辽宁、江西、河南、湖北、湖南、广东、重庆、四川、贵州、陕西以及甘肃15个省份的增长率未达到全国平均增长水平。由此可知，我国各省份经济地理发展能力存在较大差异之外，发展速度也不尽相同。

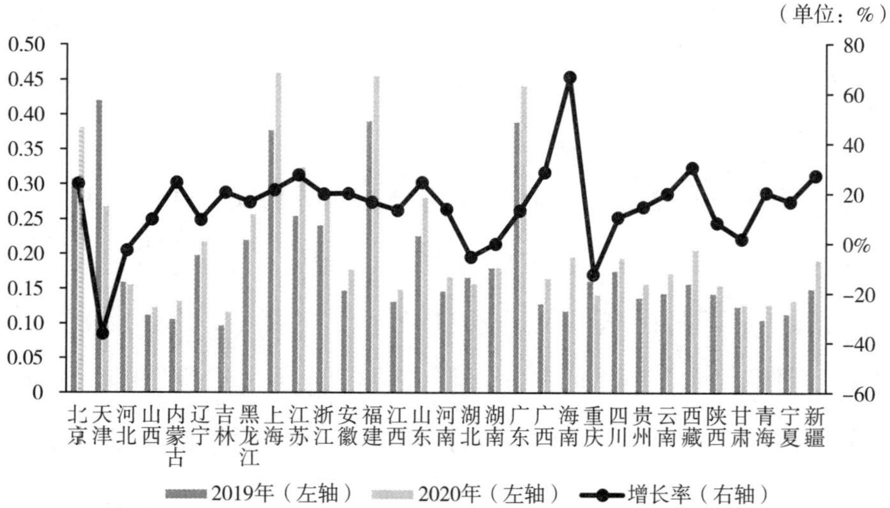

图 5-1　2019—2020 年中国 31 个省份经济地理发展能力变化趋势

资料来源：根据《中国统计年鉴》《中国城市统计年鉴》《中国环境统计年鉴》《中国区域经济统计年鉴》及国家、地区、城市政府公布的统计年鉴、统计公报等官方出版物公布数据，采用熵权法测算而得。

（二）经济地理发展分项评价分析

由表 5-2 得到中国 31 个省份经济地理发展能力分项得分。总体上看，三大分项中密度的得分最高，且远远超过距离和分割的得分，说明密度对经济地理发展能力最重要，而距离和分割对经济地理发展能力的影响比较小。

表 5-2　2019—2020 年中国 31 个省份经济地理发展能力分项得分

省份	密度		距离		分割	
	2019 年	2020 年	2019 年	2020 年	2019 年	2020 年
北京	0. 8943	0. 7820	0. 2488	0. 2434	0. 1569	0. 3399
天津	0. 5421	0. 5334	0. 0727	0. 0978	0. 6578	0. 2982
河北	0. 2487	0. 2289	0. 0899	0. 0831	0. 1705	0. 1987
山西	0. 2601	0. 2386	0. 0706	0. 0587	0. 0726	0. 1196
内蒙古	0. 1887	0. 1607	0. 0603	0. 0595	0. 0870	0. 1601

续表

省份	密度		距离		分割	
	2019 年	2020 年	2019 年	2020 年	2019 年	2020 年
辽宁	0.1882	0.1789	0.2004	0.1863	0.2093	0.2795
吉林	0.1357	0.1474	0.0837	0.0938	0.1065	0.1490
黑龙江	0.1956	0.1915	0.4318	0.4281	0.0991	0.1436
上海	0.6205	0.6282	0.4907	0.4733	0.2409	0.3976
江苏	0.4772	0.5116	0.1855	0.1891	0.2449	0.3961
浙江	0.5442	0.5297	0.1616	0.1670	0.2089	0.3290
安徽	0.3643	0.3419	0.0973	0.0884	0.1204	0.2040
福建	0.4728	0.4280	0.7990	0.7572	0.1172	0.1847
江西	0.3751	0.3196	0.0782	0.0643	0.1016	0.1772
山东	0.2627	0.2891	0.2723	0.2514	0.1883	0.3186
河南	0.2960	0.2771	0.0899	0.0841	0.1377	0.2032
湖北	0.3326	0.2914	0.1103	0.0871	0.1590	0.1738
湖南	0.3195	0.3138	0.1196	0.1043	0.1904	0.2186
广东	0.6229	0.6578	0.3528	0.3182	0.3796	0.5299
广西	0.1970	0.1625	0.0996	0.0951	0.1508	0.2903
海南	0.2529	0.2253	0.0718	0.0824	0.1359	0.3755
重庆	0.2591	0.2269	0.1179	0.0579	0.1772	0.2146
四川	0.2659	0.2640	0.1430	0.1610	0.1860	0.2353
贵州	0.2651	0.2326	0.0996	0.0975	0.1437	0.2195
云南	0.2737	0.2244	0.1325	0.1311	0.1339	0.2219
西藏	0.1574	0.1267	0.1090	0.1330	0.1027	0.2370
陕西	0.3357	0.3000	0.0944	0.0831	0.1058	0.1715
甘肃	0.2113	0.1786	0.1042	0.0959	0.1235	0.1530
青海	0.1985	0.1814	0.0760	0.0743	0.0879	0.1737
宁夏	0.2337	0.1666	0.0681	0.0601	0.0804	0.1650
新疆	0.2077	0.1583	0.1232	0.1477	0.1343	0.2418

资料来源：根据《中国统计年鉴》《中国城市统计年鉴》《中国环境统计年鉴》《中国区域经济统计年鉴》及国家、地区、城市政府公布的统计年鉴、统计公报等官方出版物公布数据，采用熵权法测算而得。

从密度来看，2019 年全国密度平均得分为 0.3290，仅有北京、天津、上海、江苏、浙江、安徽、福建、江西、湖北、广东、陕西 11 个省份的密度得分超过全国平均水平，其余 20 个省份的密度得分均低于全国平均水平。与 2019 年相比，2020 年吉林、上海、江苏、山东、广东 5 个省份的密度得分有所提高，其余 26 个省份均有所下降。2020 年全国密度平均得分为 0. 3064，仅有北京、天津、上海、江苏、浙江、安徽、福建、江西、湖南、广东 10 个省份的密度得分超过全国平均水平，其余 21 个省份的密度得分均低于全国平均水平。

从距离来看，2019 年全国距离平均得分为 0. 1695，仅有北京、辽宁、黑龙江、上海、江苏、福建、山东、广东 8 个省份的距离得分超过全国平均水平，其余 23 个省份的距离得分均低于全国平均水平。与 2019 年相比，2020 年天津、吉林、江苏、浙江、海南、四川、西藏、新疆 8 个省份的距离得分有所提高，其余 23 个省份均有所下降。2020 年全国距离平均得分为 0. 1630，仅有北京、辽宁、黑龙江、上海、江苏、浙江、福建、山东、广东 9 个省份的距离得分超过全国平均水平，其余 22 个省份的距离得分均低于全国平均水平。

从分割来看，2019 年全国分割平均得分为 0. 1681，仅有天津、河北、辽宁、上海、江苏、浙江、山东、湖南、广东、重庆、四川 11 个省份的分割得分超过全国平均水平，其余 20 个省份的分割得分均低于全国平均水平。与 2019 年相比，2020 年除了天津的分割得分有所下降以外，其余 30 个省份均得到提高。2020 年全国分割平均得分为 0. 2426，仅有北京、天津、辽宁、上海、江苏、浙江、山东、广东、广西、海南 10 个省份的分割得分超过全国平均水平，其余 21 个省份的分割得分均低于全国平均水平。

由图 5-2 得到中国 31 个省份经济地理发展能力分项变化趋势。可以看出，整体上密度和距离这两个分项的得分变化幅度较小，而分割这一分项的得分变化幅度较大。除了北京的密度得分变化超出-0. 1 之外，北京的距离得分变化以及其余省份的密度和距离的得分变化皆在[-0.1,0.1]之间小范围内波动。而除了天津的分割得分变化达到-0.3596之外,其余省份的分割得分变化皆在[0,0.3]之间大范围波动,海南的分割得分更是提高了0.2396。

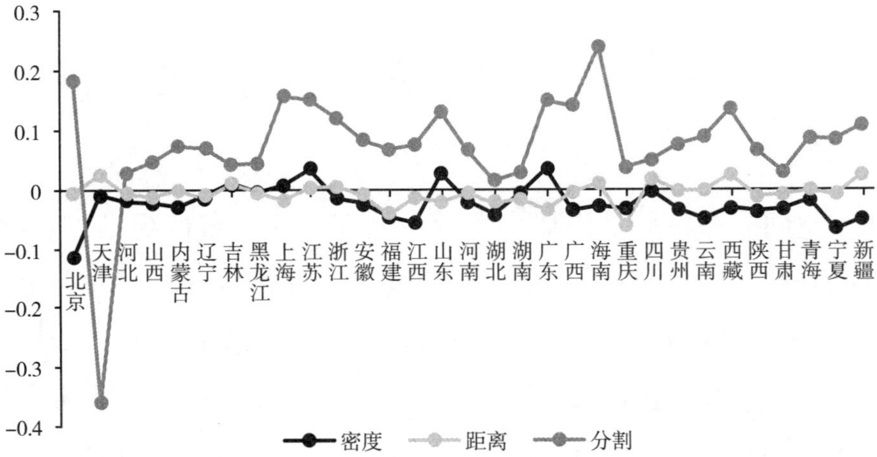

图5-2　2019—2020年中国31个省份经济地理发展能力分项变化趋势

资料来源:根据《中国统计年鉴》《中国城市统计年鉴》《中国环境统计年鉴》《中国区域经济统计年鉴》及国家、地区、城市政府公布的统计年鉴、统计公报等官方出版物公布数据,采用熵权法测算而得。

综合来看,广东和上海保持密度、距离和分割三个方面同时发展,全面均衡促进经济地理发展能力的提高。北京的密度、距离和分割三个分项在31个省份中的水平差距较大,且北京着重发展对经济地理发展能力影响程度最大的密度这一因素,对经济地理发展能力影响程度相对较小的距离和分割两个因素所采取的力度要小很多。此外,天津把关注点放在密度和分割两个方面,而忽略了距离这一影响因素所起到的作用。提高密度、缩短距离和减少分割是推动经济地理发展能力进一步加强的有效途径,并且不同省份应该根据各自实际情况,所采取的政策要有侧重。对于经济地理发展能力较低的省份来说,政策的主要任务是提高密度;对于经济地理发展能力处于中等水平的省份来说,政策需要同时考虑提高密度和缩短距离;对于经济地理发展能力较高的省份来说,政策应该同时兼顾提高密度、缩短距离和减少分割。

第二节　经济地理发展的空间格局

空间分布格局是指某一变量在地理上的分布情况,通过变量空间分布格局,可以对变量的空间分布特征进行分析。常用分位图、百分位图等对变量的空间分布格局进行可视化分析。为了更清晰地了解我国经济地理发展能力在地理空间上的分布,本书通过 ArcGIS10.5 软件绘制我国各省份经济地理发展能力空间分布格局图,通过横向对比进一步分析东部地区、东北地区、中部地区和西部地区等区域之间经济地理发展能力的差距。

一、区域发展政策的历史演变

新中国成立以来,我国为了适应不同阶段国民经济的发展,在此基础上依据我国基本国情制定了不同的经济发展目标。同时叠加东西、南北经济发展差异制定了符合其发展的经济发展政策,但由于受到区域性的影响,在不同的历史阶段呈现出不同的发展轨迹。早在 1956 年,毛泽东同志在《论十大关系》中初步谈到在我国经济发展中要时刻关注我国的基本国情,注意区域差异性。选取这种发展模式不仅因我国东西南北位置上存在差异还受到当时社会经济大背景及历史影响。在新中国成立初期,国民经济基础十分薄弱,地区经济发展极不平衡,我国需要继续制定符合各地区经济发展的政策，缩小地区差异。因此，《论十大关系》的发表成为新中国成立初期生产力布局和经济建设的重要指导性原则。自新中国成立以来，我国区域经济政策大致经历了以下三个阶段：

第一阶段是1949—1975年以均衡发展为特征的区域经济政策。新中国成立之初，受到历史遗留问题的影响，我国经济比较落后且比较集中，再加上运输环节主要依靠海运，我国工业主要集中在沿海城市，这带沿海城市工业的总产值将近我国的一大半，上海、天津、大连是主要的工业城市，这三个城市的工业总产值将近全国经济总产值的40%，同这些沿海城市相比，我国西部地区，工业的发展显得十分落后，甚至出现一个地区零工业的现象。新中国成立之后，区域化经济的巨大差异严重使我国整体发展失去平衡，中共中央通过大力扶持中西部内陆城市，促进我国中西部的经济工业发展。我国在政策上采取区域化的管理，沿海工业比较高的地区增加税收，通过税收增加国库，以国家扶持为主导，促进西部地区建设及工业发展，并开始实施五年计划，实行计划经济，在计划经济中政策主要偏向西部区域经济发展。如我国第一个五年计划，“一五”计划的“156项”建设项目中，占项目总数的3/4和占投资总额2/3的项目都被安排在内陆省份。“三五”“四五”时期的“三线”建设计划将大部分财力、物力投入内陆省份，特别是在四川、贵州和“三西”地区（豫西、鄂西和湘西）兴建一批工业基地，致力于缩小沿海和内陆省份的差距。

实施约二十年的区域均衡发展的政策使内陆省份迅速建成了以重工业为基础的产业集群，发达的重工业促进了我国经济的发展，缩短了我国不同地区的经济差距，但是这种经济模式也存在很多问题，在发展中暴露出了弊端。因为我国中西部地区的环境脆弱，再加上经济发展缓慢，导致政府在西部地区的投资明显要劣于东部沿海地区，因此区域平衡发展政策并未取得非常好的效果。此时期的区域平衡发展政策在公平与效率问题上的选择，比较重视发展的公平性，如果遇到发展和环境冲突时，需要牺牲效率。

第二阶段是1976—1993年以效率优先为特征的区域发展政策，这一举措给环境造成了极大的压力。1978年，我国对过去的错误进行了反思，发现过分追求效率是环境变差的主要原因。因此，中央放弃了过去单纯地追求发展速度，不重视发展质量的发展模式，采取效率和质量并重的发展方式。政府希望通过这种发展模式，改善落后的局面，让部分拥有资源优势、人才优势的地区发展起来。因此“五五”“六五”时期，国家对内地和沿海地区的基本建设投资比例接近持平，到了1989年，沿海省份投资占国家投资总额的4.79%，内陆省份投资所占比例为2.15%。另一项加强沿海地区经济建设的政策是率先实施对外开放，给这些沿海地区创造发展机会，比如说税收优惠政策、财政制度政策、金融贷款等政策，提高沿海地区的发展速度。1979年，我国在广东、福建等地区实施了发展策略，又设置了四个经济特区，希望能够率先发展这六个地区，让经济快速发展起来，实现效率和质量并重的发展方式。1984年，中央又开放了14个港口城市，扩大对外开放的步伐，促进贸易往来。1985年年底，将我国三个三角洲和两个半岛定位为经济开发区，这些开发区的福利政策和贷款政策都很优惠，成功地吸引了很多商人前来投资，迅速提高了经济发展水平。此外，中央在侧重于发展东部经济的时候，很重视对东部地区的政策倾斜，比如说税收优惠倾斜、提高当地政府在治理当地经济时候的自主性、扩大市场的调节作用、维护好金融市场的稳定性等，这些策略也是我国东部地区发展速度快于西部地区经济发展速度的条件和因素。

第三阶段是1994年至今,我国全面实施协调发展策略,极大地推动了经济发展速度。随着我国东部、西部地区的经济差距过大,这种局面已经引起了我国政府的重视。因此,国家在发展策略中指出要继续保持东部地区的发展速度,同时转移发展重点至西部地区,以期缩减差距。为了实现这一目标,我国制定了很多措施,陆续开放黑河、伊宁、瑞丽、河口等13个延边及内陆城市。1994年,开放了宜昌、万县、涪陵等地区,促进大量人才、资金和技术涌入了这些经济开发区,提高了当地的发展速度。到了"八五"时期,根据"八五"计划关于区域协调发展的要求,即"本着共同富裕、互相扶持、分工合作等原则,改善经济结构和生产力布局",国家逐渐地将很多项目转移到了我国欠发达的西部地区,比如说南昆铁路等。随着这些项目的确立,逐渐地带动了相关省份的发展,也通过外溢效应带动了邻近区域的经济发展。"九五"计划明确提出正确处理不同区域的发展关系,希望能够及时带动各个省份发展经济的积极性,减少发展困难的现象和局面。引导各个地区发现自己的优势,从而形成特色服务,促进经济布局更加科学化。国家多扶持西部地区的经济发展,同时也加强中部地区的经济建设,减少这些地区的经济差距,具体来讲,提出了以下六个策略的优惠措施:优先发展基础项目,加强资源开发;提高中西部自我发展能力,减少对国家政策的依赖;实行规范发展战略,增加对西部地区的支持;加快开发步伐,利用西部地区的优势,吸引更多企业的投资,增加当地经济发展速度;加大贫困地区的支持,促进当地的发展质量;加强人才引进战略扶持,给西部地区提供更多政策优惠,多扶持西部地区的经济发展。1999年,"十五"计划认为,应该引导各个地区发现自己的优势产业,形成特色,让东部带动西部发展,要打破行政分割,扶持贫困地区,做好扶贫工作,重点做好特困地区、革命老区、边疆地区的扶贫工作。2004 年,中央提出了东北振兴计划,加快东北老工业基地的改造和转型,恢复中国东北地区强大的区域经济增长极。2005 年,“十一五”规划建议以实现区域协调发展为目标,提出了按照不同功能区的要求确定区域发展定位,并按照公共服务均等化的原则调整不同区域的利益关系。“十一五”规划要求在我国形成主体功能定位清晰的区域发展格局,同时形成东部、中部、西部之间的良性互动,努力缩小公共服务和人民生活水平在区域之间的差距。此外,“十一五”规划明确将中部崛起作为战略重点,联合西部大开发进入第二阶段实施,为进一步促进我国中西部地区发展提供战略支持。与此同时,珠三角经济合作圈、长三角经济合作圈、环渤海经济圈逐步形成较快发展。

2011 年,“十二五”规划推行积极稳妥推进城镇化以促进区域协调发展,通过实施发展政策,能够构建优势互补的区域发展格局,以实现国土空间的高效利用和人与自然和谐共生,并进一步强调了基本服务均等化的重要性。因此,“十二五”规划自从实施以来,虽然我国的经济已经完成了从高效率向高质量的转变,但是依然有一些地区的经济发展速度还是很快,各省份之间的差距也缩小了很多,但国家对东部地区的政策倾斜已经持续很久,导致这种发展不平衡现象还是存在于不同省份中,例如西部地区在教育、医疗等基本公共服务方面与发达地区仍存在较大差距。2016 年,“十三五”规划提出以区域发展总体战略为基础,以“一带一路”建设、京津冀协同发展、长江经济带发展为引领,形成沿海沿江沿线经济带为主的纵向横向经济轴带,塑造要素有序自由流动、主体功能约束有效、基本公共服务均等、资源环境可承载的区域协调发展新格局。深入实施西部开发、东北振兴、中部崛起和东部率先的区域发展总体战略，创新区域发展政策，完善区域发展机制，促进区域协调、协同、共同发展，努力缩小区域发展差距。2020 年，“十四五”规划提出健全区域协调发展体制机制，推动区域协调发展，推动西部大开发形成新格局，推动东北振兴取得新突破，促进中部地区加快崛起，鼓励东部地区加快推进现代化。

二、经济地理发展的空间格局

我国经济地理发展能力是一个相对动态的过程，纵向比较可以发现我国整体经济地理发展能力的发展趋势，横向对比能够发现各地区之间经济地理发展能力水平的差距。

我国经济地理发展能力存在明显的地区差异，且存在一定的空间集聚性。2019 年处于经济地理发展能力高水平区的省份有 4 个，分别是天津、上海、福建和广东；北京、山东、江苏、浙江和黑龙江位于经济地理发展能力中高水平区；中低水平区主要由 13 个省份构成，分别是辽宁、河北、安徽、河南、陕西、湖北、湖南、四川、重庆、贵州、云南、西藏、新疆。而处于经济地理发展能力低水平区的则是吉林、内蒙古、山西、宁夏、甘肃、青海、江西、广西和海南，主要分布在我国西部地区。2020 年处于经济地理发展能力高水平区的有北京、上海、福建和广东 4 个省份，北上广的经济地理发展能力在全国处于领先水平；处于中高水平的有天津、山东、江苏、浙江和黑龙江 5 个省份；处于中低水平区的有辽宁、河南、安徽、湖南、广西、四川、云南、西藏、新疆和海南 10 个省份；处于低水平区的吉林、内蒙古、河北、山西、陕西、湖北、江西、贵州、重庆、宁夏、青海和甘肃12个省份。与2019年相比，北京的经济地理发展能力由中高水平区发展到高水平区，广西和海南由低水平区发展到中低水平区，而天津则由高水平区下降到中高水平区，河北、陕西、重庆、湖北和贵州等由中低水平区下降到低水平区。

通过比较2019年和2020年中国31个省份经济地理发展能力的空间分布格局可知，我国东部沿海地区的经济地理发展能力较高，中部地区次之，东北地区和西部地区经济地理发展能力则有待提升。作为全国城市发展的“标杆”，东部沿海地区当好了经济地理发展的“排头兵”，充分利用经济发达地区所带来的人才、技术、基础设施等资源，大力提高经济地理发展能力。中部地区虽然经济地理发展能力处于中高水平，但呈现下降趋势，发展上仍有较大上升空间。东北地区三个省份的经济地理发展能力处于三个不同的水平，黑龙江在经济地理发展上略显优势，说明在地区内也存在极度的发展不平衡现象。西部地区经济地理发展位于全国中下游水平，存在明显的不足，大部分省份处于低水平区，这与该地区经济发展的相对落后有一定的关系。同时，可以发现经济地理发展能力高和经济地理发展能力低的地区呈连片分布，这表明中国地区间的经济地理发展能力在空间上可能存在集聚现象。

第三节　经济地理发展的“3D”空间格局

一、密度的空间格局

密度会从两个方面影响区域经济发展差异。在初始的均衡状态，一旦一个偶然的因素改变这种状态，在市场力量的作用下，随着密度的提高,更多厂商开始在某个区域集聚,并带来更多的资源,进而形成所谓的发达地区。集聚会显著促进发达地区的经济发展,只要厂商在聚集的过程中获得的外部收益大于拥挤效应带来的损失时,就会有源源不断的厂商集聚在此,从而拉大区域间经济差距;但这种差距不会一直扩大下去,因为当密度过高时,即所有的厂商都在该区域聚集,会带来拥挤效应,厂商竞争力加大,并会使产品的生产成本提高,使外部收益小于损失,此时集聚区的产业会向外转移,从而带动周边地区的经济增长,缩小集聚区与周边地区的经济差距。

利用2019年和2020年中国31个省份的密度得分,对中国地区密度的空间分布格局趋势进行分析。2019年密度得分处于高水平区间的省份为:北京、上海、广东,处于中高水平区间的省份为:天津、江苏、浙江、福建,处于中低水平区间的省份为:河北、山东、山西、河南、安徽、湖北、江西、湖南、贵州、云南、四川、甘肃、重庆、海南,处于低水平区间的省份为:黑龙江、吉林、辽宁、内蒙古、陕西、宁夏、青海、广西、新疆、西藏。2020年处于低水平区间的省份基本上未发生变化,而处于中高水平区间的天津、江苏、浙江3个省份上升到高水平区间,处于中低水平区间的山东、安徽、江西、湖南、湖北、甘肃6个省份上升到中高水平区间。

根据中国地区密度的空间分布格局可知,高密度的地区主要分布在东部地区,低密度的地区主要集中在西部地区,密度指标呈现出从东部沿海省份向西部内陆省份不断降低的态势;同时,根据2019年和2020年密度的空间分布格局可知,中国地区间密度的分布呈连片分布,这说明中国地区间的密度可能存在空间相关性。

在经济发展初期,由于市场力量,随着密度的提高,能够集聚更多的资源在发达地区,并使发达地区的经济得到快速发展,从而拉大落后地区与发达地区、西部地区和东北地区与中部地区和东部地区之间的经济差距;但这种扩大并不是一直持续下去的,当密度达到一定高度之后,会带来拥挤效应,并会使产品的生产成本提高,为了缓解拥挤效应和降低生产成本,集聚区的产业会向外转移,从而带动周围地区的经济增长,缩小集聚区与外围区的经济差距。

二、距离的空间格局

距离是指商品、服务等穿越地理空间所耗费的成本。一方面,距离的缩短降低转移成本,实现生产和消费在地理空间上的分离,可以促进区域间的贸易、交流与合作,进而加大发达地区对周边地区的正向溢出效应,周边地区能够以更低的成本获得发达地区的先进技术,增强自主创新能力,提升发展速度,缩小区域经济差异;另一方面,邻近地区对外贸易距离的缩短会增强该邻近地区对生产要素的吸引力,进而使生产能力提高,促进经济发展,拉大与本地经济发展水平的差距。

利用2019年和2020年中国31个省份的距离得分,对中国地区距离的空间分布格局趋势进行分析发现,中国31个省份距离的空间分布格局基本保持不变。其中,高水平和中高水平的空间分布格局没有发生变化,2019年陕西、四川、西藏、云南的距离处于低水平区间,2020年上升到中低水平区间。具体而言:距离处于高水平区间的仅有福建一个省份;处于中高水平区间的省份为:黑龙江、上海、广东;一直处于中低水平区间的省份为:辽宁、北京、山东、江苏、浙江。

总体而言,从2019年到2020年,中国距离的空间分布格局没有发生太大变化,距离得分较高的省份主要集中在东部地区,距离得分较低的省份主要分布在中部地区和西部地区,并且表现出连片分布趋势,而东北地区3个省份的距离得分差距较大,处于三个不同的水平区间。距离指标是量化运输成本的指标,同时距离还与本区域的区位相关,其本质是为了衡量地区在贸易中的优劣势。从距离的空间分布格局可见,各省份所处的区位存在一定天然的优劣势,且区位的优劣势在一定程度上是影响区域经济地理发展的重要因素。

经济地理中的距离不是简单的几何距离,而是指商品、服务、劳务、资本、信息等穿越空间的难易程度,包括时间成本、货币成本和心理成本。完善交通基础设施建设能够降低时间成本和货币成本;降低劳动力的市场准入条件,能够降低距离成本。这表明完善交通基础设施和迁移是缩短距离的有效途径。

三、分割的空间格局

分割是指国家或者地区间限制要素、信息和技术等流动的因素,即阻碍地区经济活动的壁垒。分割也会从两个方面影响区域经济发展差异。在经济发展初期,分割有助于保护本地产业发展,促进本地区经济增长,进而缩小地区间的经济差距;但从长远来看,分割会拉大经济差距,这是因为随着经济的增长,分割会使地区信息闭塞,忽视与外界的交流,创新不足,进而导致区域间差异增大。

利用2019年和2020年中国31个省份的分割得分,对中国地区分割的空间分布格局趋势进行分析。2019年分割得分处于高水平区间的仅有北京，处于中高水平区间的省份为：天津、广东，处于中低水平区间的省份为：辽宁、河北、北京、山东、河南、浙江、湖北、湖南、重庆、广西、贵州、云南、四川、西藏、海南，处于低水平区间的省份为：黑龙江、吉林、内蒙古、山西、陕西、甘肃、宁夏、青海、新疆、安徽、江西、福建。2020 年处于高水平区间的省份为：江苏、广东、海南，处于中高水平区间的省份为：辽宁、北京、天津、山东、浙江、广西，处于中低水平区间的省份为：河北、河南、安徽、陕西、四川、重庆、湖南、云南、贵州、西藏，处于低水平的省份为：黑龙江、吉林、内蒙古、山西、宁夏、甘肃、青海、新疆、湖北、江西、福建。

纵观 2019 年和 2020 年中国 31 个省份分割的空间分布格局可知，高水平区间的省份主要分布在东部地区，低水平区间的省份主要分布在西部地区和东北地区。随着时间的推移及经济的发展，西部地区、东北地区与中部地区、东部地区之间的联系更加紧密，其分割有所减少。在分割这一指标上，我国总体上并未呈现出很明显的特点，而是各省各具特色。

分割对地区经济差距存在双重效应。经济增长早期，分割中的地区保护政策能够保护本地区产业发展，促进本地区经济增长，进而缩小地区间的经济差距；随着经济的增长，分割会使地区陷入“井底之蛙”的困境，忽视了与外界的交流，使地区信息闭塞、创新不足，从而拉大地区间的经济差距。

第六章　经济地理发展的区域联系

当前对于国家或区域而言，经济发展和结构转换的本质是发现自身在某种产品上具备生产优势并学习和积累这种产品生产知识的过程，中国经济地理具有强烈的区域特性，每个区域各具特点与优势，因此在我国经济区问题日益受到重视。本章基于“3D”理论框架以及经济地理发展能力定义，依据中国经济地理发展能力综合评价指标体系，运用熵权法分别对中国长江经济带、黄河流域、京津冀地区、长三角城市群、粤港澳大湾区以及成渝双城经济圈等多个区域的经济地理发展能力进行测度，并对各区域目前存在的问题与测度结果进行深入剖析，旨在帮助政府等主体掌握区域经济地理发展水平，有助于明确区域发展定位，促进区域经济提升，加强区域经济地理发展实力。

第一节　区域协调发展战略

区域协调发展战略是党的十六届三中全会提出的“五个统

筹”之一。当今，我国发展仍然处于重要战略机遇期，机遇与挑战共存，要求坚持实施区域重大战略、区域协调发展战略、主体功能区战略，健全区域协调发展体制机制，完善新型城镇化战略，构建高质量发展的国土空间布局和支撑体系。[①] 2017 年，习近平在党的十九大报告中指出，实施区域协调发展战略。加大力度支持革命老区、民族地区、边疆地区、贫困地区加快发展，强化举措推进西部大开发形成新格局，深化改革加快东北等老工业基地振兴，发挥优势推动中部地区崛起，创新引领东部地区率先实现优化发展，建立更加有效的区域协调发展新机制。2018 年，出台《中共中央国务院关于建立更加有效的区域协调发展新机制的意见》。2020 年，李克强总理在发布的 2020 年国务院政府工作报告中提出，加快落实区域发展战略，继续推动西部大开发、东北全面振兴、中部地区崛起、东部率先发展，深入推进京津冀协同发展、粤港澳大湾区建设、长三角一体化发展，推进长江经济带共抓大保护，编制黄河流域生态保护和高质量发展规划纲要，推动成渝地区双城经济圈建设，促进革命老区、民族地区、边疆地区、贫困地区加快发展。从我国区域协调发展战略发展历程来看，积极推进西部大开发，振兴东北地区等老工业基地，促进中部地区崛起，鼓励东部地区率先发展，继续发挥各个地区的优势和积极性，通过健全市场机制、合作机制、互助机制、扶持机制，有利于逐步扭转区域发展差距拉大的趋势，形成各区域相互促进、优势互补、共同发展的新格局。

随着各项政策和战略的实施，中国经济从高速发展阶段向高质量发展阶段转变，衡量经济发展的各类指标持续增长，经济发展

---

① 任卓然、贺灿飞、王文宇：《演化经济地理视角下的经济复杂度与区域经济发展研究进展》，《地理科学进展》2021 年第 12 期。

势态良好，显示了中国在经济发展过程中的韧性、活力与潜力。但是在这一过程中，又出现了一系列问题，其中区域经济发展不均衡则是作为长期存在的现象日渐突出，也是我国在发展过程中面临的最重要的问题。以往提及的区域经济不平衡发展主要指东西地区间的差距，然而在 2017 年的两会期间，李克强总理指出中国区域经济发展差异形式由传统的东西经济差距转变为南北差距。传统意义上的东西差距主要是由于在 20 世纪 80 年代初，东部沿海地区得益于一系列发展战略的实施，使在随后的经济发展中通过吸收西部地区大量的人力、物力和财力，壮大自身的发展，从而加剧了东西地区间的经济差距。但是在国家相继出台了西部大开发、中部崛起等区域发展战略后，对中西部地区的经济发展大力支持，使中西部地区的经济发展局面有了很好的改善，因此以东部地区“唱主角”的传统经济格局得到转变，区域间的差距也逐渐缩小。而与此同时，南北地区经济差距却逐渐进入我们的视野范围内。南方地区借助新一轮的科技革命，并在此基础上大力发展人工智能、互联网、智能制造，积极推动供给侧结构性改革和产业结构的转型升级，促进技术密集型产业和生产性服务业的发展，带动了就业岗位的增加，从而提高了人均收入，推动了经济的发展，形成了良好的产业循环模式。南方各地区又相继为人才争夺颁布一系列政策，加速了人力资本向南方流动，而人力资本的聚集不仅为南方地区经济发展注入了新的活力，而且对经济发展也具有正向溢出效应，从而带动南方地区整体经济的发展，反观北方地区，由于人才大量的流失，使产业结构转型升级难上加难，脱离传统的劳动密集型和资源密集型产业更无从谈起。

经济地理学以人类经济活动的地域系统为中心，从地域的、综合的角度，研究经济—产业空间分布及其地域组合的形成发展条件、特点与规律的学科。因此，本书将经济地理发展能力定义为：首先，通过提高城市群经济密度有利于增强城市群的经济竞争力，获得整体的集聚经济；其次，缩短城市与外部市场的距离，推动城市参与全球化的进程中，获得城市经济效益；最后，降低城市内部的经济分割程度，提高内部整合，实现城市在统一市场和经济政策层面的溢出效应，有利于提升整个区域综合竞争力的能力。为更好地解决南北差距问题，提出了“两带四圈”区域发展战略，即长江经济带发展、黄河流域生态保护和高质量发展；京津冀协同发展、粤港澳大湾区建设、长三角一体化高质量发展、成渝双城经济圈发展。“两带四圈”区域发展战略的提出，将视角转移到南北不同的经济带、城市群上，要求“两带四圈”地区发挥引领和带动作用，协调南北地区的可持续性发展，缩小南北差距。

本章以经济地理发展赋能区域协调发展战略为切入点，在综合国内外相关研究成果的基础上，具体研究京津冀、长三角城市群、长江中游城市群、粤港澳大湾区以及成渝地区双城经济圈经济地理发展能力，旨在准确把握“两带四圈”区域经济地理发展情况，充分了解影响各区域经济地理发展能力提升的主要因素，为缩小区域差距、推进各区域协调发展提供思路和借鉴。

第二节 “两带”经济地理发展与联系

“两带”是指长江经济带与黄河流域。长江经济带横跨中国东部、中部、西部三大区域，是中央重点实施的“三大战略”之一，是具有全球影响力的内河经济带、东中西互动合作的协调发展带、沿海沿江沿边全面推进的对内对外开放带,也是生态文明建设的先行示范带。而黄河流域横跨中国东部、中部、西部三大区域,是重要的生态屏障、经济地带和能源流域,在经济社会发展和生态安全方面具有十分重要的地位。如表 6-1 所示,目前长江经济带经济地理发展能力以低等水平和中等水平为主,并且相较于 2019 年,2020 年长江经济带经济地理发展能力有所提升,处于中等水平和高等水平的城市数量增加。具体来看,在长江经济带上游主要以低等水平为主,中游以中等水平为主,下游以高等水平为主,由此可以看出在长江经济带中存在上、中、下游区域经济地理发展能力不平衡、区域间存在较为明显的差异。目前黄河流域经济地理发展能力以低等水平和中等水平为主,仅少数个别城市处于高等水平,并且对比 2019 年,2020 年黄河流域经济地理发展能力处于中等水平城市数量增加。具体来看,在黄河流域仅成都、西安、太原、青岛、郑州、周口等少数城市处于高等水平,并且黄河流域下游城市经济地理发展能力明显优于中上游区域。

表 6-1 "两带"经济地理发展能力分布情况

区域	年份	低、中经济地理发展能力	高经济地理发展能力
长江经济带	2019	黄冈、南昌、常州、昆明、芜湖、镇江、金华、嘉兴、蚌埠、吉安、徐州、衡阳、滁州、绍兴、邵阳、泰州、襄阳、遵义、株洲、九江、台州、扬州、广安、宜春、怀化、临沧、六安、马鞍、郴州、温州、丽江等	成都、贵阳、重庆、长沙、武汉、合肥、南京、杭州、宁波、南通、无锡、苏州、上海
	2020	常州、嘉兴、金华、南昌、南通、昆明、镇江、芜湖、扬州、舟山、阜阳、湘潭、泰州、玉溪、徐州、临沧、曲靖、台州、湖州、娄底、株洲、马鞍、岳阳、温州、绵阳、盐城、常德、黄冈、铜陵、宜春、雅安等	成都、重庆、贵阳、长沙、武汉、合肥、南京、杭州、绍兴、宁波、无锡、苏州、上海

续表

区域	年份	低、中经济地理发展能力	高经济地理发展能力
黄河流域	2019	达州、嘉峪关、西宁、兰州、固原、咸阳、银川、榆林、临汾、运城、济源、三门峡、洛阳、平顶山、南阳、驻马店、信阳、长治、忻州、呼和浩特、大同、阳泉、新乡、安阳、濮阳、聊城、济宁、泰安等	成都、西安、郑州、周口、太原、青岛
	2020	潍坊、晋中、东营、银川、鄂尔多斯、安阳、烟台、兰州、南阳、平顶山、忻州、新乡、运城、淄博、滨州、榆林、陇南、咸阳、西宁、绵阳、濮阳、呼和浩特、临沂、焦作、吕梁、商丘、临汾、包头、济宁等	成都、西安、郑州、周口、太原、济南、青岛

资料来源：根据《中国统计年鉴》《中国城市统计年鉴》《中国环境统计年鉴》《中国区域经济统计年鉴》及国家、地区、城市政府公布的统计年鉴、统计公报等官方出版物公布数据，采用熵权法测算而得。

第三节 “四圈”经济地理发展与联系

一、京津冀[①]

京津冀地区是中国的“首都经济圈”，京津冀城市群包括北京、天津两大直辖市，更囊括了河北的保定、唐山、廊坊、石家庄、秦皇岛、张家口、承德、沧州、衡水、邢台、邯郸和河南的安阳。其中，北京、天津、保定、廊坊为中部核心功能区，京津保地区率先联动发展。河北雄安新区的横空出世，更使保定市下辖的雄县、容城、安新3县及周边部分区域备受瞩目。推进京津冀地区协同发展，是面向未来打造新的首都经济圈、推进区域发展体制机制创新的需要，是探索完善城市群布局和形态、为优化开发区域发展提供示范和样板的需要，是探索生态文明建设有效路径、促进人口经济资源环境相

① 资料来源：北京市统计局、天津市统计局、河北省统计局、衡水市统计局。

协调的需要，是实现京津冀优势互补、促进环渤海经济区发展、带动北方腹地发展的需要，是一个重大国家战略，要坚持优势互补、互利共赢、扎实推进，加快走出一条科学持续的协同发展路子来。

然而，京津冀地区在发展进程中仍然面临以下现实困境：第一，生态脆弱性十分突出，环境问题由城市演变为区域性难题。水资源成为京津冀地区最核心的生态性问题，当前区域的水资源承载能力超过警戒线，对工农业生产造成的不利风险比以往更加突出，区域性缺水和城镇地区水害并存的怪相困扰该区发展。同时，土地利用粗放现象突出，森林生态系统退化严重。京津冀地区是世界性雾霾问题最突出的地区之一，区域的工业化、城镇化、机动化与华北地区大气环境变化相关联，形成了燃煤、机动车、工业废气排放多种污染物共生局面。第二，城镇体系发育失衡，次级中心城市发展滞后，县域发展分散。[①] 长期以来，重大功能设施过度聚集北京的格局没有根本改变。大量交通枢纽设施和线网终端汇聚北京，使北京集聚过多的通过性交通运输职能，加剧了城市交通的负担。过度的资源、财力向中心城区聚集，使北京“大城市病”在过去十年由量变到质变。相反，京津冀地区县城的经济发展相对缓慢，人口聚集能力不强，县(市)域单元内聚能力弱，农村发展趋于无序，若仅考虑生态环境污染治理强制关停农村工业，对农村就业的冲击将十分突出，京津冀地区城乡差距将进一步加大。第三，三地产业结构差异明显，难以形成产业良性互动。在当今中美经贸摩擦加剧、新冠疫情冲击的影响下，京津冀地区产业发展仍然面临产业链不强、创新链不牢以及制造业供应链不稳的挑战与风险。

① 刘秀杰、万成伟、叶裕民：《京津冀协同发展的制度困境与对策建议——以通州与北三县协同发展为例》，《城市发展研究》2019年第11期。

国家发展和改革委员会曾梳理出我国严重依赖进口的技术（或核心零部件），主要集中在新一代信息技术、人工智能、高端装备等领域以及涉及关键材料、核心技术、先进工艺、关键零部件等工业基础能力方面，这恰好也是京津冀产业链和创新链的短板所在。在疫情突发阶段，京津冀制造业供应链受到较为严重的冲击与影响。根据北京市统计局 2020 年第一季度经济运行分析，规模以上工业增加值同比下降了 14.7%。根据天津市 2020 年第一季度经济运行统计数据分析，规模以上工业增加值下降了 16.0%。根据河北省统计局 2020 年第一季度经济运行分析，经济指标出现较大下滑，规模以上工业增加值下降了 4.8%。突如其来的新冠疫情对京津冀深度融入全球产业体系带来一定冲击，这也凸显了产业供应链的不稳定性和不确定性。

从区域发展战略角度切入，评价京津冀地区经济地理发展能力，为加快推进以首都为核心的世界级城市群建设，实现京津冀协同发展提供了有力支撑。本章继续沿用第三章的经济地理发展评价指标体系，对京津冀地区 2019 年、2020 年的经济地理发展能力进行评分，具体得分见表 6-2。

表 6-2　2019—2020 年京津冀地区经济地理发展能力综合得分

城市	2019 年	2020 年	得分变化
北京	0.4998	0.4491	-0.0507
天津	0.3045	0.3524	0.0479
保定	0.2509	0.2556	0.0047
唐山	0.2743	0.2780	0.0038
廊坊	0.2834	0.2733	-0.0100
石家庄	0.2922	0.3010	0.0088
秦皇岛	0.2385	0.2301	-0.0084
张家口	0.2218	0.2258	0.0040

续表

城市	2019 年	2020 年	得分变化
承德	0. 2471	0. 2205	-0. 0266
沧州	0. 2935	0. 2738	-0. 0196
衡水	0. 2442	0. 2495	0. 0053
邢台	0. 2731	0. 2412	-0. 0319
邯郸	0. 2585	0. 2587	0. 0001
安阳	0. 2764	0. 2804	0. 0040

资料来源：根据北京市统计局、天津市统计局、河北省统计局、衡水市统计局官方公布数据，采用熵权法测算而得。

如表 6-2 所示，相较于 2019 年，京津冀地区 2020 年各地区经济地理发展能力综合得分变动幅度不大。其中，北京市与天津市在代表年份期间仍保持在前列，两市作为京津冀的领头城市，在京津冀发展进程中发挥着主导作用。具体来看，北京市经济地理发展能力综合得分 2019 年和 2020 年分别为 0. 4998、0. 4491，天津市综合得分 2019 年和 2020 年分别为 0. 3045、0. 3524，在 2020 年天津市经济地理发展能力水平提升较大，综合得分上涨了 4. 79 个百分点。除京津两市之外，河北省地区经济地理发展能力综合得分偏低，河北石家庄、河南安阳平均综合得分分别为 0. 2628、0. 2573。从综合得分变化来看，相较于 2019 年，2020 年天津、石家庄、衡水得分上涨最多，分别上涨了 0. 0479 分、0. 0088 分、0. 0053 分。天津是中国北方最大的开放城市和工商业城市，天津积极承接北京非首都功能，中交建京津冀区域总部、中国核工业大学、清华大学高端装备研究院等一批项目落地，国家会展中心加快建设，京津、京沪、京滨、津兴四条高铁通道联通京津双城格局加快形成，建成津石天津西段、京秦、唐廊一期等高速公路和一批省际接口路，实现区域路网互联互通；石家庄 2021 年实现地区生产总值 6490. 3

亿元，比上年增长 6.6%，石家庄的中山路和中华大街沿线是石家庄传统的商业发达区域，南三条有“南有北义乌，北有南三条”之称的南三条市场，南三条、新华集贸中心连续多年跻身于中国十大集贸市场，商品辐射中国 20 多个省份，是华北、东北、西北地区重要的商品集散地；衡水市被称为“黄金十字交叉处”，2020 年，衡水市地区生产总值实现 1560.2 亿元，比上年增长 4.0%，2 条国道和 12 条省道，与境内的县乡公路组成了四通八达的公路交通网络。而北京市、河北邢台市及承德市得分下降最大，分别下降了 0.0507 分、0.0319 分、0.0266 分。

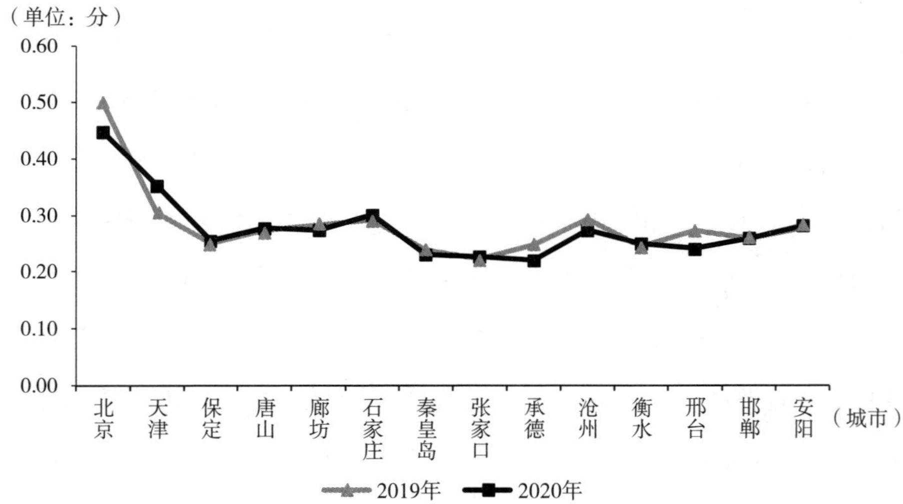

图 6-1　2019—2020 年京津冀地区经济地理发展能力综合得分

资料来源　根据北京市统计局、天津市统计局、河北省统计局、衡水市统计局官方公布数据，采用熵权法测算而得。

如图 6-1 所示，2019 年和 2020 年京津冀地区经济地理发展能力综合得分大致相同，另外，除京津两市之外，其他地区综合得分相差较小。具体来看，相较于 2019 年，2020 年京津冀区域各城市间经济地理发展能力差距逐渐缩小，2019 年综合得分最高与最低的城市间相差 0.2780 分,2020 年综合得分最高与最低的城市间仅相差 0.2286 分。显而易见,随着京津冀协调发展的持续推进,京津冀内各地区间经济地理发展能力逐渐平衡,区域间加强协同合作,区域发展韧性有所提升。

二、长三角城市群

长江三角洲城市群(简称长三角城市群),位于长江入海之前的冲积平原,根据国务院批准的《长江三角洲城市群发展规划》,长三角城市群包括:上海,江苏的南京、无锡、常州、苏州、南通、盐城、扬州、镇江、泰州,浙江的杭州、宁波、嘉兴、湖州、绍兴、金华、舟山、台州,安徽的合肥、芜湖、马鞍山、铜陵、安庆、滁州、池州、宣城等 26 市。长三角城市群是"一带一路"与长江经济带的重要交会地带,在中国式现代化建设大局和开放格局中具有举足轻重的战略地位,是中国参与国际竞争的重要平台、经济社会发展的重要引擎、长江经济带的引领者,拥有现代化江海港口群和机场群,高速公路网比较健全,公铁交通干线密度全国领先,立体综合交通网络基本形成。长三角一体化高质量发展。

然而,在推进长三角一体化的进程中仍然面临以下困境:第一,生态环境问题阻滞城市群高质量发展。根据福利经济学家庇古的外部性理论,外部性是指私人成本与社会成本的不一致,城市发展的负向外部性,指的是城市发展的成本低于社会成本,从而不利于社会发展。其中一个典型而突出的问题就是环境污染问题,主要表现为城市的环境污染影响到周边地区。这一负向外部性问题得不到解决,导致跨城市的环境污染问题、生态环境问题凸显,加大了城市病的形成概率,阻碍了城市群的可持续发展,长三角城市群的经济发展与环境监管得不到有效调节。同时公共资源分配不均等,影响了城市群的稳定发展。城市间发展存在两极分化现象,制约了长三角城市群高质量发展。第二,城市间协调联动性不足,难以发挥城市群效应。城市群建设有助于促进城市圈内经济的增长和发展,并通过"集聚效应"和"辐射效应"来逐渐缩小地区间差距。[①] 然而,从目前长三角城市群发展现状来看,合理的城市层级和分工体系尚未形成,存在较为严重的"简单均衡"或"一城独大"现象,城市间协调联动性不足,难以发挥城市群效应,影响一体化发展。此外,从城市群发展效率来看,由于各城市圈中心城市的辐射半径差异,资源浪费和短缺同时并举;从城市群发展质量来看,资源与环境压力逐年加大,城市的生活成本持续上扬而生活环境质量却不断下降,城市群的发展质量面临考验,城市群可持续发展的前景不容乐观。第三,城市群协作分工程度较低,产业重合现象明显。长三角城市群各城市间尚未形成高效的分工协作,产业结构趋同是我国城市群发展过程中长期存在的问题。当前长三角地区城乡二元结构造成的深层次矛盾较为明显。产业布局合理化程度低,产业发展同质化现象严重,导致城市群中各地区资源禀赋和分工定位无法充分发挥作用,一定程度上限制了城市群发展的效率,进而影响城市群的国际竞争力。城市群包含一定范围内的城市,体现为城区面积的增加,但城市群更是城市间的深层次融合,在城市群中,各城市要做好自身定位,整合资源,加强资源流通,形成优势互补,减少产业重合现象。

从区域发展战略角度切入,评价长三角城市群经济地理发展

---

① 侯松、甄延临、曹秀婷:《高质量发展背景下城市群治理评价体系构建及应用——以长三角城市群为例》,《经济地理》2022 年第 2 期。

能力，准确把握长三角城市群区域协作阶段，加快推进长三角一体化高质量发展。具体来看，长三角城市群2019年、2020年的经济地理发展能力综合得分及变化情况见表6-3。

表6-3　2019—2020年长三角城市群经济地理发展能力综合得分

城市	2019年	2020年	得分变化
上海	0. 4573	0. 4681	0. 0108
南京	0. 3649	0. 3704	0. 0055
无锡	0. 3475	0. 3403	−0. 0072
常州	0. 2978	0. 3121	0. 0143
苏州	0. 4180	0. 4239	0. 0059
南通	0. 3342	0. 3011	−0. 0332
盐城	0. 2633	0. 2627	−0. 0006
扬州	0. 2723	0. 2820	0. 0097
镇江	0. 2917	0. 2877	−0. 0040
泰州	0. 2762	0. 2771	0. 0009
杭州	0. 3349	0. 3566	0. 0217
宁波	0. 3286	0. 3445	0. 0159
绍兴	0. 2780	0. 3192	0. 0412
湖州	0. 2607	0. 2682	0. 0075
嘉兴	0. 2886	0. 3067	0. 0181
金华	0. 2911	0. 3045	0. 0134
舟山	0. 2577	0. 2816	0. 0239
台州	0. 2731	0. 2721	−0. 0010
合肥	0. 3523	0. 3451	−0. 0072
芜湖	0. 2918	0. 2857	−0. 0060
马鞍山	0. 2686	0. 2655	−0. 0031
铜陵	0. 2336	0. 2566	0. 0230
安庆	0. 2511	0. 2234	−0. 0277
宣城	0. 2214	0. 2352	0. 0138
池州	0. 2279	0. 2269	−0. 0010
滁州	0. 2791	0. 2543	−0. 0247

资料来源：根据上海市统计局、江苏省统计局、浙江省省统计局、安徽省统计局官方公布数据，采用熵权法测算而得。

如表 6-3 所示，与 2019 年相比，2020 年长三角城市群经济地理发展能力综合得分变化不大，大部分城市综合得分有所提升，仅个别城市出现得分下降的情况。具体来看，综合得分位于前列的分别为上海（0.4573、0.4681）、苏州（0.4180、0.4239）和南京（0.3649、0.3704）。上海市作为传统的一线城市，引领长三角一体化具备了充分的组织优势与战略地位、稳定的经济与科技发展动能以及可持续的城市社会生态治理方案。同时，苏州市和南京市作为新一线城市，在长三角一体化发展进程中，苏州深度融入长三角一体化高质量发展、对接上海科创中心建设、重塑产业创新集群发展空间格局和生态格局；而南京在长三角的自我定位是"战略支点""创新引擎"和"门户枢纽"，南京将以南京都市圈、长三角科创圈两大重点方向，围绕区域联动、协调创新等七大领域强力推动长三角一体化发展。另外，从综合得分变化情况来看，相较于 2019 年，绍兴市经济地理发展能力评分上升最大，综合得分从 2019 年的 0.2780 分增长至 2020 年的 0.3192 分，综合得分提升了 0.0412 分。当前长三角一体化国家战略已进入密集实施、加快推进的新阶段。绍兴市作为长三角中心城市之一，既拥有在更高层次、更大范围内推动一体化发展的良好机遇，也面临长三角其他城市同质化竞争与空间挤压的挑战，在 2020 年绍兴市综合发展水平提升，已经位居长三角城市群中上游水平，产业转型稳步推进，区域同城效应提升，具有良好的发展态势和成效。南通市经济地理发展能力评分下降最多，综合得分从 2019 年的 0.3342 分下跌至 2020 年的 0.3011 分，下降了 0.0332 分。

如图 6-2 所示，2019 年和 2020 年长三角城市群经济地理发展能力综合得分相差无几，另外，除个别一线城市和新一线城市之

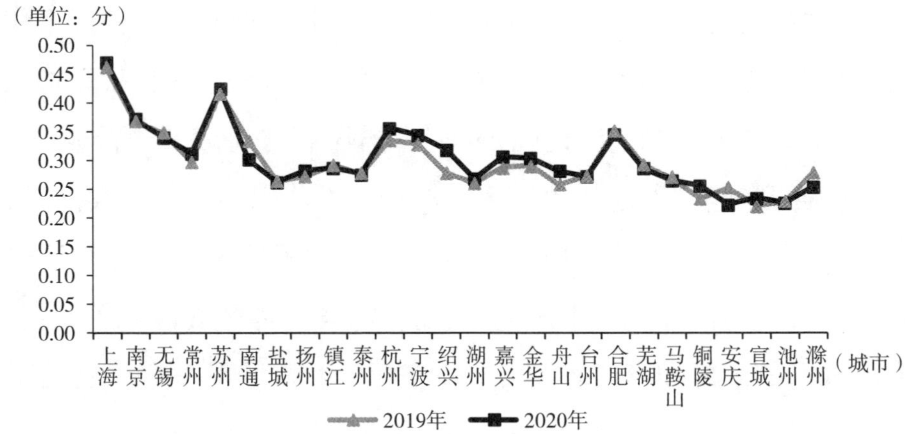

图 6-2　2019—2020 年长三角城市群经济地理发展能力综合得分

资料来源：根据上海市统计局、江苏省统计局、浙江省省统计局、安徽省统计局官方公布数据，采用熵权法测算而得。

外，其他地区综合得分相差较小。具体来看，相较于 2019 年，2020 年长三角城市群整体综合评分有所提升，但是比较城市间评分差距，2019 年综合得分最高与最低的城市间相差 0. 2359 分，2020 年综合得分最高与最低的城市间仅相差 0. 2447 分。由此可知，长三角城市群一体化发展良好，整体经济地理发展能力水平逐年增强，但是发达城市与次发达城市之间差距存在加大的趋势。

三、粤港澳大湾区

粤港澳大湾区，包括香港特别行政区、澳门特别行政区和广东的广州、深圳、珠海、佛山、惠州、东莞、中山、江门、肇庆，是中国开放程度最高、经济活力最强的区域之一，在国家发展大局中具有重要的战略地位。2019 年中共中央、国务院印发《粤港澳大湾区发展规划纲要》。按照规划纲要，粤港澳大湾区不仅要建成充满活力的世界级城市群、国际科技创新中心、“一带一路”建设的重要支撑、内地与港澳深度合作示范区，还要打造成宜居宜业宜游的优质生活圈，成为高质量发展的典范。以香港、澳门、广州、深圳四大中心城市作为区域发展的核心引擎。建设粤港澳大湾区,既是新时代推动形成全面开放新格局的新尝试,也是推动“一国两制”事业发展的新实践。

然而,在建设粤港澳大湾区的过程中面临以下三个现实问题:第一,如何在一个跨境多中心区域内进行合理的城市定位和错位发展。目前与国际几个大湾区比较,粤港澳大湾区规模大但不强,内部联系的浓度和密度均不足,区域内城市间呈现一定程度的疏离状态,具有较大的发展空间。就定位而言,目前四方签署的《大湾区框架协议》明确了粤港澳三方的合作目标,在产业分工上进行错位发展,构建协同发展现代产业体系,完善产业发展格局,加快向全球价值链高端迈进。广东、香港以及澳门的合作目标显示,在粤港澳的定位设定上已力求错位发展,但目前只有广东总体定位,尚未见到 9 个城市的细分角色。此外,城市群中各经济功能形成和演变,并不完全是按政府规划逻辑发展的,更多的是市场竞合的结果。在适度竞争环境中,城市群多中心网络化格局将更为明显。区域协同互动发展的良性格局是否能够形成,是否能成为大湾区城市群发展的总体方向,也取决于大湾区的基础条件以及政策要素的配套。第二,如何实现三个独立关税区内生产要素的高效便捷流通。市场优化资源配置的前提和基础,是市场的互联互通以及要素的自由流通。目前在交通基建硬件方面,粤港澳大湾区的联通改善明显,随着港珠澳大桥的开通,“一地两检”的突破,大湾区基建方面的互联互通将逐步完善。但在软环境上,粤港澳大湾区的经济融合仍面对一系列客观条件的限制。港澳与广东经济制度不同、法律相异,又分属三个不同的经济体和关税区,致使区内人员、资金、货物及信息等要素在三地间并不能自由流通,存在边界管理。[①] 在"一国两制"框架下，粤港澳大湾区城市群的经济整合程度只能是有限度的整合，内地对外关税水准、要素流通开放程度和管理制度，无法在短期内与港澳特区一致。第三，如何达致有效的跨境协调机制与运作模式。粤港澳大湾区面临的最大的特殊性，是涉及"一国两制"下的跨境治理，存在如何完善协调机制的艰巨任务，存在"两制磨合"。目前的"体制机制安排"，是由国家发展改革委和粤港澳四方共同签署协议来推进。较之以往的粤港、粤澳合作机制，这种模式增加了国家发展改革委在其中的牵头协调功能，加大了总体规划和协调的力度。但由于所推进落实的内容，仅限于达成一致意见的事项，整个协同发展的力度和权威性会有所折扣。如果有一方难以落实，或是预期在落实程序上存在不确定性，就会影响到合作进程的顺利开展。此外，政府功能强弱上的落差、规划内涵及执行力的不同、行政程序的繁复差异等，都会影响合作的具体进展。

从区域发展战略角度切入，评价粤港澳大湾区经济地理发展能力，有利于提升港澳经济长远发展动力，成功实践"一国两制"、达致港澳长远繁荣稳定和凝聚港澳的向心力。具体来看，粤港澳大湾区2019年、2020年的经济地理发展能力综合得分及变化情况见表6-4。

表6-4　2019—2020年粤港澳大湾区经济地理发展能力综合得分

城市	2019年	2020年	得分变化
香港	0.4581	0.4192	-0.0389
澳门	0.4450	0.4072	-0.0378
广州	0.4363	0.3992	-0.0371

① 蔡赤萌：《粤港澳大湾区城市群建设的战略意义和现实挑战》，《广东社会科学》2017年第4期。

续表

城市	2019 年	2020 年	得分变化
深圳	0. 5155	0. 4509	−0. 0646
珠海	0. 3633	0. 3470	−0. 0163
佛山	0. 3700	0. 3309	−0. 0392
惠州	0. 2764	0. 2572	−0. 0192
东莞	0. 3663	0. 3462	−0. 0201
中山	0. 2954	0. 3059	0. 0105
江门	0. 2695	0. 2568	−0. 0127

资料来源:根据广东省统计局、香港特别行政区政府统计处、澳门行政区政府统计暨普查局官方公布数据,采用熵权法测算而得。

如表 6-4 所示,对比 2019 年与 2020 年,粤港澳大湾区经济地理发展能力综合得分均有所下降,仅中山市得分有所上升。粤港澳大湾区综合得分位居前列的城市分别为深圳(0. 5155、0. 4509)、香港(0. 4581、0. 4192)、澳门(0. 4450、0. 4072)、广州(0. 4363、0. 3992)。深圳、广州和珠海作为广东强有力的经济发展点,一直是中国改革开放的前沿地区和先行先试的试验田,也是中国改革开放以来最早的经济引擎。改革开放 40 多年来,珠三角与港澳的经济联系不断深化,从要素互补推动的“前店后厂”式合作,过渡到逐步趋向融合的互动竞合关系。而粤港澳大湾区地处我国沿海开放前沿,以泛珠三角区域为广阔发展腹地,区位优势明显;经济发展水平全国领先,产业体系完备,集群优势明显,经济互补性强;科技研发、转化能力突出,拥有一批在全国乃至全球具有重要影响力的高校、科研院所和高新技术企业;国际化水平领先,粤港澳大湾区是外向度最高的经济区域和对外开放的重要窗口;合作基础良好,粤港澳三地文化同源、人缘相亲、民俗相近、优势互补,已形成多层次、全方位的合作格局。同时粤港澳大湾区整体水平高于其他经济圈,这得益于粤港澳大湾区大中小城市合理分工、功能互补,发挥香港—深圳、广州—佛山、澳门—珠海强强联合的引领带动作用,提升了整体实力和全球影响力,引领粤港澳大湾区深度参与国际合作。粤港澳大湾区有序发展"飞地经济",促进泛珠三角区域要素流动和产业转移,形成梯度发展、分工合理、优势互补的产业协作体系;发挥辐射引领作用,带动中南、西南地区发展,辐射东南亚、南亚。从综合得分变化情况来看,中山市的综合得分由2019年的0.2954分上升至2020年的0.3059分,上升了0.0105分。

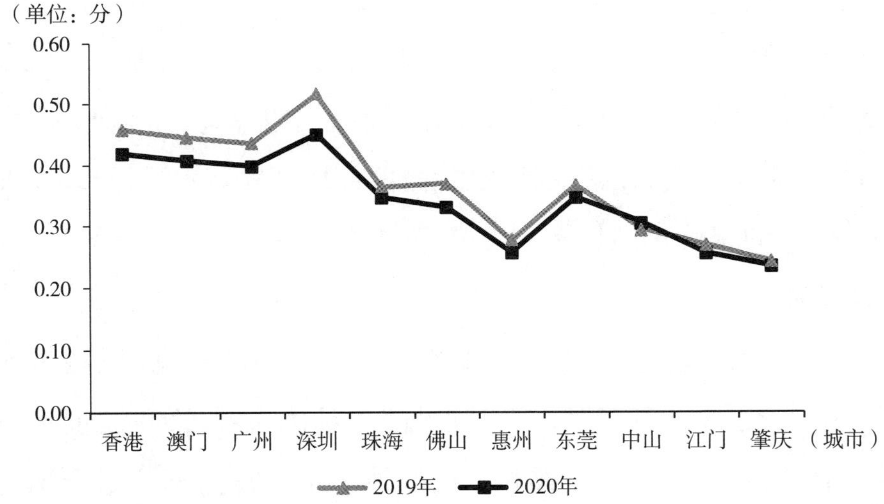

图 6-3　2019—2020 年粤港澳大湾区经济地理发展能力综合得分

资料来源:根据广东省统计局、香港特别行政区政府统计处、澳门行政区政府统计暨普查局官方公布数据,采用熵权法测算而得。

如图6-3所示,2019年和2020年粤港澳大湾区经济地理发展能力综合得分波动情况大致相同,发达城市与非发达城市之间差距比较明显。具体来看,相较于2019年,2020年粤港澳大湾区整体综合评分出现明显下降,2019年粤港澳大湾区平均得分为0.3672分,而2020年粤港澳大湾区平均得分为0.3415分,平均综合得分下降了 7 个百分点。

四、成渝地区双城经济圈[①]

2021 年中共中央、国务院印发了《成渝地区双城经济圈建设规划纲要》。根据规划，成渝地区双城经济圈范围包括了重庆市的中心城区及万州、涪陵、綦江、大足、黔江、长寿、江津、合川、永川、南川、璧山、铜梁、潼南、荣昌、梁平、丰都、垫江、忠县等 27 个区（县）以及开州、云阳的部分地区，四川的成都、自贡、泸州、德阳、绵阳（除平武县、北川县）、遂宁、内江、乐山、南充、眉山、宜宾、广安、达州（除万源市）、雅安（除天全县、宝兴县）、资阳等 15 个市。成渝地区双城经济圈位于长江上游，地处四川盆地，东临湘鄂、西通青藏、南连云贵、北接陕甘，是我国西部地区发展水平最高、发展潜力较大的城镇化区域[②]，是实施长江经济带和“一带一路”倡议的重要组成部分。

目前，为推动成渝地区双城经济圈发展仍需要克服“能级不足”“竞合交织”“中部塌陷”三大挑战。具体来看：第一，“能级不足”需强化提档升级。成都和重庆的地区生产总值都位居全国前十，然而，未来成渝地区双城经济圈的发展不仅将成为西部的经济极核，更将争取成为中国经济第四增长极以及作为中国向西开放的桥头堡，因此，需要进一步强化成渝地区双城经济圈的极核带动作用。目前来看，与三大经济区相比，成渝地区双城经济圈经济发展水平和城镇化率较低。另外，成渝地区教育资源相对不足，高等

① 资料来源：四川省统计局。

② 单学鹏、罗哲：《成渝地区双城经济圈协同治理的结构特征与演进逻辑——基于制度性集体行动的社会网络分析》，《重庆大学学报（社会科学版）》2021 年第 2 期。

学校数量远少于其他三大经济区,缺乏国际高水平大学,高等教育的国内国际影响力不强。第二,“竞合交织”需提高开放合作。虽然成渝地区双城经济圈建设极大地推进了成渝地区的密切合作。然而,行政体制的现实分割,形成了本区域利益优先的原则,现有的协调联动机制还没有完全打破各自为政的发展格局,亟须提高开放意识,实质性合作尚需加强。另外,由于成渝两地产业存在一定的类似,两地之间在共同推进成渝地区双城经济圈发展过程中,也存在一定的相互竞争关系。因此,面对成渝两地产业同质化现象,应该引导两地产业良性竞争,合作发展,避免资源浪费、恶性竞争。第三,“中部塌陷”需深化开发程度。从经济总量来看,四川、重庆的地区生产总值总量约占西部 12 省份的 1/3。然而,位于成都和重庆两大核心城市中间的成渝地区双城经济圈的其他中小城市都不同程度地面临着“中部塌陷”问题,造成了成渝地区双城经济圈呈现“哑铃形”的经济结构。成都和重庆对其他城市在人才、资金、政策、市场等方面的“虹吸效应”明显。以成都为例,成都的城市首位度较高,成都市行政面积仅占四川的 3%,成都地区生产总值却超过了四川地区生产总值的 1/3。贸易水平上,四川 2021 年社会消费品零售总额为 24133. 2 亿元,其中成都就达 9251. 8 亿元,占比达 38. 34%。虽然成都、重庆主城区的基础设施水平较高,但成渝地区不少地方与广大西部地区类似,面临基础设施薄弱的发展困境。

从区域发展战略角度切入,评价成渝地区双城经济圈经济地理发展能力,有助于加快推进共筑长江上游生态屏障、联手打造内陆改革开放高地。具体来看,成渝地区双城经济圈 2019 年、2020 年的经济地理发展能力综合得分及变化情况见表 6-5。

表 6-5 2019—2020 年成渝地区双城经济圈经济地理发展能力综合得分

城市	2019 年	2020 年	得分变化
重庆	0.3763	0.3741	-0.0022
成都	0.3731	0.3605	-0.0127
自贡	0.2388	0.2260	-0.0128
泸州	0.2437	0.2303	-0.0134
德阳	0.2454	0.2489	0.0035
绵阳	0.2466	0.2636	0.0170
遂宁	0.2121	0.2172	0.0051
内江	0.2425	0.2259	-0.0166
乐山	0.2389	0.2293	-0.0095
南充	0.2427	0.2342	-0.0084
眉山	0.2286	0.2311	0.0025
宜宾	0.2268	0.2307	0.0039
广安	0.2722	0.2255	-0.0467
达州	0.2610	0.2370	-0.0240
雅安	0.2187	0.2562	0.0375
资阳	0.2110	0.2207	0.0097

资料来源：根据重庆市统计局、四川省统计局官方公布数据，采用熵权法测算而得。

如表 6-5 所示，相较于 2019 年，成渝地区双城经济圈在 2020 年各城市经济地理发展能力综合得分呈波动趋势，少部分城市综合得分有所下降。具体来看，在成渝地区双城经济圈当中，排名前列的城市分别为重庆市和成都市，其在 2019 年和 2020 年的综合得分分别为 0.3763 分与 0.3741 分、0.3731 分与 0.3605 分。成渝地区双城经济圈是中国区域经济发展国家战略中的一个“双城驱动”新模式。成都向东，“东进”战略引导着重大项目布局不断往东朝重庆方向延伸，东部新区成为推动经济圈建设的新平台；重庆向西，渝西片区成为重庆工业化、城镇化最活跃的区域。[①] 以成都和重庆为核心唱好“双城记”，构建世界上为数不多的双核型椭圆经济圈。而成都与重庆联系十分紧密，在经济联系方面，成渝地区双城经济圈基础设施互联互通力度显著提高。政策方面，中央财经委员会提出的成渝地区双城经济圈建设的七大重点任务中，“加强交通基础设施建设”位居首位。截至 2020 年年底，四川和重庆之间的高速公路通道达到 12 条，二级以上标准普通国道达到 9 条，三级以上普通省道达到 10 条，互联互通水平显著提高。成渝地区双城经济圈预计到 2025 年基本形成“1123”的交通圈。具体而言，到 2025 年，四川和重庆之间将形成 17 条以上的高速公路大通道、1700 千米的Ⅳ级以上航道和 300 万标箱的港口集装箱吞吐能力。据四川交通运输厅规划和重庆交通运输局规划，到 2025 年基本形成成渝地区双城经济圈“1123”的交通格局。因此，在交通运输方面，成渝地区的经济集聚效应明显，具有较强的发展潜力。另外，根据 2020 年综合得分变化情况来看，雅安综合得分上升最大，上升了 0. 0375 分，由 0. 2187 分上涨至 0. 2562 分。而广安综合得分 0. 2722 分下降至 0. 2255 分，综合得分下降了 0. 0467 分。

如图 6-4 所示，2019 年和 2020 年成渝地区双城经济圈的经济地理发展能力综合得分特征相差无几。就两年的经济地理发展能力综合得分来看，除重庆和成都之外，其他城市得分几乎持平。成渝地区双城经济圈经济地理发展能力得分结果表明，该经济圈存在“中部塌陷”的困境，重庆、成都与经济圈内其他城市之间存

① 资料来源：《成渝地区双城经济圈交通一体化发展三年行动方案（2020—2022 年）》，见：http://wap.cq.gov.cn/zt/cydqscjjq/xtfz/202007/t20200703_8811411.html。

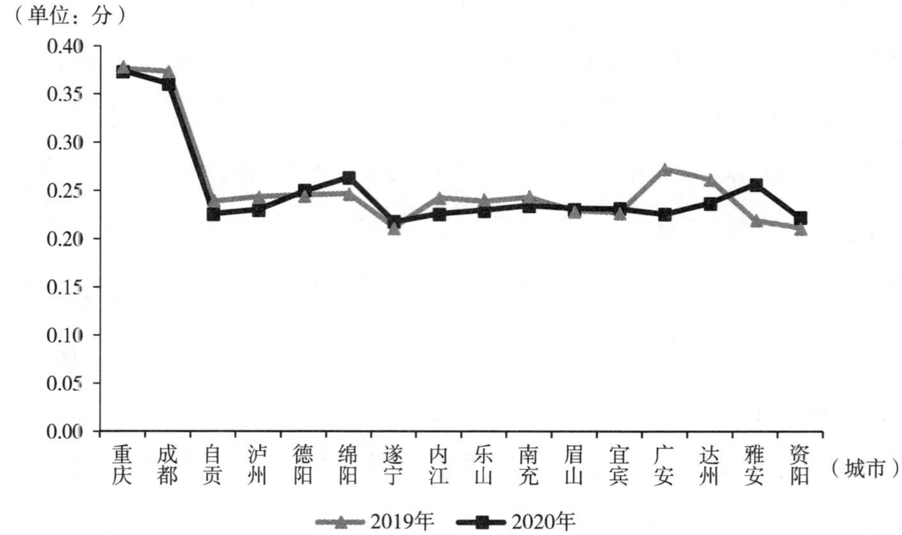

图 6-4　2019—2020 年成渝地区双城经济圈经济地理发展能力综合得分

资料来源：根据重庆市统计局、四川省统计局官方公布数据，采用熵权法测算而得。

在较大差距。从数据上来看，2019 年，重庆和成都之外其他城市平均综合得分为 0. 2378 分，与重庆相差 0. 1385 分，与成都相差 0. 1353；2020 年，重庆和成都之外其他城市平均综合得分为 0. 2340 分，与重庆相差 0. 1400，与成都相差 0. 1264。

第七章　经济地理区域发展的总体特征与战略

中国共产党第十九届中央委员会第五次全体会议通过了《中共中央关于制定国民经济和社会发展第十四个五年规划和二〇三五年远景目标的建议》，明确了当前区域重大战略主要是“两带四圈”，即：长江经济带发展、黄河流域生态保护和高质量发展；京津冀协同发展、粤港澳大湾区建设、长三角一体化高质量发展、成渝双城经济圈发展。基于此，本部分针对长江经济带、黄河生态带、京津冀协同发展、长三角一体化、粤港澳大湾区发展、成渝地区双城经济圈、长江中游城市群创新驱动等战略进行分析，并提出相关政策建议。

第一节　长江经济带

一、长江经济带发展总体特征

区域政策体系较为完善。近年来，长江经济带围绕“生态优先，绿色发展”的新思路，逐步形成了协同推进长江经济带环境治理与绿色发展的政策体系。其中，以发展规划体系为统领，以环境保护规划体系为核心，以攻坚行动计划为作战指南，协同推进长江经济带环境治理与绿色发展。

一体化协调推进的区域发展共识。从政府与市场关系来看，长江经济带要素流动日益密切，以市场为主体、政府引导带动一体化发展的改革成效显著。从区域演化进程阶段来看，长三角一体化发展、长江中游城市群协同发展、成渝城市群一体化发展等依次上升到国家战略高度，形成分区域、分阶段推进长江经济带一体化的战略共识，一体化纵向协调推进格局基本形成。

产学研协同、高新技术集聚极化特征具有明显的创新发展态势。国家新区、创新城市建设有力推进，科技创新成果转化环境良好，创新成果市场前景广阔。高新技术集聚特征明显，以高新技术引领的战略性新兴产业稳步提升，战略性新兴产业发展态势良好。

“3 主 4 辅”城市群支撑的区域空间发展格局。长三角城市群交通基础设施具有通达性、市场一体化程度高，长江中游城市群扎实推进交通一体化建设，成渝双城经济圈着力推进铁路大通道建设。从流域上中下游来看，上游地区成渝双城经济圈与滇黔地区形成“一核两极”的发展格局，中游湘赣鄂城市群形成“三足鼎立”的循环发展模式，下游长三角地区形成“三带一”的产业整合模式，各区域发展特色鲜明。

二、长江经济带发展战略

促进要素在区域之间流动，增强发展统筹度、整体性、协调性和可持续性，提高要素配置效率；发挥长江黄金水道作用，实现产业绿色发展、低碳循环发展要求。

打造区域协调发展新样板，构筑高水平对外开放新高地，塑造创新驱动发展新优势，谱写生态优先绿色发展新篇章，使长江经济带变成我国生态优先绿色发展的主战场、畅通国内国际双循环主动脉、引领经济高质量发展主力军。

建成具有全球影响力的内河经济带、东中西互动合作的协调发展带、沿海沿江沿边全面推进的对内对外开放带和生态文明建设的先行示范带，着手推进污水垃圾处理、生态环境污染治理“4+1”工程、医疗设施建设以及应急物资储备等补短板工作。

三、长江经济带发展政策建议

基于上述长江经济带发展战略，提出长江经济带相关发展建议。

（一）坚持生态优先、绿色发展

牢固树立和贯彻落实创新、协调、绿色、开放、共享的新发展理念，坚持生态优先、绿色发展，坚持一盘棋思想，理顺体制机制，加强统筹协调，处理好政府与市场、地区与地区、产业转移与生态保护的关系，加快推进供给侧结构性改革，更好发挥长江黄金水道综合效益，着力建设沿江绿色生态廊道，着力构建高质量综合立体交通走廊，着力优化沿江城镇和产业布局，着力推动长江上中下游协调发展，不断提高人民群众生活水平，共抓大保护，不搞大开发，努力形成生态更优美、交通更顺畅、经济更协调、市场更统一、机制更科学的黄金经济带，为全国统筹发展提供新的支撑。

（二）梯度发展、错落布局，建成现代生态保护区群和农业发展示范区群

全面推行还林、还湿、还水、还岸等政策，强化水环境、水生态、水资源、水安全、水文化和岸线等多方面的协同治理，重点区域的协同治理和流域上中下游、江河湖库、左右岸、干支流的协同治理，全面改善长江生态环境和水域生态功能。对长江干流的各个城市，必须实行集中式污水垃圾处理设施全覆盖，保证各市污水收集处理能力达到国家标准。沿江城镇应全部消除黑臭水体，各类工业园区要实行集中式污水处理设施全覆盖，保证排放达标；沿江经济带主要农作物的化肥、农药使用量要不断递减，长江干支流全部码头泊位及水上锚地等应全部拥有污水垃圾接收设施，有色金属、化工等行业尾矿库应全部具有污染治理设备。沿江城市、县城生活垃圾必须经过无害化处理，化工污染、工业三废、医疗废物废水等必须进行处置，要确保应收尽收、应治尽治。同时，要将其他重要生态屏障、重要生态地域或沿江湿地划定为生态红线保护区，控制水土流失，有效遏制生态功能退化。

（三）构建长江经济带东西双向、海陆统筹的对外开放新格局

要立足上中下游地区对外开放的不同基础和优势，因地制宜地提升开放型经济发展水平。一是发挥上海及长江三角洲地区的引领作用，加快复制推广上海自由贸易试验区改革创新经验，将上海自由贸易试验区打造成服务贸易创新政策先行区，鼓励上海及长三角地区重点发展高端产业、高增值环节和总部经济，加快培育

以技术、品牌、质量和服务为核心的竞争新优势，率先打造开放型经济升级版，推动长三角与中上游地区共同构建航运、加工贸易和金融合作链条，率先构建引领跨境电子商务和国际贸易发展的规则体系。二是将云南建设成为面向南亚、东南亚的辐射中心，加快推进与周边基础设施互联互通，力保跨境运输便利化。以昆明为中心，构建面向南亚、东南亚的进出口集散网络，促进加工贸易、保税物流、跨境电子商务等业务发展。加快云南沿边金融综合改革试验区发展，推进相关重点开发开放试验区建设。三是加快内陆开放型经济高地建设。推动区域互动合作和产业集聚发展，打造重庆西部开发开放重要支撑和成都、武汉、长沙、南昌、合肥等内陆开放型经济高地。完善中上游口岸支点布局，支持在国际铁路货物运输沿线主要站点和重要内河港口合理设立直接办理货物进出境手续的查验场所，支持内陆航空口岸增开国际客货运航线、航班。

第二节　黄河生态带

一、黄河生态带发展总体特征[①]

生态类型多样。黄河流域横跨我国地势三大阶梯，流经青藏高原、内蒙古高原、黄土高原、华北平原四大地貌单元，拥有黄河天然生态廊道、三江源、祁连山和若尔盖等多个重要生态功能区域。

农牧业基础较好。黄河流域内分布有黄淮海平原、汾渭平原、河套灌区等农产品主产区，其粮食和肉类产量占全国1/3左右。

① 资料来源：《黄河流域生态保护和高质量发展规划纲要》2021年10月，见www.gov.cn/zhengce/2021-10/08/content_5641438.htm。

能源资源富集。煤炭、石油、天然气和有色金属资源储量丰富，是我国重要的能源、化工、原材料和基础工业基地。

文化根基深厚。黄河流域孕育了河湟文化、关中文化、河洛文化、齐鲁文化等特色鲜明的地域文化，历史文化遗产星罗棋布。

生态环境持续明显向好。经过持续不断的努力，黄河水沙治理取得显著成效，防洪减灾体系基本建成，确保了人民生命财产安全，流域用水增长过快的局面得到有效控制。国土绿化水平和水源涵养能力持续提升，山水林田湖草沙保护修复加快推进，水土流失治理成效显著，优质生态产品供给能力进一步增强。

发展水平不断提升。中心城市和城市群加快建设，全国重要的农牧业生产基地和能源基地地位进一步巩固，新的经济增长点不断涌现，人民群众生活水平得到显著改善，具备在新的历史起点上推动生态保护和高质量发展的良好基础。

二、黄河生态带发展战略

构建黄河流域生态保护“一带五区多点”空间布局。“一带”，是指以黄河干流和主要河湖为骨架，连通青藏高原、黄土高原、北方防沙带和黄河口海岸带的沿河生态带。“五区”，是指以三江源、秦岭、祁连山、六盘山、若尔盖等重点生态功能区为主的水源涵养区，以内蒙古高原南缘、宁夏中部等为主的荒漠化防治区，以青海东部、陇中陇东、陕北、晋西北、宁夏南部黄土高原为主的水土保持区，以渭河、汾河、涑水河、乌梁素海为主的重点河湖水污染防治区，以黄河三角洲湿地为主的河口生态保护区。“多点”，是指藏羚羊、雪豹、野牦牛、土著鱼类、鸟类等重要野生动物栖息地和珍稀植物分布区。

构建形成黄河流域“一轴两区五极”的发展动力格局，促进地区间要素合理流动和高效集聚。“一轴”，是指依托新亚欧大陆桥国际大通道，串联上中下游和新型城市群，以先进制造业为主导，以创新为主要动能的现代化经济廊道，是黄河流域参与全国及国际经济分工的主体。“两区”，是指以黄淮海平原、汾渭平原、河套平原为主要载体的粮食主产区和以山西、鄂尔多斯盆地为主的能源富集区，加快农业、能源现代化发展。“五极”，是指山东半岛城市群、中原城市群、关中平原城市群、黄河“几”字弯都市圈和兰州—西宁城市群等，是区域经济发展增长极和黄河流域人口、生产力布局的主要载体。

构建多元纷呈、和谐相融的黄河文化彰显区。河湟—藏羌文化区，主要包括上游大通河、湟水河流域和甘南、若尔盖、红原、石渠等地区，是农耕文化与游牧文化交汇相融的过渡地带，民族文化特色鲜明。关中文化区，主要包括中游渭河流域和陕西、甘肃黄土高原地区，以西安为代表的关中地区传统文化底蕴深厚，历史文化遗产富集。河洛—三晋文化区，主要包括中游伊洛河、汾河等流域，是中华民族的发祥地，分布着大量文化遗存。儒家文化区，主要包括下游的山东曲阜、泰安等地区，以孔孟为代表的传统文化源远流长。红色文化区，主要包括陕甘宁等革命根据地和红军长征雪山草地、西路军西征路线等地区，是全国革命遗址规模最大、数量最多的地区之一。

三、黄河生态带发展政策建议

基于上述黄河生态带发展战略，我们提出黄河生态带相关发展建议。

（一）统筹推进城乡生活污染治理

加强污水垃圾、医疗废物、危险废物处理等城镇环境基础设施建设。完善城镇污水收集配套管网，结合当地流域水环境保护目标精准提标，推进干支流沿线城镇污水收集处理效率持续提升和达标。在有条件的城镇污水处理厂排污口下游建设人工湿地等生态设施，在上游高海拔地区采取适用的污水、污泥处理工艺和模式，因地制宜实施污水、污泥资源化利用。巩固提升城市黑臭水体治理成效，基本消除县级及以上行政辖区、建成区黑臭水体。做好"厕所革命"与农村生活污水治理的衔接，因地制宜选择治理模式，强化污水管控标准，推动适度规模治理和专业化管理维护。在沿黄城市和县、镇，积极推广垃圾分类，建设垃圾焚烧等无害化处理设施，完善与之衔接配套的垃圾收运系统。建立健全农村垃圾收运处置体系，因地制宜开展阳光堆肥房等生活垃圾资源化处理设施建设。保障污水垃圾处理设施稳定运行，支持市场主体参与污水垃圾处理，探索建立污水垃圾处理服务按量按效付费机制。推动冬季清洁取暖改造，在城市群、都市圈和城乡人口密集区普及集中供暖，因地制宜建设生物质能等分布式新型供暖方式。要坚持流域综合治理、系统治理、源头治理，共同抓好大保护，协同推进大治理；要坚持以目标为指向、问题为导向，加强制度建设和政策供给，找准短板和弱项精准发力、提升能力，通过系统优化国土空间结构、功能与布局，推动黄河流域生态环境保护、经济社会转型全面步入生态文明建设与高质量发展轨道。

（二）提升科技创新支撑能力

开展黄河生态环境保护科技创新，加大黄河流域生态环境重大问题研究力度，聚焦水安全、生态环保、植被恢复、水沙调控等领域开展科学实验和技术攻关。支持黄河流域农牧业科技创新，推动杨凌、黄河三角洲等农业高新技术产业示范区建设，在生物工程、育种、旱作农业、盐碱地农业等方面取得技术突破。着眼传统产业转型升级和战略性新兴产业发展需要，加强协同创新，推动关键共性技术研究。在黄河流域加快布局若干重大科技基础设施，统筹布局建设一批国家重点实验室、产业创新中心、工程研究中心等科技创新平台，加大科技、工程类专业人才培养和引进力度。按照市场化、法治化原则，支持社会资本建立黄河流域科技成果转化基金，完善科技投融资体系，综合运用政府采购、技术标准规范、激励机制等促进成果转化。

（三）保护、传承、弘扬黄河文化

开展黄河文化资源全面调查和认定，摸清文物古迹、非物质文化遗产、古籍文献等重要文化遗产底数。实施黄河文化遗产系统保护工程，建设黄河文化遗产廊道。对濒危遗产遗迹遗存实施抢救性保护。高水平保护陕西石峁、山西陶寺、河南二里头、河南双槐树、山东大汶口等重要遗址，加大对宫殿、帝王陵等大遗址的整体性保护和修复力度，加强古建筑、古镇古村等农耕文化遗产和古灌区、古渡口等水文化遗产保护，保护古栈道等交通遗迹遗存。严格保护古长城和修复措施，推动重点长城节点保护。支持西安、洛阳、开封、大同等城市保护和完善历史风貌特色。实施黄河流域“考古中国”重大研究项目，加强文物保护认定，从严打击盗掘、盗窃、非法交易文物等犯罪行为。提高黄河流域革命文物和遗迹保护水平，加强同主题跨区域革命文物系统保护。完善黄河流域非物质文化遗产保护名录体系，大力保护黄河流域戏曲、武术、民俗、传统技艺等非物质文化遗产。综合运用现代信息和传媒技术手段，加强黄河文化遗产数字化保护与传承弘扬。

第三节 京津冀

一、京津冀发展总体特征

京津冀确定了“功能互补、区域联动、轴向集聚、节点支撑”的布局思路，明确了以“一核、双城、三轴、四区、多节点”为骨架，推动有序疏解北京非首都功能，构建以重要城市为支点，以战略性功能区平台为载体，以交通干线、生态廊道为纽带的网络型空间格局。

“一核”指北京。把有序疏解非首都功能、优化提升首都核心功能、解决北京“大城市病”问题作为京津冀协同发展的首要任务。

“双城”指北京、天津，这是京津冀协同发展的主要引擎，要进一步强化京津联动，全方位拓展合作广度和深度，加快实现同城化发展，共同发挥高端引领和辐射带动作用。

“三轴”指京津、京保石、京唐秦三个产业发展带和城镇聚集轴，这是支撑京津冀协同发展的主体框架。

“四区”分别是中部核心功能区、东部滨海发展区、南部功能拓展区和西北部生态涵养区，每个功能区都有明确的空间范围和发展重点。

“多节点”包括石家庄、唐山、保定、邯郸等区域性中心城市和张家口、承德、廊坊、秦皇岛、沧州、邢台、衡水等节点城市，重点是提高其城市综合承载能力和服务能力，有序推动产业和人口聚集。

二、京津冀发展战略

对内科学疏解。坚持推进北京市内一般制造业企业、区域性专业市场和物流中心的转移疏解及综合环境提升。

加速产业转移和分工。京津冀产业梯度转移和协同发展的核心是北京与河北的产业对接。

协同治理生态环境。三地在协作机制、统一立法、统一标准、联合执法等多方面展开合作，以压减燃煤能源、调整产业结构、治理机动车排放为重点切入口。

三、京津冀发展政策建议

基于上述京津冀发展战略，提出京津冀相关发展建议。

（一）加强顶层设计，推动制度体系完善落实

第一，处理好央地关系。一是在认识思路上，要加强三地形成统一的发展理念和目标动力，只有明确了未来共同的奋斗方针，才能真正地心往一处想、劲往一处使。在这一过程中，中央要强调明晰三地职能分工和定位，实现激励相容、目标一致；地方要聚焦制定可落地的政策目标。二是在组织领导上，要加强对区域协调发展工作的领导，充分发挥中央与地方区域性协调机制作用，强化地方主体责任；要加大力度为京津冀协同发展输送更多的顶层设计方略、底层规划方案和专业人才支持。三是在资源支持上，要提高优惠政策、财政资金等。

资源的精细性和针对性，推动顶层资源向市场机制难以深度触及或高效配置的、目前协同矛盾突出的和单靠地方行政力量无法解决的问题领域集中倾斜，如跨区域公共服务资源的投入、生态补偿机制的设计等。

第二，处理好政府—市场关系。以指令性方案和行政命令为主要工具的疏导及协同方式，须与市场配置资源和发挥企业、事业单位积极性相结合，共同推进京津冀协同发展特别是非首都功能疏解。应始终坚持市场在资源配置中的决定性作用，转变政府治理风格和职能，推动政策制定落地始终遵循各地比较优势和未来发展趋势。政府事权范畴，应努力锁定在破除要素、产品流通壁垒，维护统一开放竞争有序的市场环境，加强生态治理和污染防治，完善跨区域环保联防联治和利益补偿，推动公共服务等水平空间均等，促进区域一体、协同布局的优化实施等方面。

（二）实施都市圈战略，深度优化空间布局

加快京津冀都市圈发展规划。以三大都市圈为基本单元，加快构建高标准的市场体系。一是加强都市圈轨道交通、公路网、信息网、物流网建设，促进基础设施一体化，为要素流动提供硬基础；二是加大在基本公共服务、社会保障、社会治理领域的投入力度，促进公共服务一体化，为要素尤其是人的流动提供软保障；三是推进在户籍、土地、金融、科技等关键领域的配套改革，促进市场一体化，为要素流动营造良好环境，使人员、物资、信息和资金的流动更加便捷。

加快培育区域发展新增长极。京津冀区域内应当进一步平衡空间布局，在京津双城联动的基础上，沿京津、京保石、京唐秦等轴

线，以疏解北京非首都功能为抓手，强化多城联动，拓展各市间相互合作的广度和深度，优势互补，增强石家庄、保定、廊坊、唐山等城市的集聚吸引能力，从而逐步增强各市的辐射带动能力，培育区域中心城市。

（三）以三地政府为依托探索构建生态环境协同治理组织

在中央政府指导下，由京、津、冀三地地方政府参与，建立京津冀生态环境协同治理组织，统筹和协调区域生态环境发展。一是为京津冀生态环境协同治理组织提供可靠的法律和制度支撑，保证其合法性和权威性。二是赋予京津冀生态环境协同治理组织对京津冀区域内生态环境事务的管理权、财政分配权和监管权，以确保区域内生态环境协同治理有效、有序开展。三是京津冀生态环境协同治理组织下设立专项委员会，负责为三地政府分配专项资金，协调生态补偿和地方政府的利益。例如，设立资源分配委员会，针对京、津的水资源使用向河北进行补偿；设立大气污染防治委员会，就大气污染问题进行专项资金支持的协同治理。此外，在生态环境协同治理的资金筹措方面，可以由京津冀生态环境协同治理组织筹集私营企业、基金会等组织的资金或捐赠，更好地调动社会资金和资源服务协同治理。

第四节　长 三 角

一、长三角发展总体特征

经济社会发展全国领先。深入实施“八八战略”等重大战略部署,勇挑全国改革开放排头兵、创新发展先行者重担,经济社会发展取得举世瞩目的成就,成为引领全国经济发展的重要引擎。经济实力较强,全员劳动生产率位居全国前列。社会事业加快发展,公共服务相对均衡,社会治理共建共治共享格局初步形成,人民获得感、幸福感、安全感不断增强。

科技创新优势明显。科教资源丰富,拥有上海张江、安徽合肥2个综合性国家科学中心,全国约1/4的“双一流”高校、国家重点实验室、国家工程研究中心。区域创新能力强,年研发经费支出和有效发明专利数均占全国1/3左右,上海、南京、杭州、合肥研发强度均超过3%。科创产业紧密融合,大数据、云计算、物联网、人工智能等新技术与传统产业渗透融合,集成电路和软件信息服务产业规模分别约占全国的1/2和1/3,在电子信息、生物医药、高端装备、新能源以及新材料等领域形成了一批国际竞争力强劲的创新共同体和产业集群。

开放合作协同高效。拥有通江达海、承东启西、联南接北的区位优势,口岸资源优良,国际联系紧密,协同开放水平较高。拥有开放口岸46个,进出口总额、外商直接投资、对外投资分别占全国的37%、39%和29%①,自由贸易试验区探索积累了国际贸易“单一窗口”等一批可复制可推广的经验,首届中国国际进口博览会成功举办。统一市场体系联建共享,“一网通办”“最多跑一次”“不见面审批”等改革成为全国品牌,营商环境位居前列。设立长三角区域合作办公室,建立G60科创走廊②等一批跨区域合作平

① 资料来源:《长江三角洲区域一体化发展规划纲要》2019年12月,见www.gov.cn/zhengce/2019-12/01/content-5457442.htm。

② G60科创走廊包括上海、嘉兴、杭州、金华、苏州、湖州、宣城、芜湖9个城市,覆盖面积约7.62万平方千米,沿线城镇化水平高、经济活力足。

台，三级运作、统分结合的长三角区域合作机制有效运转。

重大基础设施基本联通。交通干线密度较高，省际高速公路基本贯通，主要城市间高速铁路有效连接，沿海、沿江联动协作的航运体系初步形成，区域机场群体系基本建立。电力、天然气主干网等能源基础设施相对完善，防洪、供水等水利基础设施体系基本建成，光纤宽带、4G 网络等信息基础设施水平在全国领先。

生态环境联动共保。绿水青山就是金山银山理念深入人心，“千村示范、万村整治”工程谱写美丽中国建设新篇章，新安江流域生态补偿形成可复制可推广经验，全国森林城市、环保模范城市和生态城市较为密集，河长制、湖长制率先施行并在全国推广。空气、水、土壤污染联防联治联动机制逐步完善，太湖、淮河等流域合作治理取得明显成效。

城镇乡村协调互动。大中小城市协同发展，各具特色的小城镇星罗棋布，城镇之间经济社会联系密切。上海中心城市辐射带动作用较好发挥，南京、杭州、合肥、苏锡常、宁波等城市群建设成效明显，同城化效应日益显现。城乡发展比较协调，城乡居民收入差距相对较小，城乡要素双向流动，形成了可复制、可推广的乡村成功发展模式。

二、长三角发展战略

全国发展强劲活跃增长极。加强创新策源能力建设，构建现代化经济体系，提高资源集约节约利用水平和整体经济效率，提升参与全球资源配置和竞争能力，增强对全国经济发展的影响力和带动力，持续提高对全国经济增长的贡献率。

全国高质量发展样板区。坚定不移贯彻新发展理念，提升科技创新和产业融合发展能力，提高城乡区域协调发展水平，打造和谐共生绿色发展样板，形成协同开放发展新格局，开创普惠便利共享发展新局面，率先实现质量变革、效率变革、动力变革，在全国发展版图上不断增添高质量发展板块。

区域一体化发展示范区。深化跨区域合作，形成一体化发展市场体系，率先实现基础设施互联互通、科创产业深度融合、生态环境共保联治、公共服务普惠共享，推动区域一体化发展从项目协同走向区域一体化制度创新，为全国其他区域一体化发展提供示范。

新时代改革开放新高地。坚决破除条条框框、思维定式束缚，推进更高起点的深化改革和更高层次的对外开放，加快各类改革试点举措集中落实、率先突破和系统集成，以更大力度推进全方位开放，打造新时代改革开放新高地。

三、长三角发展政策建议

基于上述长三角发展战略，提出长三角相关发展建议。

（一）强化区域联动发展

提升上海服务功能。面向全球、面向未来，提升上海城市能级和核心竞争力，引领长三角一体化发展。围绕国际经济、金融、贸易、航运和科技创新“五个中心”建设，着力提升上海大都市综合经济实力、金融资源配置功能、贸易枢纽功能、航运高端服务功能和科技创新策源能力，有序疏解一般制造等非大都市核心功能。形成有影响力的上海服务、上海制造、上海购物、上海文化“四大品牌”，推动上海品牌和管理模式全面输出，为长三角高质量发展和参与国际竞争提供服务。

发挥苏浙皖比较优势。强化分工合作、错位发展,提升区域发展整体水平和效率。发挥江苏制造业发达、科教资源丰富、开放程度高等优势,推进沿沪宁产业创新带发展,加快苏南自主创新示范区、南京江北新区建设,打造具有全球影响力的科技产业创新中心和具有国际竞争力的先进制造业基地。发挥浙江数字经济领先、生态环境优美、民营经济发达等特色优势,大力推进大湾区大花园大通道大都市区建设,整合提升一批集聚发展平台,打造全国数字经济创新高地、对外开放重要枢纽和绿色发展新标杆。发挥安徽创新活跃强劲、制造特色鲜明、生态资源良好、内陆腹地广阔等优势,推进皖江城市带联动发展,加快合芜蚌自主创新示范区建设,打造具有重要影响力的科技创新策源地、新兴产业聚集地和绿色发展样板区。

(二)构建区域创新共同体

联合提升原始创新能力。加强科技创新前瞻布局和资源共享,集中突破一批卡脖子核心关键技术,联手营造有利于提升自主创新能力的创新生态,打造全国原始创新策源地。加强上海张江、安徽合肥综合性国家科学中心建设,健全开放共享合作机制。推动硬X射线自由电子激光装置、未来网络试验设施、超重力离心模拟与实验装置、高效低碳燃气轮机试验装置、聚变堆主机关键系统综合研究设施等重大科技基础设施集群化发展。优先布局国家重大战略项目、国家科技重大专项,共同实施国际大科学计划和国际大科学工程。加快科技资源共享服务平台优化升级,推动重大科研基础设施、大型科研仪器、科技文献、科学数据等科技资源合理流动与开放共享。

强化协同创新政策支撑。加大政策支持力度,形成推动协同创新的强大合力。研究制定覆盖长三角全域的全面创新改革试验方案。建立一体化人才保障服务标准,实行人才评价标准互认制度,允许地方高校按照国家有关规定自主开展人才引进和职称评定。加强长三角知识产权联合保护。支持地方探索建立区域创新收益共享机制,鼓励设立产业投资、创业投资、股权投资、科技创新、科技成果转化引导基金。凭借上海证券交易所设立科创板试点注册制优势,鼓励长三角地区高成长创新企业到科创板上市融资。构建长三角区域创新共同体,要消除科技创新的"条、块分割"现象,在产业链和价值链基础上进行创新链深度融合和空间融合,以G60科创走廊为载体进一步优化创新资源配置,形成科技创新活动的空间集聚和分工协作格局。

(三)推进跨界区域共建共享

推动省际毗邻区域协同发展。加强跨区域合作,探索省际毗邻区域协同发展新机制。推动宁波前湾沪浙合作发展区、嘉兴全面接轨上海桥头堡建设,打造上海配套功能拓展区和非核心功能疏解承载地。加强浙沪小洋山区域合作开发,共同提升国际航运服务功能。支持虹桥—昆山—相城、嘉定—昆山—太仓、金山—平湖、顶山—汊河、浦口—南谯、江宁—博望等省际毗邻区域开展深度合作,加强规划衔接,统筹布局生产生活空间,共享公共服务设施,强化社会治安协同管理,加强重大污染、安全事故等联合管控与应急处置,共同推动跨区域产城融合发展。

联合推动跨界生态文化旅游发展。加强跨界江河湖荡、丘陵山地、近海沿岸等自然与人文景观保护开发，在共同保护中开发、在共同开发中保护，形成自然生态优美、文化底蕴深厚、旅游资源充分利用的生活休闲开敞空间。统筹规划建设长江、淮河、大运河和新安江上下游两岸景观，加强环太湖、杭州湾、海洋海岛人文景观协同保护，强化跨界丘陵山地的开发管控和景观协调，加快江南水乡古镇生态文化旅游和皖南国际文化旅游发展，加强浙皖闽赣生态旅游协作，共同打造长三角绿色美丽大花园。

（四）打造更高水平自由贸易试验区

强化开放型经济集聚功能。在上海大治河以南、金汇港以东以及小洋山岛、浦东机场南侧区域设置新片区，先行启动面积控制在120平方千米以内。重点发展跨国公司地区运营管理、订单中心、结算中心等总部经济，积极发展生物医药、集成电路、工业互联网、高端装备制造业等前沿产业，大力发展大宗商品、金融服务、数字贸易等新型国际贸易，推动统筹国际业务、跨境金融服务、前沿科技研发、跨境服务贸易等功能集聚。

实施特殊开放政策。对标国际上公认的竞争力最强的自由贸易园区，选择国家战略需要、国际市场需求大、对外开放度要求高但其他地区尚不具备实施条件的重点领域，实施具有较强国际市场竞争力的开放政策和制度，加大开放型经济的风险压力测试。推进投资贸易自由化便利化，实现区内与境外之间的投资经营便利、货物自由进出、资金流动便利、运输高度开放、人员自由执业、信息快捷联通，打造更具国际市场影响力和竞争力的特殊经济功能区。

第五节　粤港澳大湾区

一、粤港澳大湾区发展总体特征

区位优势明显。粤港澳大湾区地处我国沿海开放前沿，以泛珠三角区域为广阔发展腹地，在“一带一路”建设中具有重要地位。交通条件便利，拥有香港国际航运中心、吞吐量位居世界前列的广州、深圳等重要港口以及香港、广州、深圳等具有国际影响力的航空枢纽，便捷高效的现代综合交通运输体系正在加速形成。

经济实力雄厚。经济发展水平全国领先，产业体系完备，集群优势明显，经济互补性强，香港、澳门服务业高度发达，珠三角九市已初步形成以战略性新兴产业为先导、先进制造业和现代服务业为主体的产业结构。

创新要素集聚。创新驱动发展战略深入实施，广东全面创新改革试验稳步推进，国家自主创新示范区加快建设。粤港澳三地科技研发、转化能力突出，拥有一批在全国乃至全球具有重要影响力的高校、科研院所、高新技术企业和国家大科学工程，创新要素吸引力强，具备建设国际科技创新中心的良好基础。

国际化水平领先。香港作为国际金融、航运、贸易中心和国际航空枢纽，拥有高度国际化、法治化的营商环境以及遍布全球的商业网络，是全球最自由经济体之一。澳门作为世界旅游休闲中心，不断强化其作为中国与葡语国家商贸合作服务的平台作用，多元文化交流的功能日益彰显。珠三角九市是内地外向度最高的经济区域和对外开放的重要窗口，在全国加快构建开放型经济新体制中具有重要地位和作用。

合作基础良好。香港、澳门与珠三角九市文化同源、人缘相亲、民俗相近、优势互补。近年来，粤港澳合作不断深化，基础设施、投资贸易、金融服务、科技教育、休闲旅游、生态环保以及社会服务等领域合作成效显著，已经形成了多层次、全方位的合作格局。

二、粤港澳大湾区发展战略

充满活力的世界级城市群。依托香港、澳门作为自由开放经济体和广东作为改革开放排头兵的优势，继续深化改革、扩大开放，在构建经济高质量发展的体制机制方面走在全国前列、发挥示范引领作用，加快制度创新和先行先试，建设现代化经济体系，更好融入全球市场体系，建成世界新兴产业、先进制造业和现代服务业基地，建设世界级城市群。

具有全球影响力的国际科技创新中心。瞄准世界科技和产业发展前沿，加强创新平台建设，大力发展新技术、新产业、新业态、新模式，加快形成以创新为主要动力和支撑的经济体系；扎实推进全面创新改革试验，充分发挥粤港澳科技研发与产业创新优势，破除影响创新要素自由流动的瓶颈和制约，进一步激发各类创新主体活力，建成全球科技创新高地和新兴产业重要策源地。

内地与港澳深度合作示范区。依托粤港澳良好合作基础，充分发挥深圳前海、广州南沙、珠海横琴等重大合作平台作用，探索协调协同发展新模式，深化珠三角九市与港澳全面务实合作，促进人员、物资、资金、信息便捷有序流动，为粤港澳发展提供新动能，为内地与港澳更紧密合作提供示范。

宜居宜业宜游的优质生活圈。坚持以人民为中心的发展思想，践行生态文明理念，充分利用现代信息技术，实现城市群智能管理，优先发展民生工程，提高大湾区民众生活便利水平，提升居民生活质量，为港澳居民在内地学习、就业、创业、生活提供更加便利的条件，加强多元文化交流融合，建设生态安全、环境优美、社会安定、文化繁荣的美丽湾区。

三、粤港澳大湾区发展政策建议

基于上述粤港澳大湾区发展战略，提出粤港澳大湾区相关发展建议。

（一）建成智慧城市群

推进新型智慧城市试点示范和珠三角国家大数据综合试验区建设，加强粤港澳智慧城市合作，探索建立统一标准，开放数据端口，建设互通的公共应用平台，建设全面覆盖、泛在互联的智能感知网络以及智慧城市时空信息云平台、空间信息服务平台等信息基础设施，大力发展智慧交通、智慧能源、智慧市政、智慧社区。推进电子签名证书互认工作，推广电子签名互认证书在公共服务、金融、商贸等领域应用。共同推动大湾区电子支付系统互联互通。增强通信企业服务能力，多措并举实现通信资费合理下降，推动降低粤港澳手机长途和漫游费，并积极开展取消粤港澳手机长途和漫游费的可行性研究，为智慧城市建设提供基础支撑。

（二）构建开放型区域协同创新共同体

加强科技创新合作。更好发挥内地与香港、澳门科技合作委员会的作用，推动香港、澳门融入国家创新体系。充分发挥粤港澳科技和产业优势，积极吸引和对接全球创新资源，建设开放互通、布局合理的区域创新体系。推进“广州—深圳—香港—澳门”科技创新走廊建设，探索有利于人才、资本、信息、技术等创新要素跨境流动和区域融通的政策举措，共建粤港澳大湾区大数据中心和国际化创新平台。加快国家自主创新示范区与国家双创示范基地、众创空间建设，支持其与香港、澳门建立创新创业交流机制，共享创新创业资源，共同完善创新创业生态，为港澳青年创新创业提供更多机遇和更好条件。鼓励粤港澳企业和科研机构参与国际科技创新合作，共同举办科技创新活动，支持企业到海外设立研发机构和创新孵化基地，鼓励境内外投资者在粤港澳设立研发机构和创新平台。支持依托深圳国家基因库发起设立“一带一路”生命科技促进联盟。鼓励其他地区的高校、科研机构和企业参与大湾区科技创新活动。

（三）发展特色合作平台

支持在深圳前海设立口岸，研究加强与香港基础设施高效联通。扩大香港工程建设模式实施范围，推出更多对香港建筑及相关工程业界的开放措施。借鉴香港经验提升城市建设和营运管理水平，建设国际一流的森林城市，突出水城共融城市特色，打造可持续发展的绿色智慧生态城区。引进境内外高端教育、医疗资源，提供国际化高品质社会服务。支持国际金融机构在深圳前海设立分支机构。

强化粤港澳联合科技创新，共同将广州南沙打造为华南科技创新成果转化高地，积极布局新一代信息技术、人工智能、生命健康、海洋科技、新材料等科技前沿领域，培育发展平台经济、共享经济、体验经济等新业态。支持粤港澳三地按共建共享原则，在广州南沙规划建设粤港产业深度合作园，探索建设粤澳合作葡语国家产业园，合作推进园区规划、建设、开发等重大事宜。在内地管辖权和法律框架下，营造高标准的国际化、市场化、法治化营商环境，提供与港澳相衔接的公共服务和社会管理环境，为港澳产业转型升级、居民就业生活提供新空间。

建设粤港澳深度合作示范区。配合澳门建设世界旅游休闲中心，高水平建设珠海横琴国际休闲旅游岛，统筹研究旅客往来横琴和澳门的便利措施，允许澳门旅游从业人员到横琴提供相关服务。支持横琴与珠海保税区、洪湾片区联动发展，建设粤港澳物流园。加快推进横琴澳门青年创业谷和粤澳合作产业园等重大合作项目建设，研究建设粤澳信息港。支持粤澳合作中医药科技产业园发展，探索加强与国家中医药现代化科技产业创新联盟的合作，在符合相关法律法规的前提下，为园区内的企业新药研发、审批等提供指导。探索符合条件的港澳和外籍医务人员直接在横琴执业。

支持珠三角九市发挥各自优势，与港澳共建各类合作园区，拓展经济合作空间，实现互利共赢。支持落马洲河套港深创新及科技园和毗邻的深方科创园区建设，共同打造科技创新合作区，建立有利于科技产业创新的国际化营商环境，实现创新要素便捷有效流动。支持江门与港澳合作建设大广海湾经济区，拓展在金融、旅游、文化创意、电子商务、海洋经济、职业教育、生命健康等领域合作。加快江门银湖湾滨海地区开发，形成国际节能环保产业集聚地以及面向港澳居民和世界华侨华人的引资引智创业创新平台。推进澳门和中山在经济、社会、文化等方面的深度合作，拓展澳门经济适度多元发展新空间。支持东莞与香港合作开发建设东莞滨海湾地区，集聚高端制造业总部、发展现代服务业，建设战略性新兴产业研发基地。支持佛山南海推动粤港澳高端服务合作，搭建粤港澳市场互联、人才信息技术等经济要素互通的桥梁。

（四）建设宜居宜业宜游的优质生活圈

塑造湾区人文精神。坚定文化自信，共同推进中华优秀传统文化传承发展，发挥粤港澳地域相近、文脉相亲的优势，联合开展跨界重大文化遗产保护，合作举办各类文化遗产展览、展演活动，保护、宣传、利用好湾区内的文物古迹、世界文化遗产和非物质文化遗产，支持弘扬以粤剧、龙舟、武术、醒狮等为代表的岭南文化，彰显独特文化魅力。增强大湾区文化软实力，进一步提升居民文化素养与社会文明程度，共同塑造和丰富湾区人文精神内涵。吸收中华优秀传统文化精华，大力弘扬廉洁修身、勤勉尽责的廉洁文化，形成崇廉尚洁的良好社会氛围，共同维护向善向上的清风正气，构建亲清新型政商关系，推动廉洁化风俗。

建设人才高地。支持珠三角九市借鉴港澳吸引国际高端人才的经验和做法，创造更具吸引力的引进人才环境，实行更积极、更开放和更有效的人才引进政策，加快建设粤港澳人才合作示范区。在技术移民等方面先行先试，开展外籍创新人才创办科技型企业享受国民待遇试点。支持大湾区建立国家级人力资源服务产业园。建立紧缺人才清单制度，定期发布紧缺人才需求，拓宽国际人才招揽渠道。完善外籍高层次人才认定标准，畅通人才申请永久居留的市场化渠道，为外籍高层次人才在华工作、生活提供更多便利。完善国际化人才培养模式，加强人才国际交流合作，推进职业资格国际互认。完善人才激励机制，健全人才双向流动机制，为人才跨地区、跨行业、跨体制流动提供便利条件，充分激发人才活力。支持澳门加大创新型人才和专业服务人才引进力度，进一步优化提升人才结构。探索采用法定机构或聘任制等形式，大力引进高层次、国际化人才参与大湾区的建设和管理。

第六节　成渝地区双城经济圈

一、成渝地区发展总体特征

成渝地区双城经济圈位于“一带一路”和长江经济带交会处，是西部陆海新通道的起点，具有连接西南西北，沟通东亚与东南亚、南亚的独特优势。

区域内生态禀赋优良、能源矿产丰富、城镇密布、风物多样，是我国西部人口最密集、产业基础最雄厚、创新能力最强、市场空间最广阔、开放程度最高的区域，在国家发展大局中具有独特而重要的战略地位。

二、成渝地区发展战略

具有全国影响力的重要经济中心。依托综合交通枢纽和立体开放通道，提高参与全球资源配置能力和整体经济效率，培育竞争优势突出的现代产业体系，发展富有巴蜀特色的多元消费业态，打造西部金融中心、国际消费目的地，共建全国重要的先进制造业基地和现代服务业高地。

具有全国影响力的科技创新中心。紧抓新一轮科技革命机遇，发挥科教人才和特色产业优势，推动创新环境优化，加强创新开放合作，促进创新资源集成，激发各类创新主体活力，大力推进科技和经济发展深度融合，打造全国重要的科技创新和协同创新示范区。

高品质生活宜居地。大力推进生态文明建设，筑牢长江上游生态屏障，在西部地区生态保护中发挥示范作用，促进社会事业共建共享，大幅改善城乡人居环境，打造世界级休闲旅游胜地和城乡融合发展样板区，建设包容和谐、美丽宜居、充满魅力的高品质城市群。

三、成渝地区发展政策建议

基于上述成渝地区发展战略，提出成渝地区相关发展建议。

（一）共建培育发展现代化都市圈

重庆都市圈。梯次推动重庆中心城区与渝西地区融合发展。畅通璧山、江津、长寿、南川联系中心城区通道，率先实现同城化。强化涪陵对渝东北、渝东南带动功能，支持永川建设现代制造业基地和西部职教基地，支持合川加快发展网络安全产业、推动建成区域性公共服务中心，推进綦江、万盛一体建设西部陆海新通道渝黔综合服务区和渝黔合作先行示范区，打造重庆中心城区辐射带动周边的战略支点。推进重庆向西发展，提升荣昌、铜梁、大足、潼南特色化功能，建设与成都相向发展的桥头堡。推动广安全面融入重庆都市圈，打造川渝合作示范区。

成都都市圈。充分发挥成都带动作用以及德阳、眉山、资阳的比较优势，加快生产力一体化布局，促进基础设施同网、公共服务资源共享、政务事项通办、开放门户共建，创建成德眉资同城化综合试验区，建设经济发达、生态优良、生活幸福的现代化都市圈。

推动成都、德阳共建重大装备制造基地，打造成德临港经济产业带。加快天府新区成都片区和眉山片区融合发展，打造成眉高新技术产业带。促进成都空港新城与资阳临空经济区协同发展，打造成资阳临空经济产业带。推动成都东进，以促进制造业高质量发展为重点，将成都东部建成与重庆联动的重要支点。

（二）共建具有全国影响力的科技创新中心

强化创新链产业链协同。坚持企业主体、市场导向，健全产学研用深度融合的科技创新体系，建设产业创新高地。鼓励有条件的企业组建面向行业共性基础技术、前沿引领技术开发的研究院，支持创新型领军企业联合行业上下游组建创新联合体。支持高校、科研机构和企业共建联合实验室或新型研究机构，共同承担科技项目、共享科技成果。建设一批产业创新中心、技术创新中心、制造业创新中心、工程研究中心等创新平台和综合性检验平台。

推动区域协同创新。实施成渝科技创新合作计划，联合开展技术攻关，参与实施高分卫星、载人航天、大型飞机、长江上游生态环境修复等国家重大科技任务，积极申报航空发动机、网络空间安全等科技创新重大项目。鼓励共用科技创新平台和大型科研仪器设备，共建创业孵化、科技金融以及成果转化平台，打造成渝地区一体化技术交易市场。完善区域知识产权快速协同保护机制，支持设立知识产权法庭。鼓励区域内高校、科研院所、企业共同参与国际大科学计划和大科学工程。

（三）共筑长江上游生态屏障

共建生态网络。构建以长江、嘉陵江、乌江、岷江、沱江和涪江为主体,其他支流、湖泊、水库、渠系为支撑的绿色生态廊道。依托龙门山、华蓥山、大巴山、明月山等,实施森林生态系统休养生息和矿区恢复治理,共筑绿色生态屏障。加大对重点流域、三峡库区“共抓大保护”项目支持力度,实施“两岸青山·千里林带”等生态治理工程。推动大熊猫国家公园建设,加强珍稀濒危动植物保护。加快各类自然保护地整合优化,强化重要生态空间保护。打造龙泉山城市森林公园。强化周边地区生态系统保护和治理,加强三峡库区小流域和坡耕地水土流失综合治理,实施三峡库区消落带①治理和岩溶地区石漠化综合治理。

共抓生态管控。统筹建立并实施双城经济圈及其周边地区“三线一单”生态环境分区管控制度。加强流域水资源统一管理和联合调度。建立跨流域跨区域横向生态保护补偿机制。加大国家和省级生态保护补偿资金对长江上游生态屏障建设支持力度。严格执行生态损害赔偿制度。试点推进生态敏感区生态搬迁。落实好长江十年禁渔,实施长江上游流域重点水域全面禁捕,严厉打击非法捕捞,建立禁捕长效机制。依法联合查处交界区域破坏生态环境的违法行为。

第七节　长株潭都市圈

一、长株潭都市圈发展总体特征

长株潭都市圈范围包括长沙市全域、株洲市中心城区及醴陵

① 消落带指河流、湖泊、水库中由于季节性水位涨落,而使被淹没的土地周期性地露出水面,成为陆地的一段特殊区域。

市、湘潭市中心城区及韶山市和湘潭县，总面积为1.89万平方千米。其中，长株潭三市沿湘江呈“品”字形分布，市中心两两相距不足50千米，是湖南发展的核心增长极。

长株潭城市群这一概念的提出最早可追溯至20世纪50年代初期，有学者提出将长沙、株洲、湘潭三个毗邻城市合并的构想，并更名为“毛泽东城”。20世纪80年代后，国家开始实行对内改革、对外开放的政策，设立了四大经济特区（深圳、厦门、珠海、汕头）。在国家宏观政策的影响下，1982年湖南省社科院原副院长、经济学家张萍教授最早提出了“长株潭一体化”的建议，其向湖南省政协四届六次会议提交了“把长株潭三市作为湖南省一个整体经济中心发展”的议案。1998年启动了长株潭三市基础设施建设的“五同规划”，即交通同环、电力同网、金融同城、信息共享、环境共治，并提出了《湘江生态经济带的概念性规划》。1999年，湖南明确提出推进长株潭一体化。2000年后，长株潭一体化进入了实质性发展。先有世界银行将长株潭作为在华首批试点，开展了长株潭城市发展战略研究。随后，湖南编制了《长株潭经济一体化“十五规划”》。2002年，推出了《长株潭产业一体化规划》《湘江生态经济带开发建设总体规划》《长株潭城市群区域规划》等一系列政策文件。2003年，长株潭开始进行湘江生态经济带建设。2004年编制了《2004—2010年长株潭老工业基地改造规划》。2005年长株潭城市群建设被列入国家“十一五”规划，2007年，长株潭城市群与武汉城市圈同时成为“全国资源节约型和环境友好型社会建设综合配套改革试验区”，从此，长株潭从国家级层面获得了中央更多的政策支持。2008年，《长株潭城市群区域规划（2008—2020年）》获批，大河西先导区（今湘江新区）、滨湖示范区、云龙示范区、昭山示范区、天易示范区先后挂牌成立。2011 年《长株潭城市群生态绿心地区总体规划》获批，2012 年《湖南省长株潭城市群生态绿心地区保护条例》随其而至。2014 年长株潭获批国家自主创新示范区。2015 年湖南省政府颁布了经 2014 年调整的新《长株潭城市群区域规划（2008—2020 年）》，为长株潭城市群的发展提供了最新、最科学的指引。2016 年长株潭获批“中国制造 2025”试点示范城市群，成为全国四大示范城市群之一。2017 年湖南出台了《长株潭城市群生态绿心地区规划管理办法》。2019 年 7 月，长株潭城市群“三干两轨”正式开工。2021 年长沙市委书记提出，着力推进长株潭一体化发展，紧扣“一体化”“高质量”两个关键词，突出示范引领和辐射带动两个作用，当好主攻手、唱好“三城记”。2021 年 4 月，《长株潭都市圈发展规划》获批，成为中部地区首个国家级都市圈。经过几十年发展，截至 2021 年，长株潭都市圈常住人口为 1484 万人，经济总量为 1.79 万亿元。也就是说，长株潭都市圈以湖南全省 8.92%的国土面积、22.41%的人口，创造了将近 40%的经济总量。

二、长株潭都市圈发展战略

产业科技同创同兴。探索建立都市圈产业集群协同发展机制，搭建统一招商引资和服务平台。整合都市圈产学研资源，重点推进岳麓山实验室、岳麓山工业创新中心（实验室）、湘江实验室、芙蓉实验室四大高水平实验室建设。加快以要素市场化改革为重点的统一市场体系建设，推进以融入“一带一路”为重点的全方位对外开放。

畅通交通网方面，建设以长沙为核心的都市圈多层次轨道交通体系。到2026年,都市圈轨道交通运营里程争取达到420千米左右,建成常益长铁路,加快建设长赣铁路,规划建设益娄铁路,争取国家规划建设长九铁路。同时,建成常益长与武广高铁直通线工程,研究建设暮云站连接湘潭北站、株洲西站开行始发车项目。建成长株潭城际轨道交通西环线一期工程、长沙磁浮东延线等项目。规划建设长沙至宁乡、长沙至浏阳、绿心中央公园线等项目。到2026年,都市圈建成融城干道新增通车里程130千米左右,达到450千米左右,“半小时生活圈”“一小时交通圈”基本实现。

民生方面,统筹都市圈公共服务基础设施布局和共享,聚焦教育、医疗、养老、文旅、体育等方面,促进公共服务资源不断延伸覆盖,重点项目包括依托湘雅医院争创国家医学中心等。加快政务服务同城化,实现高频使用电子证照共享互认。分批推出都市圈通办事项清单,推进户籍、社保、就业、医保、住房公积金等服务事项同城化,包括户口迁移一网通办和跨域通办等。

生态方面,加快绿心中央公园建设和湘江沿岸老工业基地转型,协同防治水、土、气污染,双碳工作等提出具体目标任务,包括加快长沙奥体中心公园、湖南花卉园艺博览园等重大公共服务设施建设。

三、长株潭都市圈发展政策建议

基于上述长株潭都市圈发展战略,提出长株潭都市圈相关发展建议。

(一)发挥中心城市的引领带动作用

长沙具有较高的首位度,强化长沙对长株潭都市圈的辐射带动能力对推动长株潭都市圈建设具有重要影响。一是拓展湘江新区功能。向北以对接长江经济带为重点，向南以长株潭一体化为重点，向西以对接长（沙）吉（首）高速发展带为重点，向东以打造湘江中轴生态景观带为重点，引领长株潭跨越发展，发挥带动效应。二是扩大中国（湖南）自由贸易试验区长沙片区辐射能级。深化制度创新，对标国际规则，在外商投资准入、国际贸易便利化、中非经贸合作、金融衍生工具等方面形成自由贸易试验区长沙片区创新成果和发展经验，通过信息开放平台，向株洲、岳阳、湘潭进行成果推广和经验复制，以联动周边城市发展。

（二）形成差异化优势产业布局

第一，培育优势产业，建设产业基地。依托湘电集团等企业，构建舰船综合电力系统、电力驱动等全球创新领先优势，培育电机电磁驱动产业集群；长沙着眼于先进储能材料和碳基材料、株洲着眼于硬质材料和高性能复合材料、湘潭着眼于精品钢材结构性材料和先进储能功能型材料，建设高科技新材料产业集群。围绕新型影视、数字出版、文化科技、动漫游戏、新兴演艺、设计会展等产业，建设文化创意产业集群。聚焦5G应用、人工智能、新型生物传感器等前沿产业，以及集成电路、机器人、大数据、云计算等优势产业，打造全国一流的数字产业集群和全球智能终端生产基地。以国家级车联网先导区为引领，推动传统燃油产能电动化、智能化升级，打造国内重要的新能源及智能网联汽车产业基地。依托长沙高新技术产业开发区、浏阳经济技术开发区、湘潭经济技术开发区，打造国内重要的创新药品和特色医疗器械生产基地。

第二，形成差异化产业布局。充分发挥长沙的龙头地位、集聚功能和创新作用，重点发展工程机械、装备制造、电子信息技术、生物医药、新材料、文化创意等产业，增强极化带动效应；发挥株洲、湘潭比较优势，协同打造湘江湾智能制造产业走廊和科创走廊，提升区域协同发展水平和效率；岳阳、益阳、萍乡等城市与都市圈中心区的协同发展，促进区域间产业链条各环节的相互融通补充。

（三）共同建设科技创新高地

在重大科学问题和前沿关键问题领域超前布局，充分利用科技创新平台，聚焦核心技术研发，培育原始创新成果。长沙创建国家高端装备制造、文创产业创新中心，株洲创建功率半导体国家级产业创新中心，湘潭创建机器人产业创新中心，岳阳创建绿色低碳产业创新中心，益阳和萍乡创建相关配套产业中心。依托区域内高等院校和科技创新园，建立以市场为导向、以企业为主体的产学研用协同创新体系。优化人才发展生态，合理配置优质公共资源，出台落实配套政策，提升对高层次和创新型人才的吸引力。推进都市圈内城市人才引进互通、人才培养共育、人才评价互认、人才待遇同享。

第八章　中央财政转移支付对缩小区域差距的影响

改革开放40多年来，我国经济整体实力不断迈上新台阶，但是地区发展差距仍然巨大。地区发展差距巨大不仅影响可持续发展，甚至还会影响国家经济安全。党中央、国务院强调，“要注重向农村、基层、相对欠发达地区倾斜，向困难群众倾斜，推动形成新的发展格局，在各地区高质量发展中实现共同富裕”。党的二十大报告提出，我国城乡区域发展和收入分配差距仍然较大，需要着力推进城乡融合和区域协调发展，推动经济实现质的有效提升和量的合理增大，深入实施区域协调发展战略。[①] 中央转移支付是由于中央和地方财政之间的纵向不平衡和各区域之间的横向不平衡而产生和发展的，是国家为了实现区域间各项社会经济事业的协调发展而采取的财政政策。它是最主要的区域补偿政策，也是世界缩小区域经济发展差距实践中最普遍使用的一种政策工具。

① 习近平：《高举中国特色社会主义伟大旗帜　为全面建设社会主义现代化国家而团结奋斗——在中国共产党第二十次全国代表大会上的报告》，人民出版社2022年版，第14、29—31页。

财政转移支付制度作为现代财政体系的重要组成部分和国家治理的重要手段，一直是促进区域协调发展的基本工具，得到了广泛应用。西部大开发、东北振兴、中部崛起都遵循这一思路，但目前财政转移支付的效果仍存在争议。本章研究了财政转移支付对区域协调发展的影响，有助于中央政府在现代财政体系建设中进一步完善财政转移支付制度，为加快形成区域协调发展新格局提供了有益的参考。

第一节　中央财政转移支付缩小区域差距的机制讨论

我国于 1994 年开始实行的分税制改革，经过多年的发展，显示出仍然存在一些问题，最突出的就是导致了基层财政困难和地区间差距的日益扩大。其中转移支付制度的薄弱和不规范是导致地区间差距拉大的因素之一。主要问题包括：政府间事权划分不够明晰，中央对地方财政转移支持结构不合理，省以下财政体制和转移支付制度建设不平衡，财政转移支付的法律规范层次过低。目前改革的任务，除了缓解基层政府的收支矛盾外，更为重要的是构建一个具有自律机制的能有效运行的基层财政体制。

财政转移支付制度在平衡地区差距的同时，不可避免地会带来一定的效率损失。究其原因，在于转移支付存在固有的逆向激励问题。财政转移支付制度的设计是转移支付规模与地区自身财力呈负相关关系，即较发达地区的转移支付少，欠发达地区的转移支付多，会降低区域经济发展的动力。经典发展经济学家强调，落后地区发展经济最大的问题是没有第一动力。落后地区资金匮乏，经济风险高。要走上发展的道路，就必须有某种动力，使他们超越低水平的均衡陷阱，使经济发展发生质变。

中央财政转移支付包括一般性转移支付、专项支付和税收返还，其中，一般性转移支付的原则是地方财政缺口越大，支付力度越大，不规定具体用途，其目的是均衡各地区之间的财力差距；专项支付主要针对地方农业、医疗、教育、社会保障、重大灾害等，其目的是实现特定的宏观政策及事业发展战略目标；税收返还是按照多交多返原则给予地方政府的补偿，其目的是保护地方既得利益。在三类支付中，一般性转移支付和专项支付都有利于区域间财力的均衡，而税收返还对此没有正向作用。但由于税收返还在中央财政转移支付中的比重较小，所以起主要作用的仍是一般性转移支付和专项支付。

一般性转移支付和专项支付提高了落后地区的公共支出，能有效发挥地方政府职能、加强基础设施建设和增加公共产品供给。地方政府实施宏观调控政策，制定科学发展规划，科学管理生产要素等；基础设施建设发挥巨大的乘数效应，拉动投资和扩大内需，带动产业链的发展等；增加公共产品供给促进社会总需求增加，提高人力资本质量，推动科研创新和技术进步。这些都直接或间接地促进落后地区经济增长，从而缩小区域差距（见图8-1）。

第二节　地方财政税收收入分析

中国地区区域经济发展水平的差距自改革开放以来逐渐扩

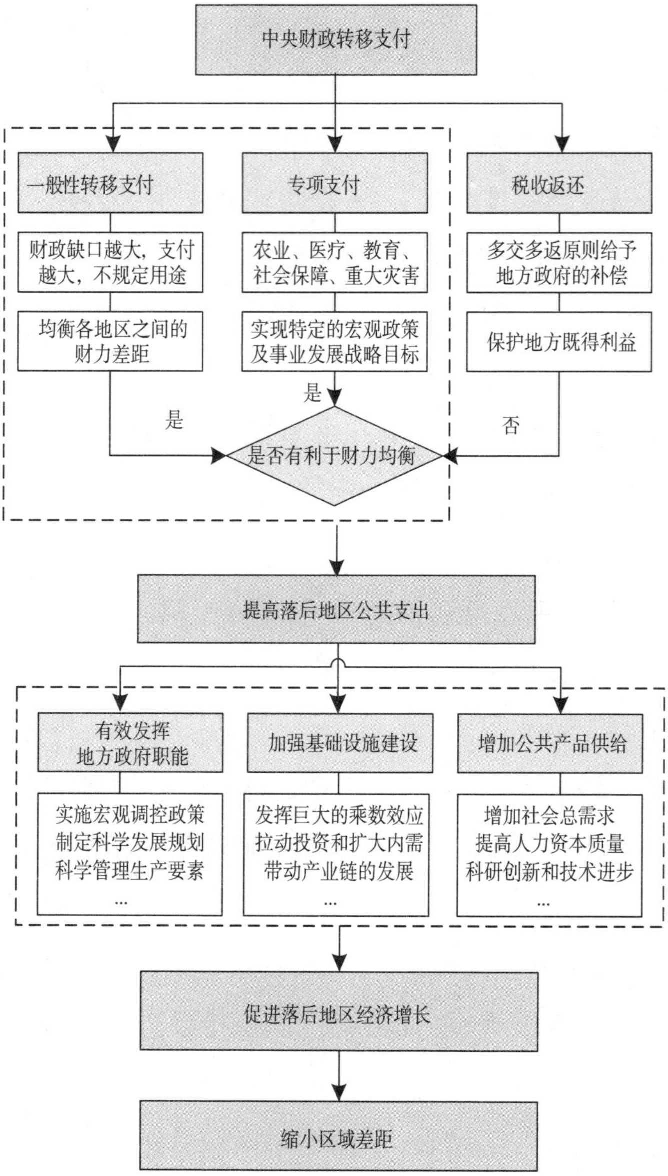

图 8-1　中央财政转移支付对缩小区域差距的机制分析

大，本书选取2010—2021年各省地方财政税收收入数据[①]进行对

① 资料来源：财政部网站公布的中央对地方一般性转移支付分地区决算表、中央对地方专项转移支付分地区决算表。

比分析，发现各省份地方财政税收收入、人均税收收入都在不断上升，但同时它们的标准差也在不断上升，差距也在不断扩大。将中国的经济区域划分为华北（北京、天津、河北、内蒙古、山西）、东北（黑龙江、吉林、辽宁）、华东（上海、江苏、浙江、安徽、福建、江西、山东）、华中（河南、湖北、湖南）、华南（广东、广西、海南）、西南（重庆、四川、贵州、云南、西藏）、西北（陕西、甘肃、青海、宁夏、新疆）七大区域，发现区域之间的收入总额、区域收入的平均值也在呈现不断扩大趋势。其中，华东地区收入总额一直高于其他六大区域，且在近年来差距明显拉大；华东和华南地区各省份收入的平均值位列前两位，且明显高于其他区域，表明了华东和华南地区经济发展水平高，整体质量优于其他地区。在各地区内部，除了华中地区三省收入差距较小外，其他地区的差距都较大，且有不断扩大趋势（见表 8-1，图 8-2 至图 8-10）。

表 8-1　2010—2021 年各省份地方财政税收收入　（单位：亿元）

省份	2010 年	2011 年	2012 年	2013 年	2014 年	2015 年
北京	2251.59	2854.63	3124.75	3514.52	3861.29	4263.91
天津	776.65	1004.51	1105.56	1310.66	1486.88	1578.07
河北	1074.04	1348.51	1560.59	1724.87	1866.06	1934.29
山西	692.71	872.88	1045.22	1136.89	1134.34	1056.6
内蒙古	752.81	985.69	1119.87	1215.2	1251.07	1320.75
辽宁	1516.65	1974.85	2317.19	2521.62	2330.57	1650.45
吉林	439.31	624.19	760.57	856.41	884.4	867.12
黑龙江	556.97	741.85	837.8	912.82	977.4	880.34
上海	2707.8	3172.72	3426.79	3797.16	4219.05	4858.16
江苏	3312.61	4124.62	4782.59	5419.49	6006.05	6610.12
浙江	2464.96	2952.01	3227.77	3545.66	3853.96	4168.22
安徽	866.55	1108.31	1305.09	1520.22	1692.52	1799.89

续表

福建	966.09	1254.31	1440.34	1723.28	1893.73	1938.71
江西	585.11	777.09	978.08	1178.74	1381.13	1517.03
山东	2149.9	2603.13	3050.2	3533.49	3965.76	4203.12
河南	1016.55	1263.1	1469.57	1764.71	1951.46	2101.17
湖北	777.96	1067.11	1324.44	1604.85	1873.11	2086.5
湖南	730.84	915.4	1110.74	1299.15	1438.52	1527.52
广东	3803.47	4548.66	5073.88	5767.94	6510.47	7377.07
广西	533.87	644.8	762.46	875.74	978.07	1031.65
海南	237.1	295.69	350.8	411.63	480.55	514.31
重庆	621.56	881.07	970.17	1112.62	1281.83	1450.93
四川	1180.58	1537.42	1827.04	2103.51	2312.46	2353.51
贵州	395.57	518.14	681.66	839.67	1026.7	1126.03
云南	702.16	881.95	1063.9	1215.66	1233.23	1210.54
西藏	25.28	45.83	70.07	71.54	85.86	92
陕西	710.57	933.84	1131.55	1256.24	1335.68	1290.33
甘肃	220.29	284.04	347.78	417.73	490.26	529.79
青海	88.94	119.85	146.69	175.05	199.39	205.81
宁夏	126.79	177.13	207.02	237.49	250.33	256.31
新疆	416.23	593.41	698.93	826.34	887.79	861.73
省份	**2016年**	**2017年**	**2018年**	**2019年**	**2020年**	**2021年**
北京	4452.97	4676.68	4988.83	4822.98	4643.87	5923.3
天津	1624.22	1611.96	1624.89	1634.35	1500.14	2141
河北	1996.12	2199.35	2555.82	2630.73	2527.28	4167.6
山西	1036.67	1397.43	1645.67	1783.66	1625.99	2834.6
内蒙古	1335.88	1286.91	1399.86	1539.69	1457.76	2349.9
辽宁	1687.45	1812.42	1976.13	1929.52	1879.06	2764.7
吉林	872.97	854.03	891.75	797.98	771.95	1144
黑龙江	827.85	901.91	980.8	924.4	811.92	1300
上海	5625.9	5865.51	6285.04	6216.29	5841.88	7771.8
江苏	6531.83	6484.33	7263.65	7339.59	7413.86	10015.2
浙江	4540.09	4940.74	5586.63	5898.75	6261.75	8262.6
安徽	1857.53	1970.68	2180.74	2209.73	2199.52	3498
福建	1962.72	2052.64	2237.42	2208.98	2184.72	3383.4

续表

江西	1471.1	1515.01	1663.15	1747.63	1701.92	2812.3
山东	4212.59	4419.4	4897.92	4849.29	4757.62	7284
河南	2158.44	2329.31	2656.65	2841.34	2764.73	4347.4
湖北	2122.93	2247.82	2463.52	2530.82	1923.45	3283.3
湖南	1551.33	1759.13	1959.67	2061.96	2057.98	3250.7
广东	8098.63	8871.89	9737.51	10063.95	9881.95	14103
广西	1036.22	1057.69	1122.09	1146.78	1113.22	1800.1
海南	504.96	543.56	628.68	653.25	559.82	921.2
重庆	1438.45	1476.33	1603.03	1541.22	1430.72	2285.4
四川	2329.23	2430.32	2819.77	2888.74	2967.2	4773.3
贵州	1120.44	1179.73	1266.02	1204.02	1086.04	1969.5
云南	1173.52	1233.85	1423.25	1450.63	1453.07	2278.2
西藏	99.05	122.7	155.93	157.52	143.24	213.0
陕西	1204.39	1485.58	1774.29	1846.11	1752.14	2775.3
甘肃	526	547.14	610.47	577.92	567.93	1001.8
青海	176.48	183.96	205.49	198.7	213.27	330.8
宁夏	246.55	270.3	298.3	267.5	263.87	460
新疆	869.18	944.38	1051.8	1016.09	910.19	1618.6

资料来源：财政部网站公布的中央对地方一般性转移支付分地区决算表、中央对地方专项转移支付分地区决算表。

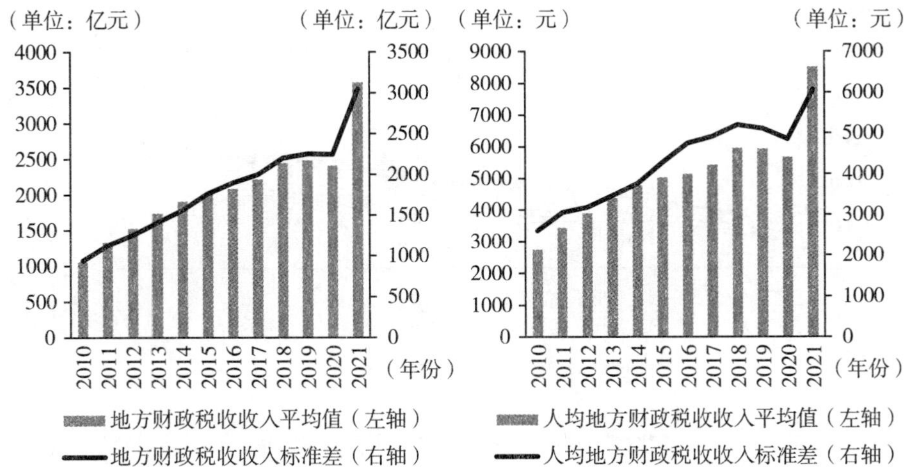

图 8-2　2010—2021 年全国各省份财政税收收入、人均财政税收收入变化

资料来源：财政部网站公布的中央对地方一般性转移支付分地区决算表、中央对地方专项转移支付分地区决算表。

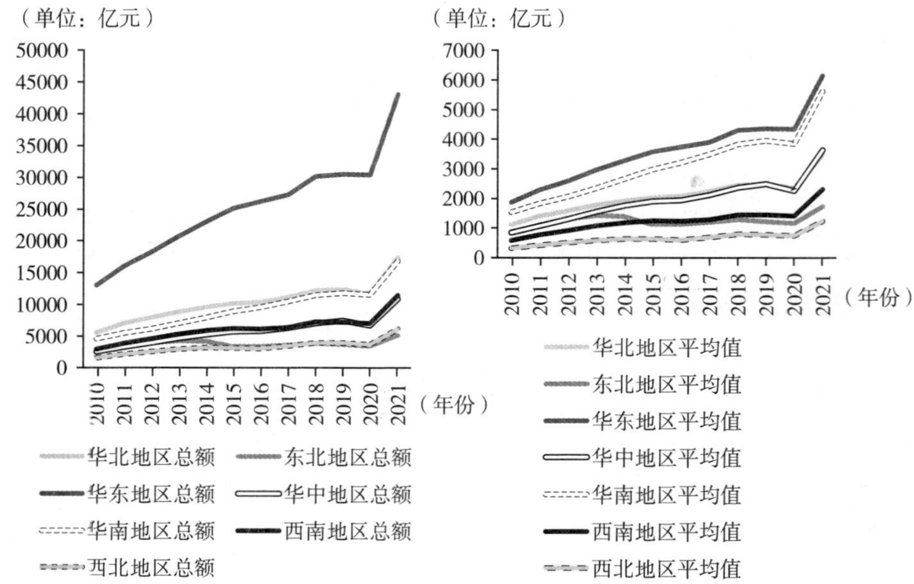

图 8-3　2010—2021 年各地区财政税收收入、各地区内部平均财政税收收入变化

资料来源：财政部网站公布的中央对地方一般性转移支付分地区决算表、中央对地方专项转移支付分地区决算表。

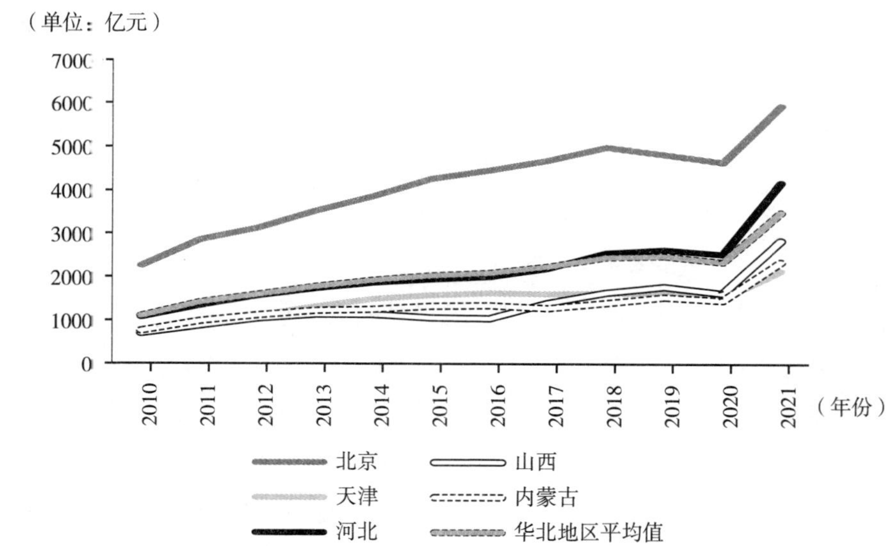

图 8-4　2010—2021 年华北地区财政税收收入变化

资料来源：财政部网站公布的中央对地方一般性转移支付分地区决算表、中央对地方专项转移支付分地区决算表。

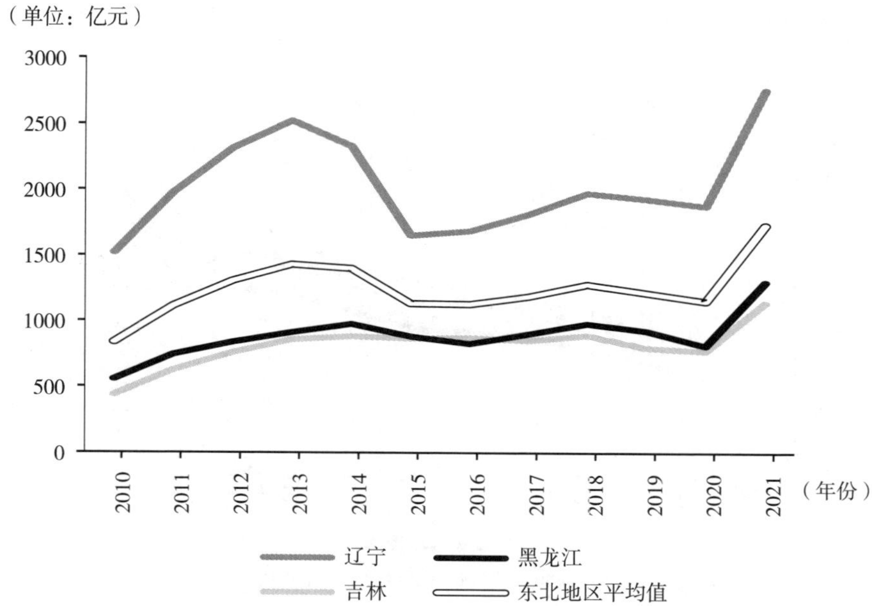

图 8-5　2010—2021 年东北地区财政税收收入变化

资料来源：财政部网站公布的中央对地方一般性转移支付分地区决算表、中央对地方专项转移支付分地区决算表。

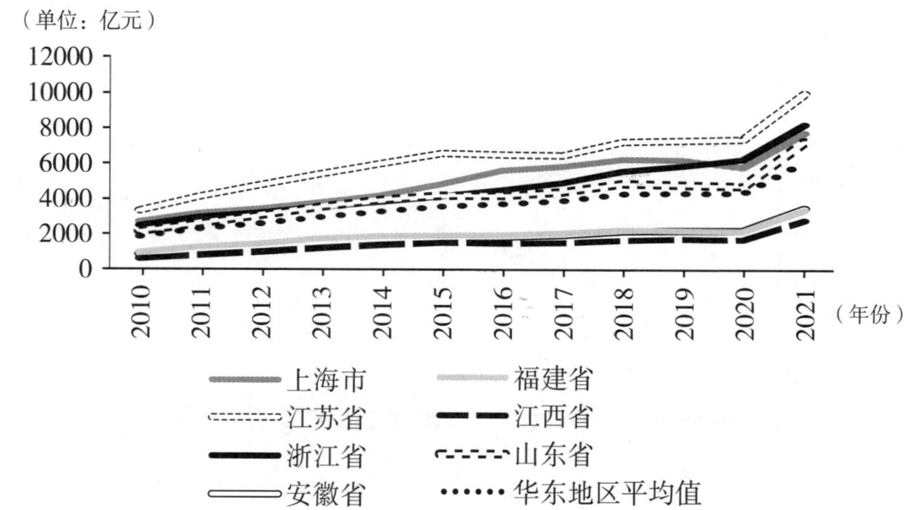

图 8-6　2010—2021 年华东地区财政税收收入变化

资料来源：财政部网站公布的中央对地方一般性转移支付分地区决算表、中央对地方专项转移支付分地区决算表。

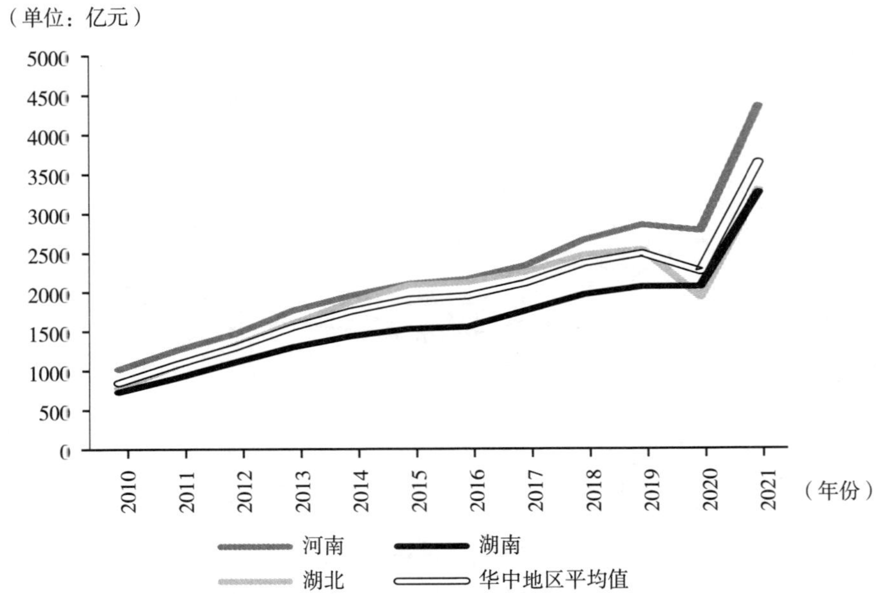

图 8-7　2010—2021 年华中地区财政税收收入变化

资料来源：财政部网站公布的中央对地方一般性转移支付分地区决算表、中央对地方专项转移支付分地区决算表。

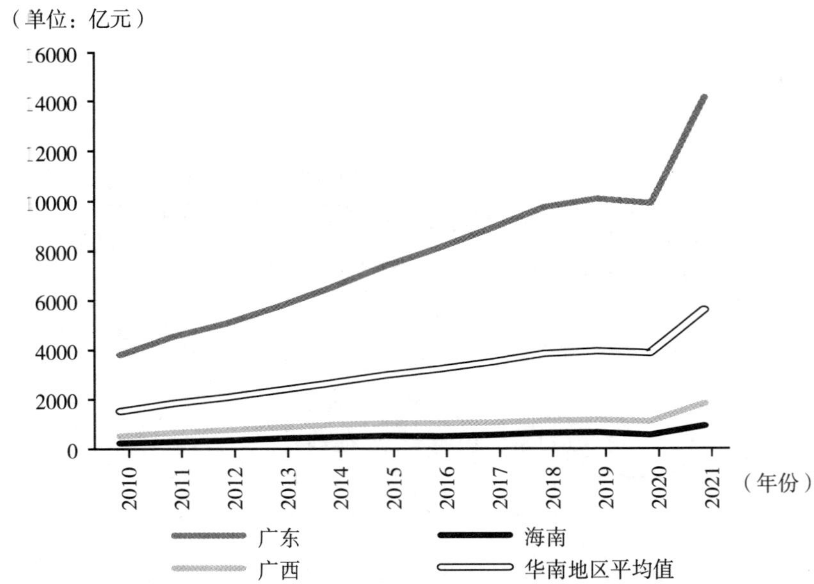

图 8-8　2010—2021 年华南地区财政税收收入变化

资料来源：财政部网站公布的中央对地方一般性转移支付分地区决算表、中央对地方专项转移支付分地区决算表。

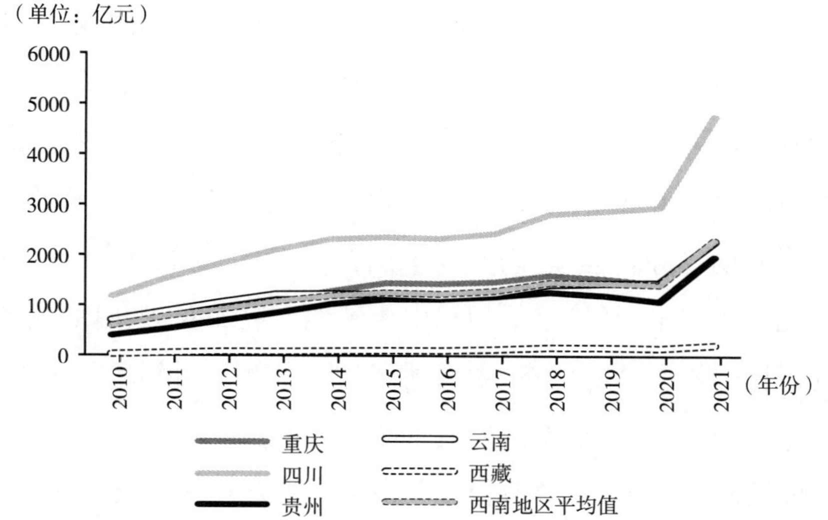

图 8-9　2010—2021 年西南地区财政税收收入变化

资料来源：财政部网站公布的中央对地方一般性转移支付分地区决算表、中央对地方专项转移支付分地区决算表。

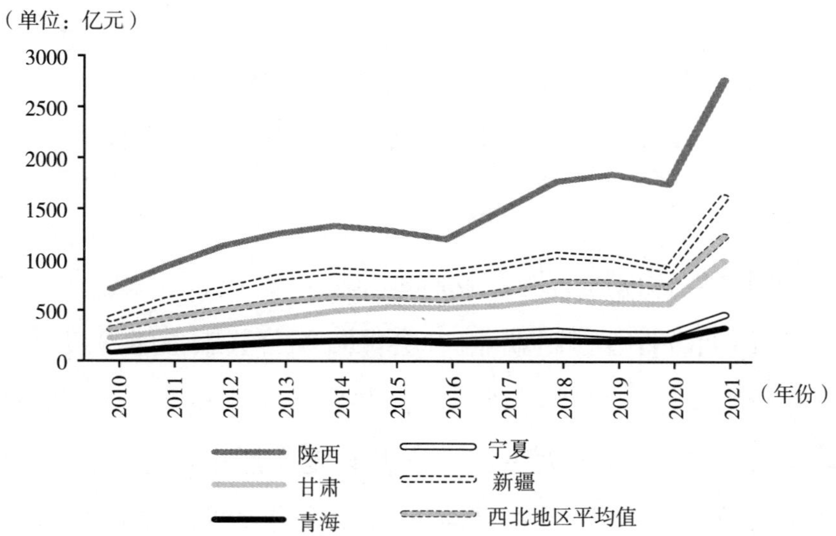

图 8-10　2010—2021 年西北地区财政税收收入变化

资料来源：财政部网站公布的中央对地方一般性转移支付分地区决算表、中央对地方专项转移支付分地区决算表。

这说明地区之间经济发展不均衡问题常态化。中国地区发展由于资本流动、人力资本积累等原因形成差异，而地理位置、制度政策等地区属性的因素也是影响地区发展的关键因素，多重因素导致地区经济差异日益明显，并在很大程度上决定地区未来的经济发展变动趋势。华东、华南地区因为优厚的社会经济和区位条件率先发展起来，经济水平相较中西部地区更加发达，西部地区经济处于比较不发达的状态，中部地区处于东部和西部之间，经济水平也是中等水平，东部率先发展、西部大开发、东北振兴、中部崛起等不同战略先后实施，并取得一些成果。西部地区主要有内蒙古、广西、重庆、四川、贵州、云南、西藏、陕西、甘肃、青海、宁夏、新疆，其中有 8 个地区是少数民族聚集的地区，西部地区疆域辽阔，大部分地区经济发展水平较低，是亟须发展的地区。

第三节　中央对地方财政转移支付分析

我国欠发达地区的地方政府常常入不敷出，基础设施建设严重不足，诸如教育、医疗、就业、社会保障等公共服务能力与发达地区存在较大差距。为了实现基本公共服务水平的均等化，增强可用财力，转移支付成为大多数国家尤其是发展中国家中央政府缩小区域财政收入差距、弥补区域间财政能力差异的常用政策工具之一。

2010—2018 年中央对各省份财政转移支付资金平均值呈现平稳增长，2019 年略有下降之后，2020 年显著增加，2021 年又有下降。在各地区内部，华北、东北、华东、华中、华南、西南、西北七大区域均呈现类似规律。其中，四川、河南、湖南、湖北、黑龙江、河北在2011年和2016年均位列接受中央财政转移支付总额的前三位，上海、北京、宁夏、天津、浙江、海南在上述两个年份中，均位列接受中央财政转移支付总额后六位。2021年，上述排序虽有变动，但整体格局保持稳定。说明位于中西部且人口较多的省份是需要财政转移帮助的主要地区，沿海经济发达地区则与之相反。在中央对地方人均转移支付方面，西藏、青海稳居第一、第二，且远远高于其他地区，其后为西南和东北地区；浙江、江苏、广东三省则稳居最后三位。说明经济发展相对不足，且常住人口较少的省份是人均转移支付高收益地区；经济发达且常住人口多的地区，享受较低的人均转移支付（见表8-2、表8-3，图8-11至图8-19）。

表8-2　2010—2021年中央对各省份财政转移支付资金（单位：亿元）

省份	2010年	2011年	2012年	2013年	2014年	2015年
北京	485.53	505.99	568.41	526.55	533.81	526.74
天津	341.42	423.22	418.24	425.2	442.83	474.99
河北	1408.31	1833.48	2058.85	2117.78	2300.43	2488.42
山西	927.08	1144.02	1262.45	1252.5	1297.33	1419.84
内蒙古	1155.4	1569.26	1748.74	1780.06	1879.28	2135.49
上海	558.5	614.36	604	615.29	624.33	650.86
江苏	992.43	1220.69	1331.27	1332.76	1339.45	1422.5
浙江	733.75	905.68	818.16	985.18	994.05	1088.01
福建	604.95	818.16	894.8	936.79	979.63	1108.37

续表

山东	1324.78	1717.91	1943.98	1975.45	2021.16	2209.1
安徽	1403.07	1814.62	2095.17	2154.64	2316.12	2485.34
江西	1122.17	1486.52	1652.15	1722.04	1817.65	1953.46
河南	1963.1	2509	2848.06	3014.8	3198.31	3469.95
湖北	1495.81	1924.2	2111.61	2185.26	2395.51	2671.12
湖南	1609.27	2068.44	2387.8	2540.94	2644.53	2930.9
广东	1125.45	1315.23	1416.31	1502.1	1434.62	1590.47
海南	318.75	415.48	444.04	464.76	492.35	537.39
广西	1164.82	1594.89	1786.65	1823.4	1945.31	2207.03
四川	2600.06	2664.51	2923.88	3305.42	3511.79	3779.6
贵州	1057.34	1528.99	1681.87	1840.8	2142.83	2347.19
云南	1289.82	1733.2	2054.36	2162.21	2472.62	2534.84
西藏	531	714.7	804.34	902.49	1034.87	1331.17
重庆	819.71	1138.07	1276.7	1198.41	1251.5	1351.02
陕西	1138.99	1594.89	1677.06	1719.62	1891.63	2100.37
甘肃	1032.1	1300.68	1504.91	1645.45	1808.19	1957.03
宁夏	360.41	472.99	539.14	556.59	620.54	690.54
青海	595.68	812.57	839.65	859.4	930.19	967.9
新疆	1125.42	1502.13	1719.78	1852.11	2007.01	2368.71
辽宁	1243.51	1505.77	1653.68	1682.14	1781.23	1924.99
吉林	1074.11	1309.54	1475.5	1488.2	1602.35	1735.76
黑龙江	1418.58	1864.07	2042.13	2138.26	2249.97	2495.77

续表

省份	2016年	2017年	2018年	2019年	2020年	2021年
北京	738.6	920.28	948.96	826	1361.39	1016.27
天津	536.14	592.48	551	549	655.5	452.12
河北	2705.09	2893.92	3064.89	2485	4107.12	3481.04
山西	1620.8	1682.19	1771.17	1665	2176.58	1962.46
内蒙古	2376.21	2523.15	2602.9	2639	2891.54	2465.8
上海	689.86	781.62	662.87	583	1051.06	709.21
江苏	1614.89	1753.47	1578.92	1563	2045.66	1575.35
浙江	1035.91	1127.75	1029.76	977	1095.5	823.37
福建	1188.79	1283.59	1243.24	1240	1520.5	1342.97
山东	2428.58	2632.55	2788.04	2545	3116.79	2664.11
安徽	2610.59	2920.98	3052.79	2885	3637.69	3141.9
江西	2145.89	2328.29	2431.7	2315	3026.25	2585.12
河南	3746.05	4008.75	4252.79	3970	5059.88	4381.33
湖北	2849.23	2974.73	3110.77	2932	4186.37	3363.99
湖南	3134.69	3290.57	3470.11	3262	4135.04	3582.03
广东	1591.78	1730.99	1573.73	1494	1987.49	1246.28
海南	645.83	701.59	814.88	698	1121.01	1085.09
广西	2429.45	2640.42	2833.37	2626	3473.76	3038.19
四川	4040.71	4343.81	4779.66	4346	5768.17	5505.58
贵州	2581.79	2748.8	2921.8	2758	3198.16	2824.74
云南	2693.09	3012.93	3212.92	3032	4191.16	3373.31
西藏	1369.25	1510.76	1759.7	1539.69	2021.77	1724.84
重庆	1535.53	1720.2	1771.43	1713	2184.32	1815.49
陕西	2119.48	2256.96	2453.37	2253	2952.23	2543.82
甘肃	2048.35	2178.93	2458	2182	2950.69	2533.46
宁夏	743.23	817.99	858.56	733.82	984.72	887.71
青海	1080.56	1117.21	1226.08	1032.18	1471.85	1349.18
新疆	2515.35	2612.94	2886.36	2639	3559.15	3089.19
辽宁	2125.24	2319.79	2655.14	2252	2847.67	2595.51
吉林	1904.98	2065.43	2124.9	2066	2584.5	2145.17
黑龙江	2813	3006.98	3073.54	2997	3750.23	3012.88

资料来源：财政部网站公布的中央对地方一般性转移支付分地区决算表、中央对地方专项转移支付分地区决算表。

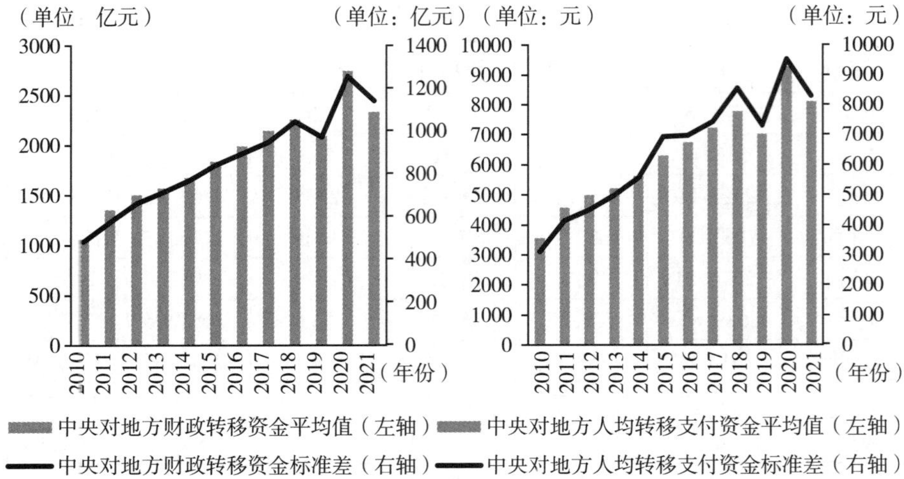

图 8-11　2010—2021 年全国各省份财政转移支付和人均财政转移支付变化

资料来源：财政部网站公布的中央对地方一般性转移支付分地区决算表、中央对地方专项转移支付分地区决算表。

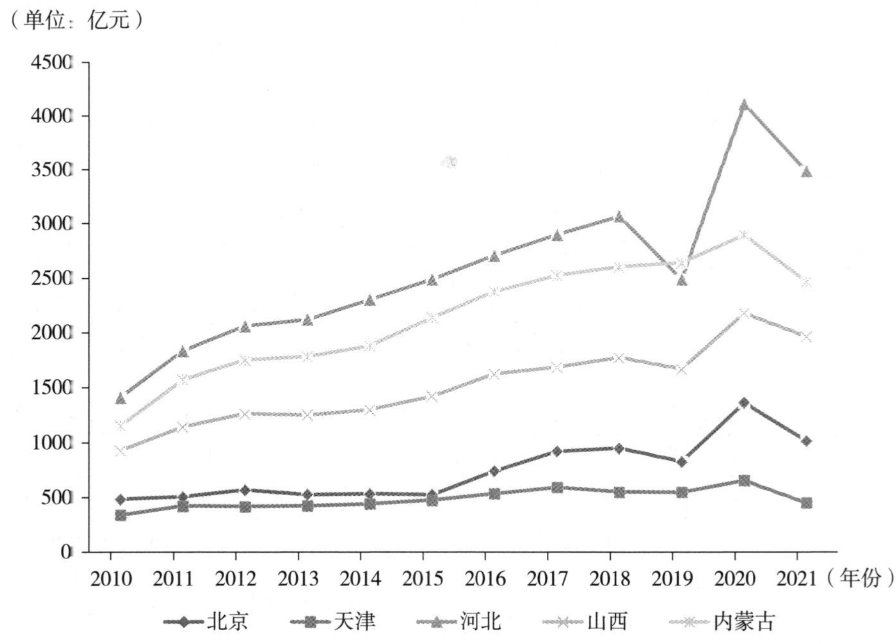

图 8-12　2010—2021 年中央对华北转移支付变化

资料来源：财政部网站公布的中央对地方一般性转移支付分地区决算表、中央对地方专项转移支付分地区决算表。

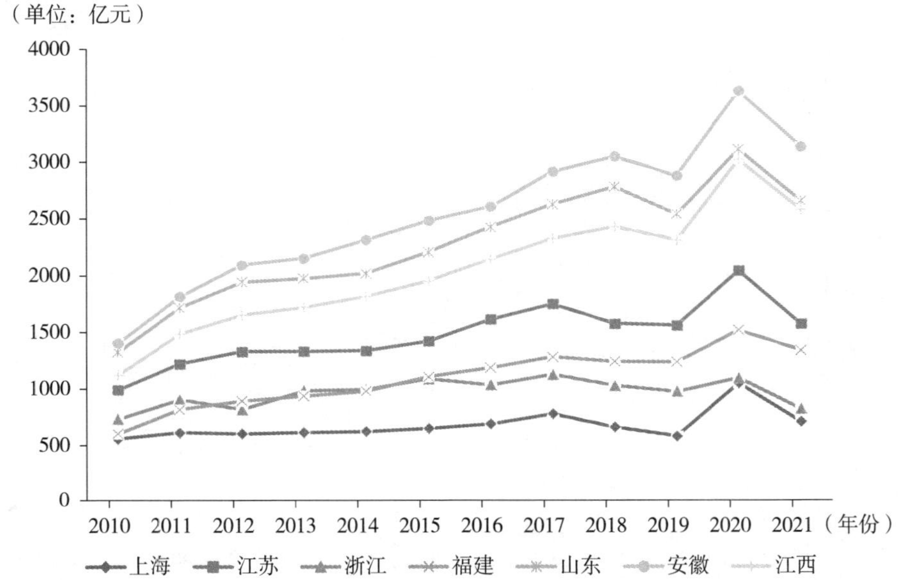

图 8-13　2010—2021 年中央对华东转移支付变化

资料来源：财政部网站公布的中央对地方一般性转移支付分地区决算表、中央对地方专项转移支付分地区决算表。

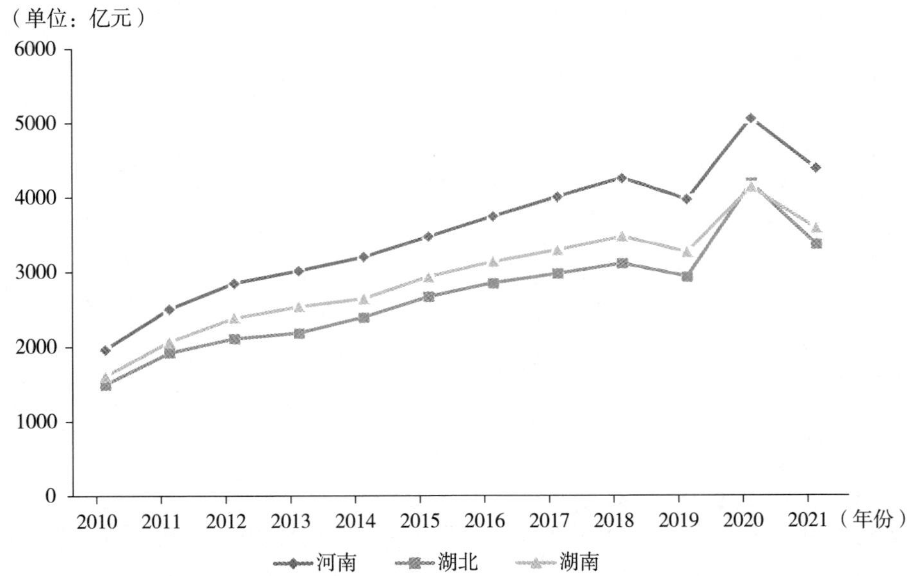

图 8-14　2010—2021 年中央对华中地区转移支付变化

资料来源：财政部网站公布的中央对地方一般性转移支付分地区决算表、中央对地方专项转移支付分地区决算表。

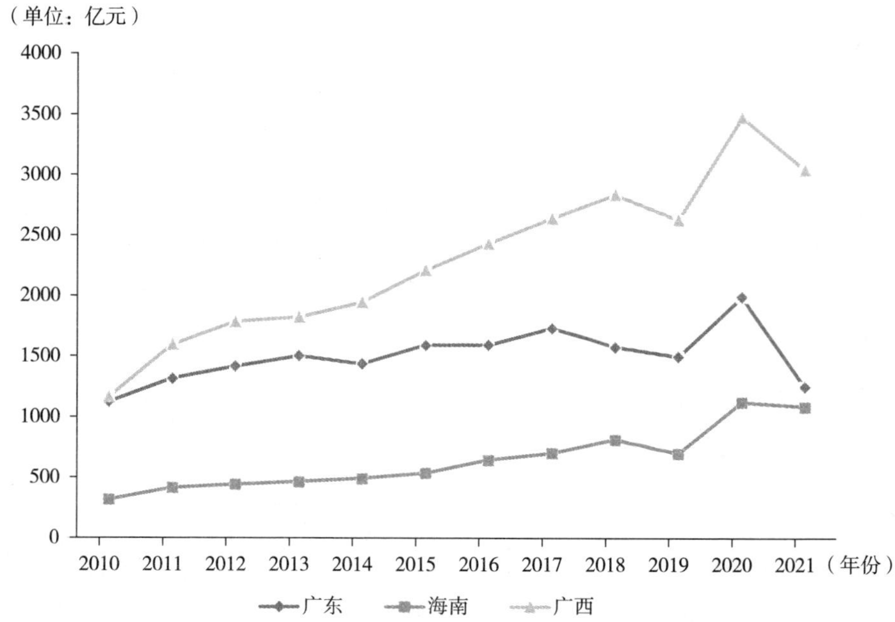

图 8-15　2010—2021 年中央对华南地区转移支付变化

资料来源：财政部网站公布的中央对地方一般性转移支付分地区决算表、中央对地方专项转移支付分地区决算表。

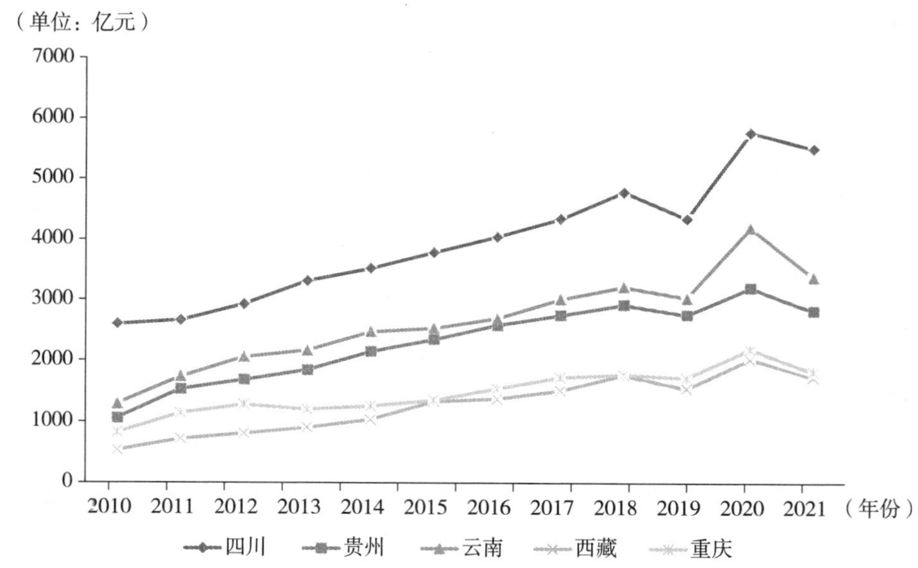

图 8-16　2010—2021 年中央对西南地区转移支付变化

资料来源：财政部网站公布的中央对地方一般性转移支付分地区决算表、中央对地方专项转移支付分地区决算表。

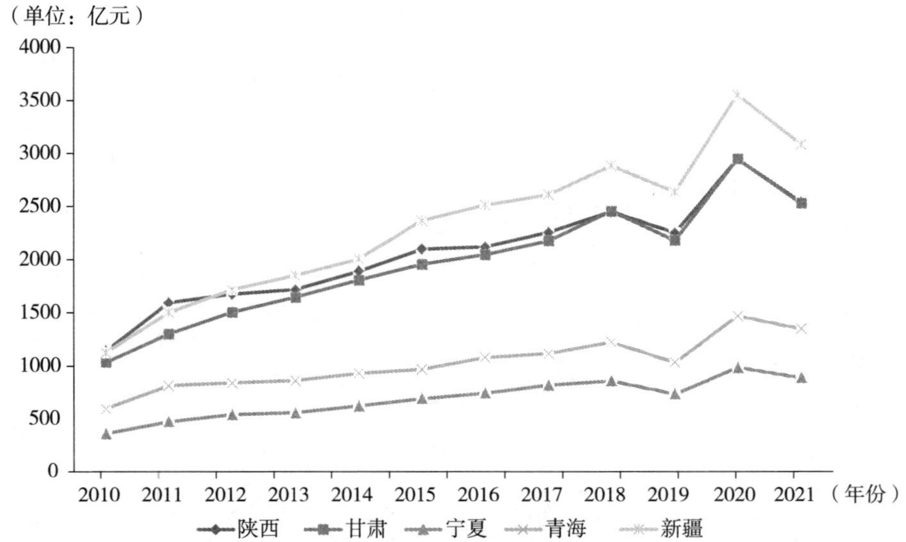

图 8-17　2010—2021 年中央对西北地区转移支付变化

资料来源：财政部网站公布的中央对地方一般性转移支付分地区决算表、中央对地方专项转移支付分地区决算表。

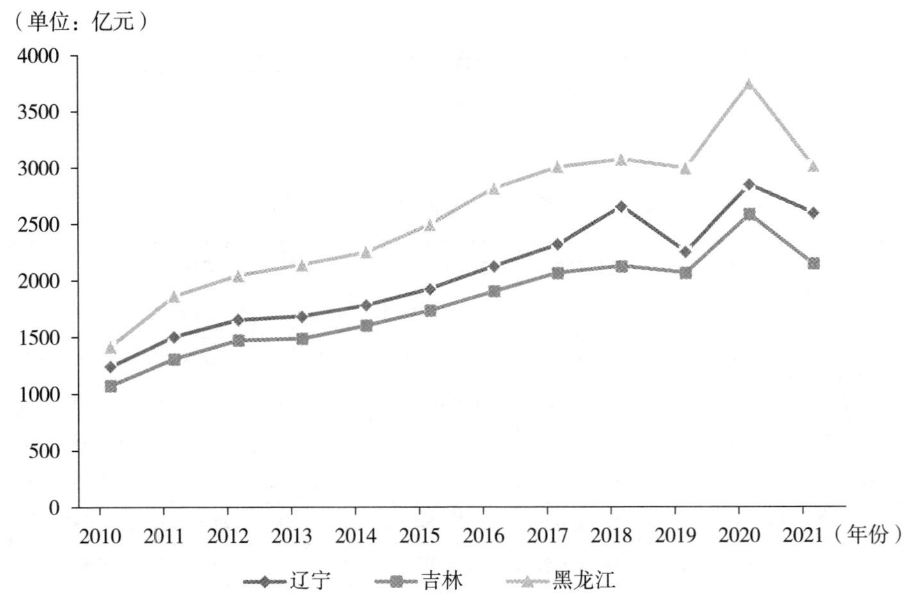

图 8-18　2010—2021 年中央对东北地区转移支付变化

资料来源：财政部网站公布的中央对地方一般性转移支付分地区决算表、中央对地方专项转移支付分地区决算表。

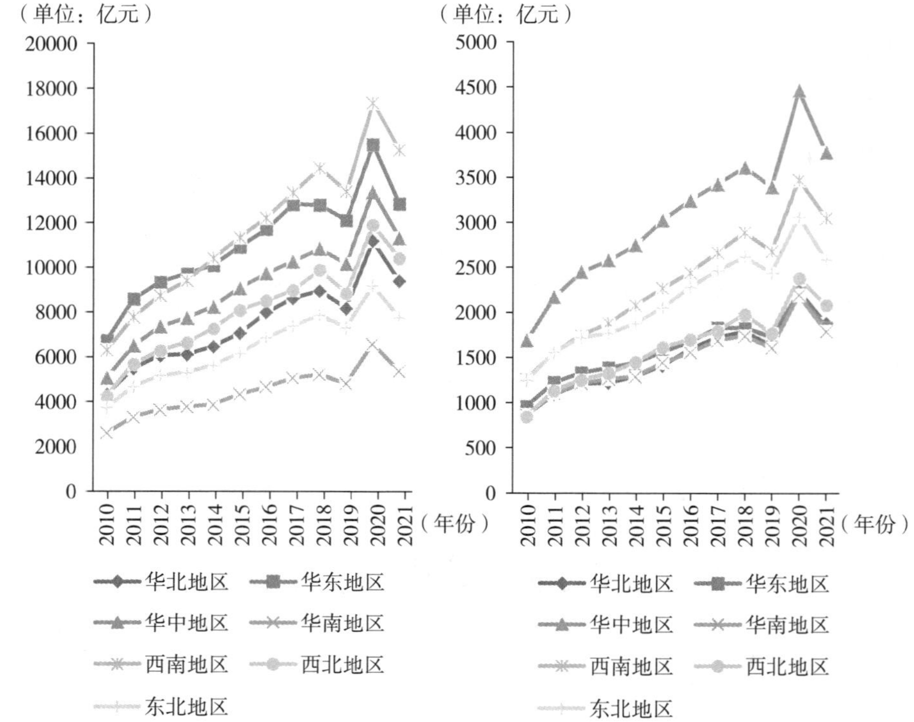

图 8-19　2010—2021 年中央对各地区财政转移支付总额和平均值变化

资料来源：财政部网站公布的中央对地方一般性转移支付分地区决算表、中央对地方专项转移支付分地区决算表。

表 8-3　2010—2021 年中央对各省份人均财政转移支付资金（单位：元）

省份	2010 年	2011 年	2012 年	2013 年	2014 年	2015 年
北京	2474. 67	2499. 95	2735. 37	2477. 88	2458. 82	2407. 40
天津	2628. 33	3156. 00	3035. 12	3015. 60	3098. 88	3300. 83
河北	1957. 62	2535. 23	2835. 10	2905. 85	3141. 38	3387. 91
山西	2593. 96	3211. 73	3558. 20	3543. 14	3677. 24	4034. 78
内蒙古	4673. 95	6353. 28	7097. 16	7250. 75	7673. 66	8752. 01
辽宁	2842. 31	3438. 62	3779. 84	3853. 70	4087. 26	4437. 51
吉林	3910. 12	4805. 65	5468. 87	5577. 96	6064. 91	6642. 79
黑龙江	3700. 97	4928. 79	5483. 70	5832. 68	6236. 06	7072. 17
上海	2425. 10	2607. 64	2517. 72	2513. 44	2530. 73	2647. 93
江苏	1261. 19	1521. 49	1639. 50	1626. 90	1617. 50	1710. 76
浙江	1347. 07	1626. 00	1439. 16	1703. 28	1687. 69	1817. 89

续表

安徽	2355.33	3038.55	3504.80	3598.26	3862.13	4134.65
福建	1638.10	2162.16	2329.60	2411.30	2483.22	2782.05
江西	2514.95	3322.57	3691.96	3847.27	4057.25	4355.54
山东	1381.71	1777.45	2002.45	2026.93	2060.73	2239.10
河南	2087.29	2651.94	2987.89	3149.27	3316.03	3576.90
湖北	2611.40	3340.63	3652.67	3768.99	4118.83	4566.02
湖南	2449.42	3143.05	3623.37	3849.91	4000.20	4430.69
广东	1077.91	1222.79	1282.77	1332.83	1248.69	1361.94
广西	2526.72	3426.19	3806.24	3854.15	4078.22	4587.47
海南	3668.01	4668.31	4879.56	5051.74	5260.15	5686.67
重庆	2841.28	3865.73	4291.43	3980.11	4112.72	4400.72
四川	3231.90	3304.20	3616.43	4076.24	4314.77	4611.52
贵州	3039.21	4331.42	4688.79	5068.28	5827.66	6330.07
云南	2802.74	3751.52	4436.10	4658.93	5314.03	5436.07
西藏	17700.00	23129.45	25534.60	28469.72	31842.15	40338.48
陕西	3049.50	4236.10	4428.47	4520.56	4942.85	5461.18
甘肃	4031.64	5096.71	5901.61	6485.81	7144.17	7756.76
青海	10580.46	14305.81	14704.90	15050.79	16149.13	16774.70
宁夏	5693.68	7299.23	8181.18	8357.21	9152.51	10095.61
新疆	5150.66	6751.15	7633.29	8105.51	8632.30	9931.70

地区	**2016 年**	**2017 年**	**2018 年**	**2019 年**	**2020 年**	**2021 年**
北京	3364.92	4194.53	4329.20	3771.69	6219.23	4643.47
天津	3715.45	4201.99	3984.09	3963.90	4726.03	3292.94
河北	3667.92	3905.95	4127.24	3336.91	5502.57	4673.79
山西	4612.41	4792.56	5057.60	4761.22	6236.62	5638.48
内蒙古	9754.56	10370.53	10746.90	10927.54	12033.04	10274.17
辽宁	4911.58	5379.85	6187.70	5265.37	6692.53	6136.83
吉林	7421.04	8176.68	8554.35	8439.54	10773.24	9030.89
黑龙江	8123.01	8846.66	9238.17	9207.37	11826.65	9641.22
上海	2796.35	3169.59	2678.26	2349.86	4224.52	2848.89
江苏	1926.85	2081.76	1869.43	1845.55	2413.19	1852.18
浙江	1706.04	1827.80	1641.58	1532.55	1693.72	1258.98
安徽	4327.18	4822.49	5024.34	4735.72	5958.54	5139.70
福建	2960.13	3157.66	3029.34	2997.34	3654.17	3207.48

续表

江西	4772.89	5161.36	5388.21	5126.22	6696.72	5722.58
山东	2435.15	2623.89	2766.74	2518.31	3066.20	2619.58
河南	3831.10	4078.49	4311.43	4009.70	5089.91	4433.20
湖北	4841.51	5038.50	5257.34	4946.85	7286.98	5770.14
湖南	4731.61	4960.91	5230.01	4912.65	6222.78	5409.29
广东	1336.73	1425.74	1274.48	1196.25	1574.37	982.56
广西	5001.96	5380.93	5727.45	5270.98	6921.22	6031.75
海南	6748.48	7218.00	8298.17	7015.08	11077.17	10633.34
重庆	4937.40	5471.37	5600.47	5373.27	6806.86	5651.45
四川	4897.24	5240.45	5744.09	5204.17	6890.66	6576.18
贵州	6870.12	7227.98	7644.69	7167.36	8289.68	11769.75
云南	5758.16	6420.05	6831.64	6431.90	8875.82	7192.56
西藏	40272.06	43288.25	49709.04	42650.69	55239.62	47126.78
陕西	5471.04	5781.15	6241.08	5712.47	7464.55	6433.54
甘肃	8128.37	8639.69	9773.36	8696.69	11798.04	10174.46
青海	18566.32	19065.02	20887.22	17494.58	24820.40	22713.47
宁夏	10693.96	11602.70	12092.39	10234.59	13657.70	12244.28
新疆	10359.76	10536.05	11453.81	10312.62	13741.89	11931.98

资料来源：财政部网站公布的中央对地方一般性转移支付分地区决算表、中央对地方专项转移支付分地区决算表。

第四节　地方财政一般预算支出分析

2010—2021年全国各省份地方财政一般预算支出呈现不断增长的趋势，各省份地方财政一般预算支出的平均值在2020年后有所平缓，但标准差一直呈现上升趋势，说明各省份地方财政一般预算支出的差距一直在扩大。华北、华中、华南、西南、西北地区2020年之后差距趋于平缓，东北地区差距有所减缓；华东地区仍然和全国一致，保持继续扩大趋势。

在人均地方财政一般预算支出方面,全国各省份在2020年之后放缓明显,标准差呈现明显下降,说明人均地方财政一般预算支出缩小。具体到各地区有所不同,华北地区自2016年后标准差趋于平缓,在2019年后下降,华中和西北地区2015年后标准差趋于平缓,在2020年后下降。说明华北和华中地区各省份的人均一般预算支出受转移支付影响较大,较早较为有效地阻止了差距扩大,对缩小差距有效。华东和华南地区的标准差一直呈现增长趋势,说明转移支付对缩小其区域差距收效较小。西南地区的标准差则在2019年之前呈现增长趋势,其后则趋于平缓和下降,说明财政转移支付到近年来才呈现收效。而东北地区的人均地方财政一般预算支出呈现共同增长态势,差距一直较小(见表8-4,图8-20至图8-39)。

表8-4 2010—2021年各省份地方财政一般预算支出 (单位:亿元)

省份	2010年	2011年	2012年	2013年	2014年	2015年
北京	2717.32	3245.23	3685.31	4173.66	4524.67	5737.7
天津	1376.84	1796.33	2143.21	2549.21	2884.7	3232.35
河北	2820.24	3537.39	4079.44	4409.58	4677.3	5632.19
山西	1931.36	2363.85	2759.46	3030.13	3085.28	3422.97
内蒙古	2273.5	2989.21	3425.99	3686.52	3879.98	4252.96
辽宁	3195.82	3905.85	4558.59	5197.42	5080.49	4481.61
吉林	1787.25	2201.74	2471.2	2744.81	2913.25	3217.1
黑龙江	2253.27	2794.08	3171.52	3369.18	3434.22	4020.66
上海	3302.89	3914.88	4184.02	4528.61	4923.44	6191.56
江苏	4914.06	6221.72	7027.67	7798.47	8472.45	9687.58
浙江	3207.88	3842.59	4161.88	4730.47	5159.57	6645.98
安徽	2587.61	3302.99	3961.01	4349.69	4664.1	5239.01
福建	1695.09	2198.18	2607.5	3068.8	3306.7	4001.58
江西	1923.26	2534.6	3019.22	3470.3	3882.7	4412.55

续表

山东	4145.03	5002.07	5904.52	6688.8	7177.31	8250.01
河南	3416.14	4248.82	5006.4	5582.31	6028.69	6799.35
湖北	2501.4	3214.74	3759.79	4371.65	4934.15	6132.84
湖南	2702.48	3520.76	4119	4690.89	5017.38	5728.72
广东	5421.54	6712.4	7387.86	8411	9152.64	12827.8
广西	2007.59	2545.28	2985.23	3208.67	3479.79	4065.51
海南	581.34	778.8	911.67	1011.17	1099.74	1239.43
重庆	1709.04	2570.24	3046.36	3062.28	3304.39	3792
四川	4257.98	4674.92	5450.99	6220.91	6796.61	7497.51
贵州	1631.48	2249.4	2755.68	3082.66	3542.8	3939.5
云南	2285.72	2929.6	3572.66	4096.51	4437.98	4712.83
西藏	551.04	758.11	905.34	1014.31	1185.51	1381.46
陕西	2218.83	2930.81	3323.8	3665.07	3962.5	4376.06
甘肃	1468.58	1791.24	2059.56	2309.62	2541.49	2958.31
青海	743.4	967.47	1159.05	1228.05	1347.43	1515.16
宁夏	557.53	705.91	864.36	922.48	1000.45	1138.49
新疆	1698.91	2284.49	2720.07	3067.12	3317.79	3804.87

地区	2016 年	2017 年	2018 年	2019 年	2020 年	2021 年
北京	6406.77	6824.53	7471.43	7408.19	7116.18	6862.7
天津	3699.43	3282.54	3103.16	3555.71	3151.35	2794.3
河北	6049.53	6639.18	7726.21	8309.04	9022.79	8854.5
山西	3428.86	3756.42	4283.91	4710.76	5110.87	5048.1
内蒙古	4512.71	4529.93	4831.46	5100.91	5270.16	5240.1
辽宁	4577.47	4879.42	5337.72	5745.09	6014.17	5901.3
吉林	3586.09	3725.72	3789.59	3933.42	4127.17	3696.7
黑龙江	4227.34	4641.08	4676.75	5011.56	5449.41	5104.5
上海	6918.94	7547.62	8351.54	8179.28	8102.11	8430.9
江苏	9981.96	10621.03	11657.35	12573.55	13681.55	14586
浙江	6974.26	7530.32	8629.53	10053.03	10082.01	10215.2
安徽	5522.95	6203.81	6572.15	7392.22	7473.59	7592.1
福建	4275.4	4684.15	4832.69	5077.93	5216.1	5210.9
江西	4617.4	5111.47	5667.52	6386.8	6674.08	6678.5
山东	8755.21	9258.4	10100.96	10739.76	11233.52	11709
河南	7453.74	8215.52	9217.73	10163.93	10372.67	10419.9
湖北	6422.98	6801.26	7258.27	7970.21	8442.88	7937.3

续表

湖南	6339. 16	6869. 39	7479. 61	8034. 42	8403. 13	8364. 8
广东	13446. 09	15037. 48	15729. 26	17297. 85	17430. 79	18219
广西	4441. 7	4908. 55	5310. 74	5850. 96	6179. 47	5810. 2
海南	1376. 48	1443. 97	1691. 3	1858. 6	1972. 46	1982. 8
重庆	4001. 81	4336. 28	4540. 95	4847. 68	4893. 95	4835. 1
四川	8008. 89	8694. 76	9707. 5	10348. 17	11198. 54	11215. 6
贵州	4262. 36	4612. 52	5029. 68	5948. 74	5739. 5	5590. 2
云南	5018. 86	5712. 97	6075. 03	6770. 09	6974. 02	6634. 4
西藏	1587. 98	1681. 94	1970. 68	2187. 75	2210. 92	2060. 4
陕西	4389. 37	4833. 19	5302. 44	5718. 52	5930. 32	6069. 4
甘肃	3150. 03	3304. 44	3772. 23	3951. 6	4163. 4	4025. 9
青海	1524. 8	1530. 44	1647. 43	1863. 67	1932. 84	1853. 8
宁夏	1254. 54	1372. 78	1419. 06	1438. 29	1480. 36	1428. 3
新疆	4138. 25	4637. 24	5012. 45	5315. 49	5533. 16	5403. 4

资料来源：财政部网站公布的中央对地方一般性转移支付分地区决算表、中央对地方专项转移支付分地区决算表。

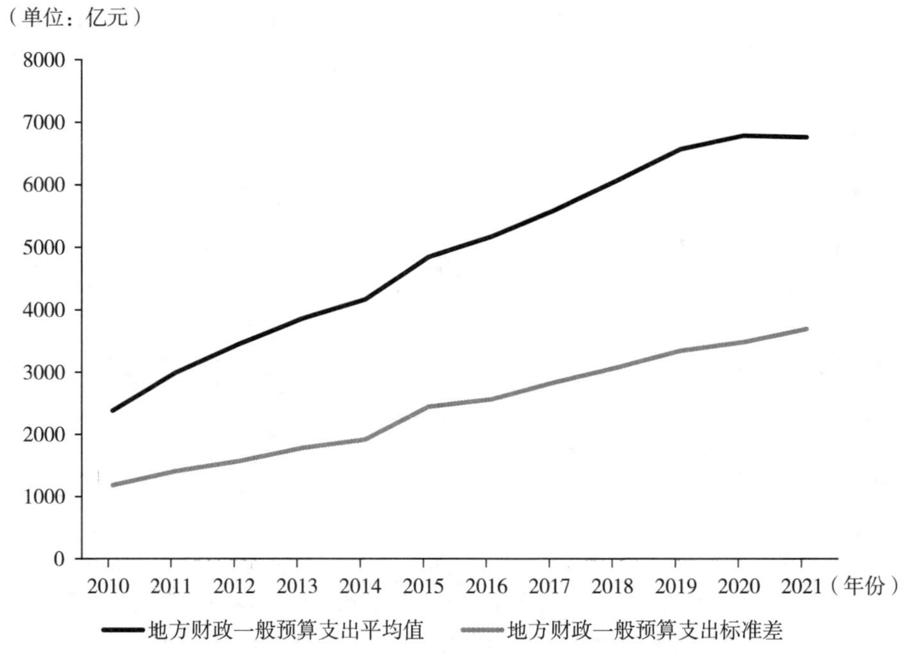

图 8-20　2010—2021 年全国各省份地方财政一般预算支出平均值变化

资料来源：财政部网站公布的中央对地方一般性转移支付分地区决算表、中央对地方专项转移支付分地区决算表。

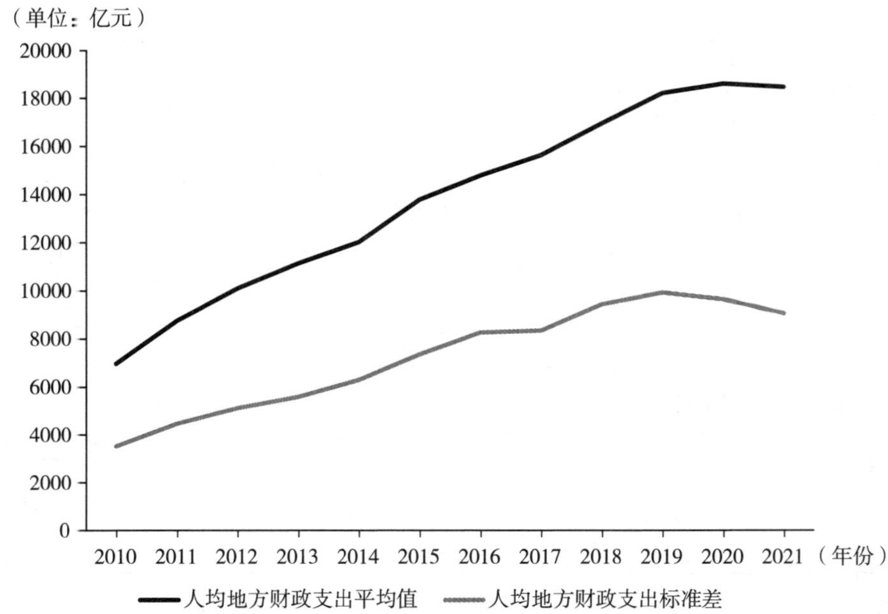

图 8-21　2010—2021 年全国各省份人均地方财政一般预算支出平均值变化

资料来源：财政部网站公布的中央对地方一般性转移支付分地区决算表、中央对地方专项转移支付分地区决算表。

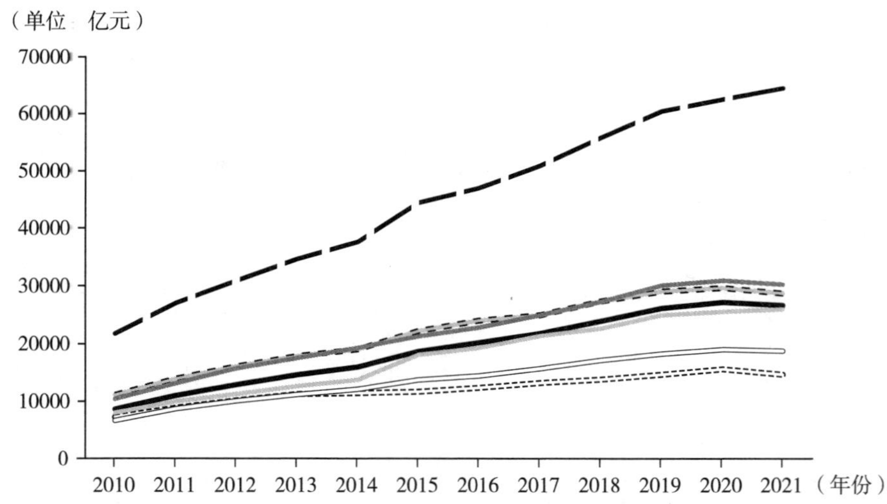

图 8-22　2010—2021 年各地区地方财政一般预算支出变化

资料来源：财政部网站公布的中央对地方一般性转移支付分地区决算表、中央对地方专项转移支付分地区决算表。

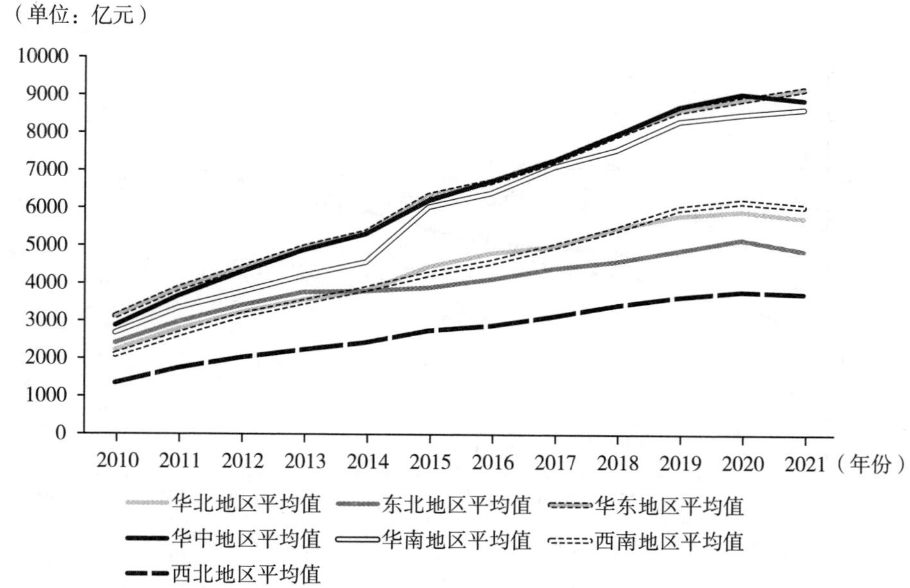

图 8-23　2010—2021 年各地区内部平均地方财政一般预算支出变化

资料来源：财政部网站公布的中央对地方一般性转移支付分地区决算表、中央对地方专项转移支付分地区决算表。

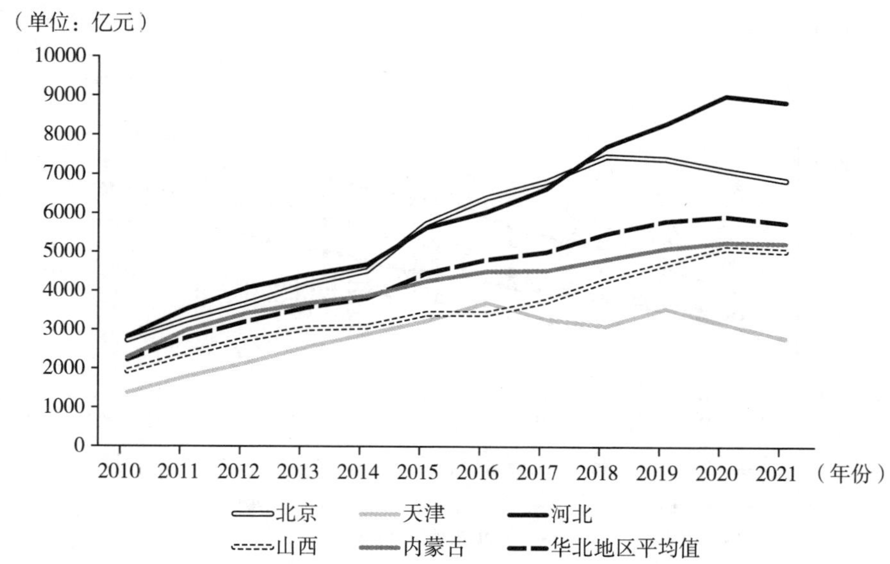

图 8-24　2010—2021 年华北地区财政一般预算支出变化

资料来源：财政部网站公布的中央对地方一般性转移支付分地区决算表、中央对地方专项转移支付分地区决算表。

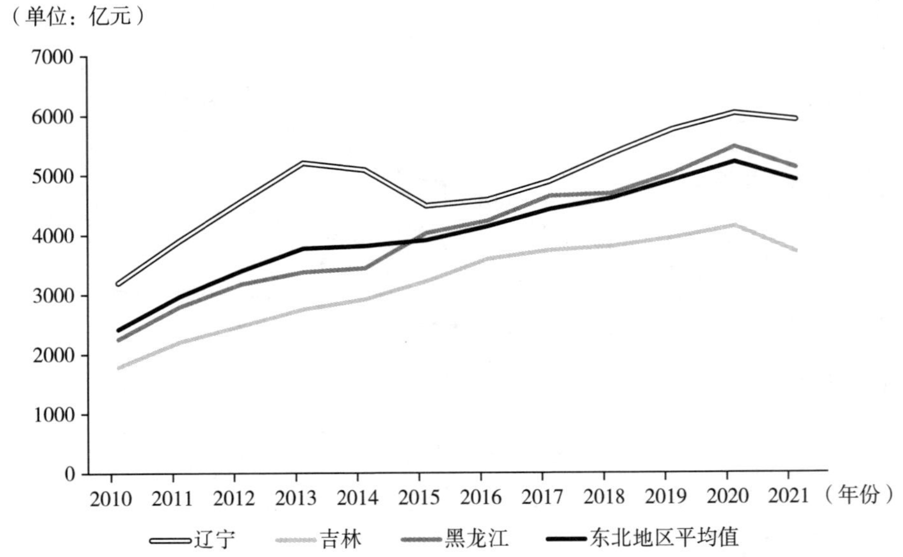

图 8-25　2010—2021 年东北地区财政一般预算支出变化

资料来源：财政部网站公布的中央对地方一般性转移支付分地区决算表、中央对地方专项转移支付分地区决算表。

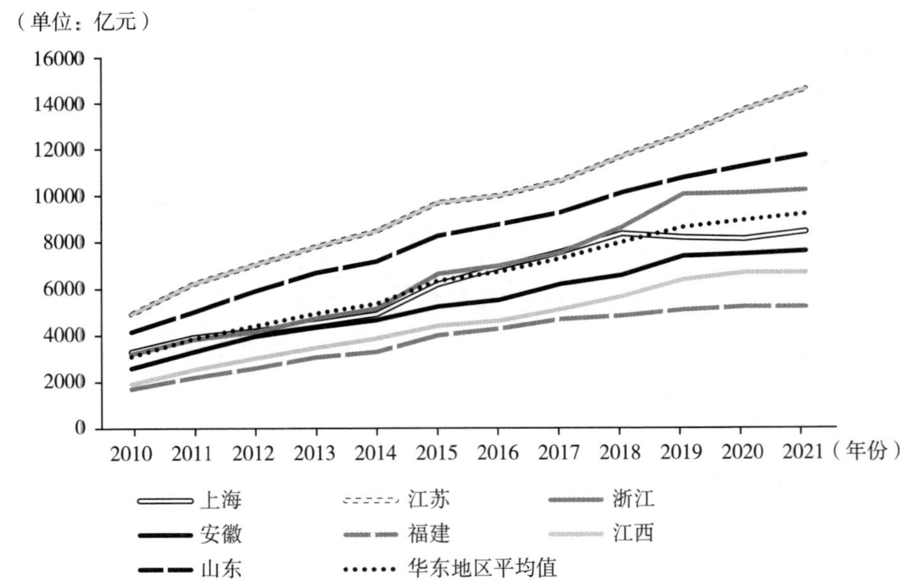

图 8-26　2010—2021 年华东地区财政一般预算支出变化

资料来源：财政部网站公布的中央对地方一般性转移支付分地区决算表、中央对地方专项转移支付分地区决算表。

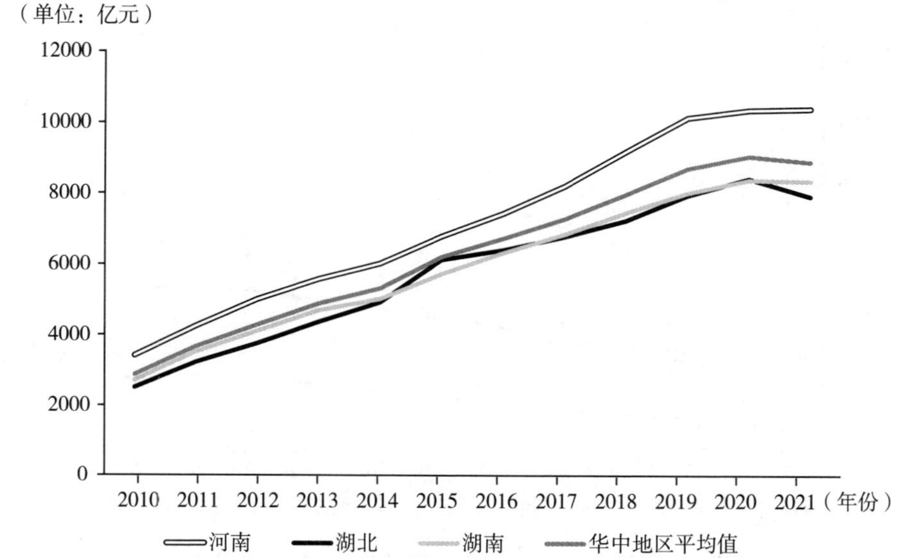

图 8-27 2010—2021 年华中地区财政一般预算支出变化

资料来源：财政部网站公布的中央对地方一般性转移支付分地区决算表、中央对地方专项转移支付分地区决算表。

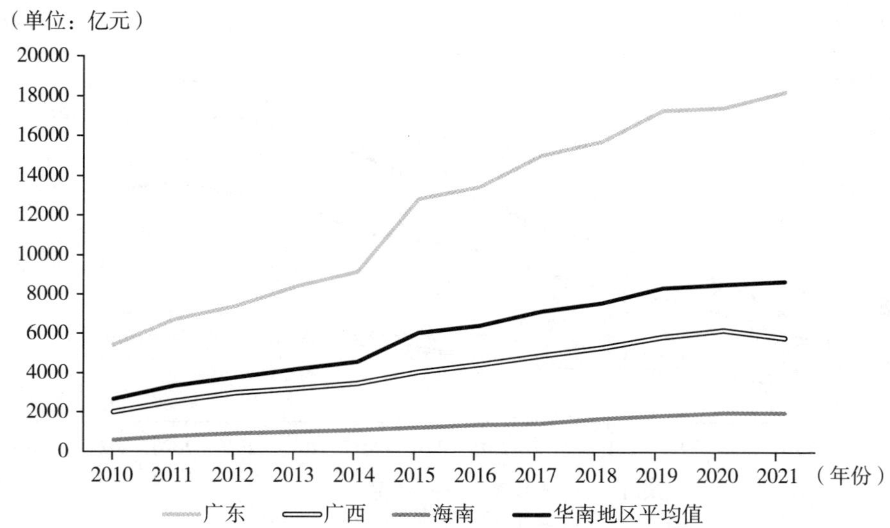

图 8-28 2010—2021 年华南地区财政一般预算支出变化

资料来源：财政部网站公布的中央对地方一般性转移支付分地区决算表、中央对地方专项转移支付分地区决算表。

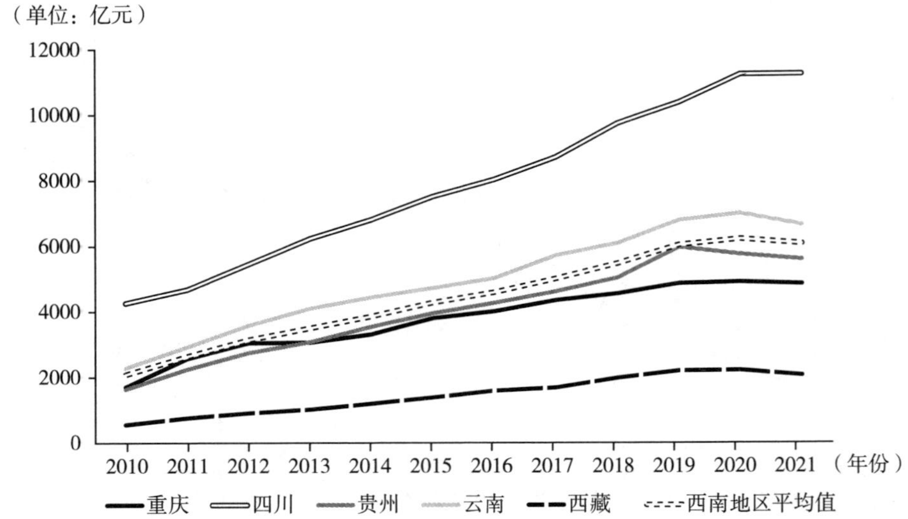

图 8-29　2010—2021 年西南地区财政一般预算支出变化

资料来源：财政部网站公布的中央对地方一般性转移支付分地区决算表、中央对地方专项转移支付分地区决算表。

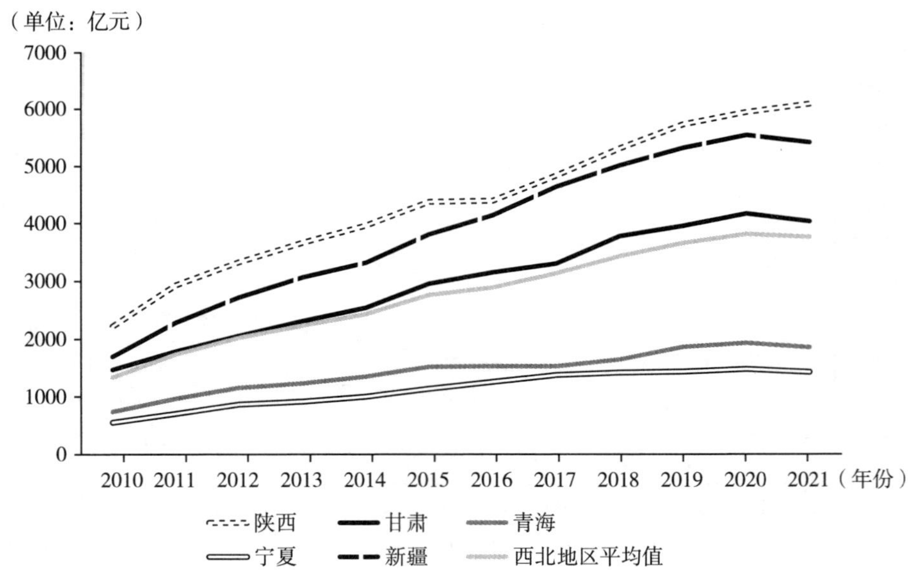

图 8-30　2010—2021 年西北地区财政一般预算支出变化

资料来源：财政部网站公布的中央对地方一般性转移支付分地区决算表、中央对地方专项转移支付分地区决算表。

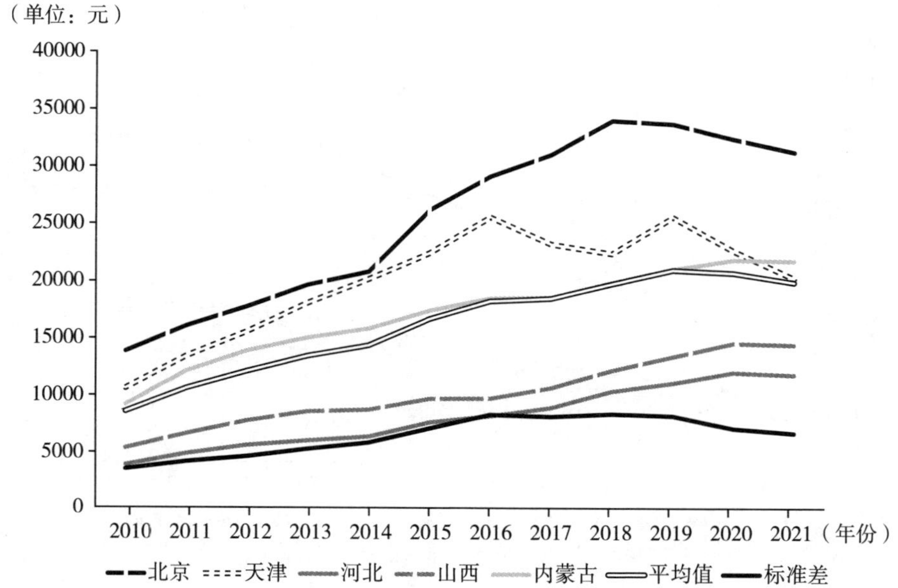

图 8-31　2010—2021 年华北地区人均一般预算支出变化

资料来源：财政部网站公布的中央对地方一般性转移支付分地区决算表、中央对地方专项转移支付分地区决算表。

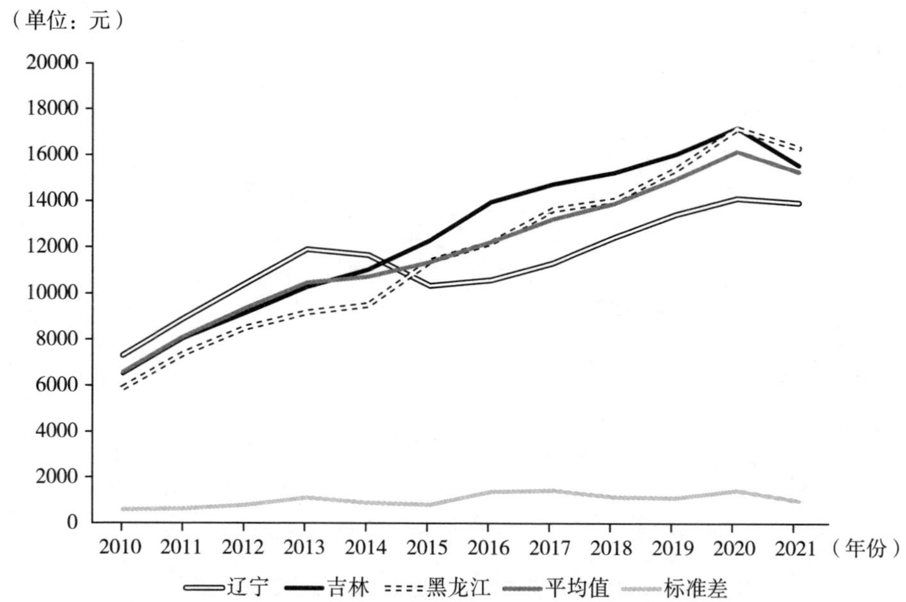

图 8-32　2010—2021 年东北地区人均一般预算支出变化

资料来源：财政部网站公布的中央对地方一般性转移支付分地区决算表、中央对地方专项转移支付分地区决算表。

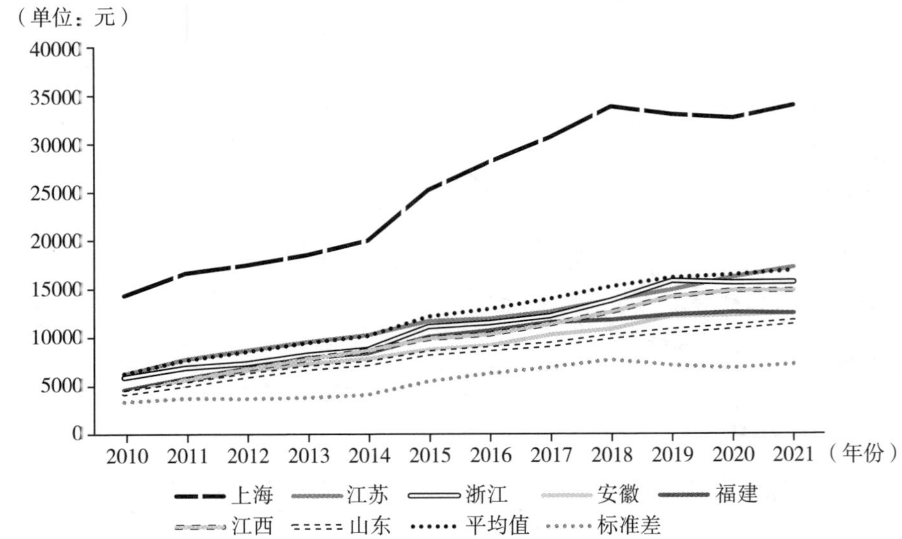

图 8-33　2010—2021 年华东地区人均一般预算支出变化

资料来源：财政部网站公布的中央对地方一般性转移支付分地区决算表、中央对地方专项转移支付分地区决算表。

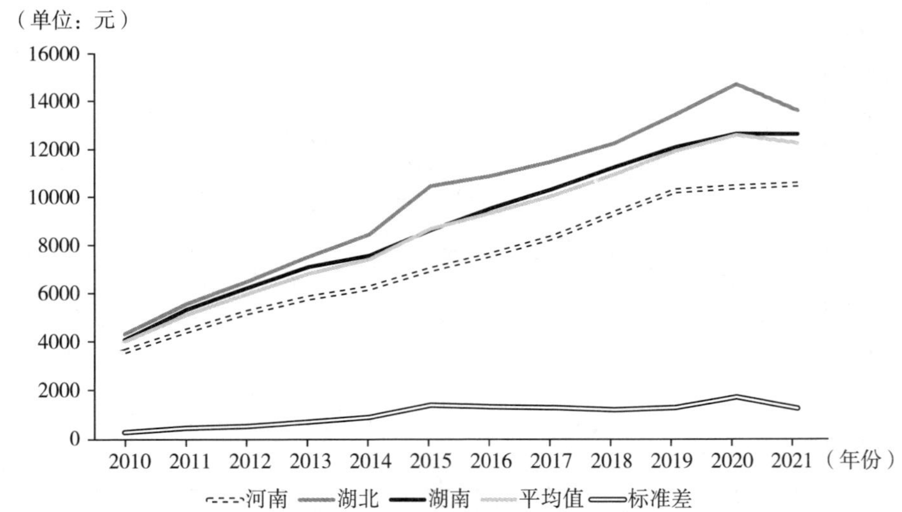

图 8-34　2010—2021 年华中地区人均一般预算支出变化

资料来源：财政部网站公布的中央对地方一般性转移支付分地区决算表、中央对地方专项转移支付分地区决算表。

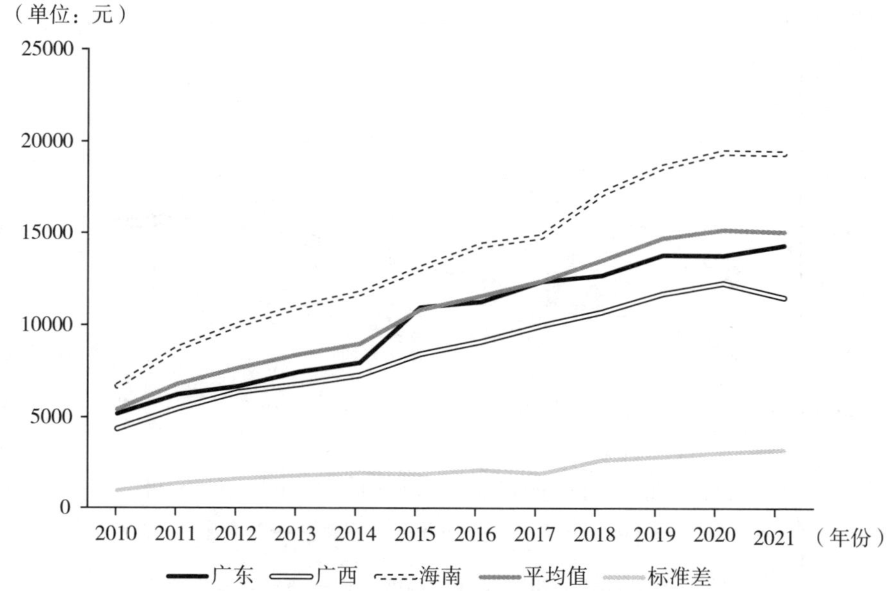

图 8-35　2010—2021 年华南地区人均一般预算支出变化

资料来源：财政部网站公布的中央对地方一般性转移支付分地区决算表、中央对地方专项转移支付分地区决算表。

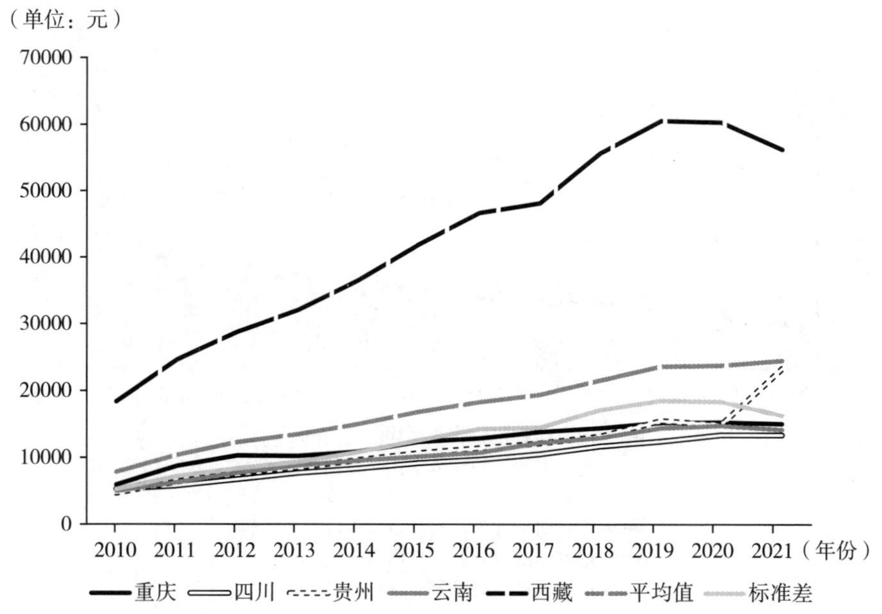

图 8-36　2010—2021 年西南地区人均一般预算支出变化

资料来源：财政部网站公布的中央对地方一般性转移支付分地区决算表、中央对地方专项转移支付分地区决算表。

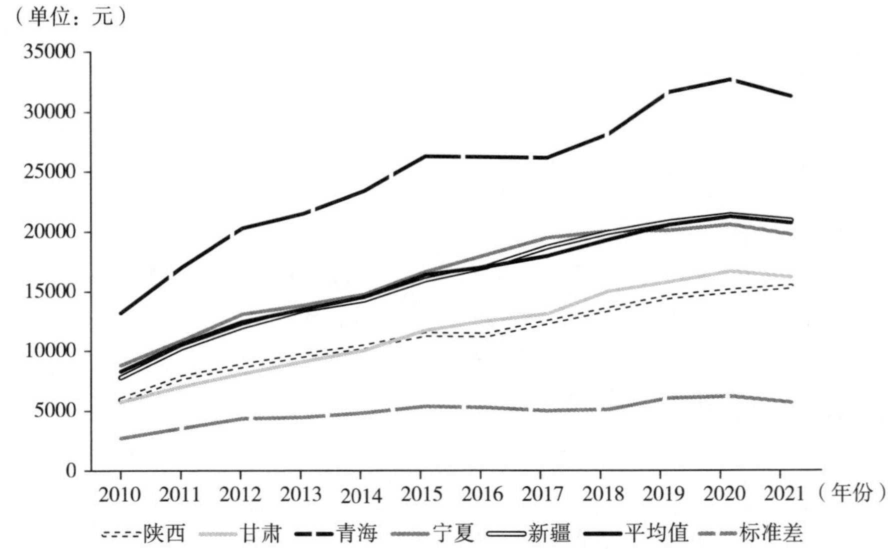

图 8-37　2010—2021 年西北地区人均一般预算支出变化

资料来源：财政部网站公布的中央对地方一般性转移支付分地区决算表、中央对地方专项转移支付分地区决算表。

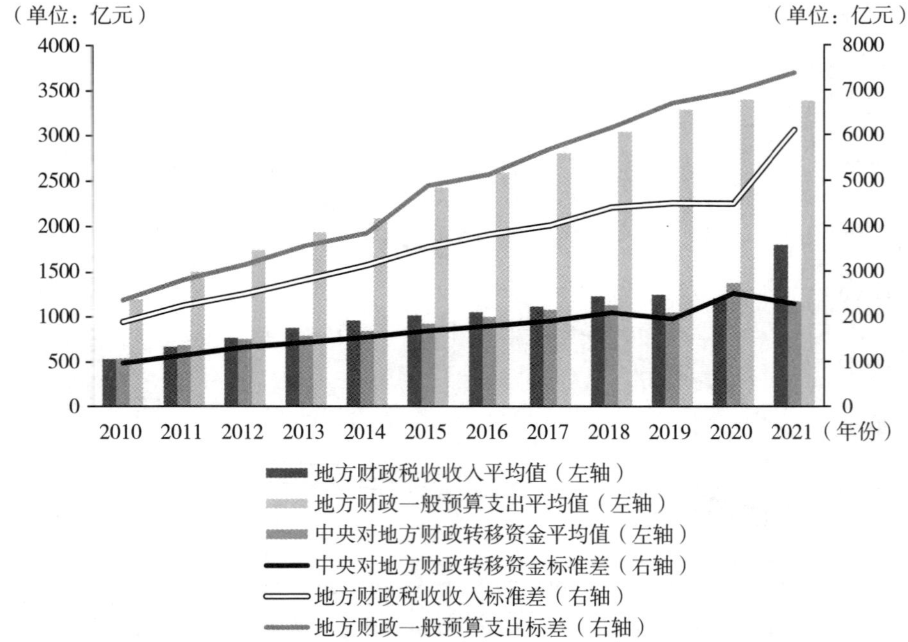

图 8-38　2010—2021 年全国各省份地方财政收入、转移支付、财政支出变化

资料来源：财政部网站公布的中央对地方一般性转移支付分地区决算表、中央对地方专项转移支付分地区决算表。

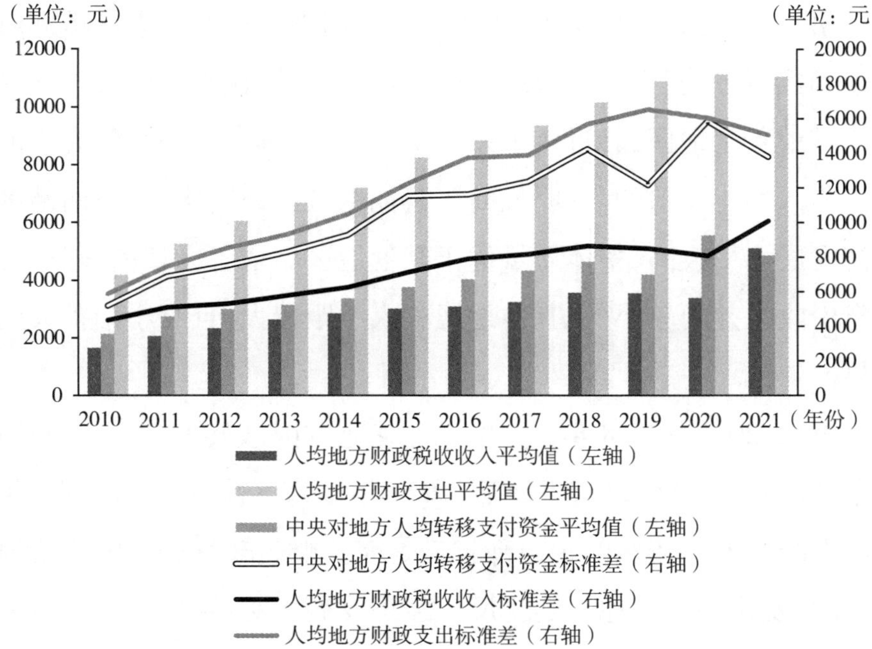

图 8-39　2010—2021 年全国人均地方财政收入、转移支付、财政支出变化

资料来源：财政部网站公布的中央对地方一般性转移支付分地区决算表、中央对地方专项转移支付分地区决算表。

第五节　中央财政转移支付缩小区域差距的发展策略

一、我国财政转移支付现状讨论

（一）我国财政转移支付的现状特征

探讨财政转移支付对中国区域协调发展的影响，以更好地利用财政转移支付这一政策工具促进中国区域协调发展，具有重要的现实意义，目前我国财政转移支付具有以下特征。

第一，华北、东北、华东、华中、华南、西南和西北七大区域间总收入和区域平均收入在不断扩大。其中，华东地区的总收入一直高于其他六个地区，且近年来差距明显扩大；华东和华南各省份的平均收入均排在前两名，明显高于其他地区。说明华东、华南地区经济发展水平较高，整体质量优于其他地区。在各区域内，除中部三省份收入差距较小外，其他地区收入差距较大，且有小幅扩大的趋势。

第二，2010—2018年，中央财政对地方财政转移支付均额稳步增长。在2019年略有下降后，2020年显著上升，然后在2021年再次下降。人口较多的中西部省份是需要财政转移援助的主要地区，经济发达的沿海地区则相反。经济发展相对不足、常住人口较少的省份为人均转移支付高收入地区；经济发达、常住人口多的地区人均转移支付水平较低。

第三，2010—2021年，全国地方财政一般预算支出呈现增长趋势，2020年以后，各省份财政一般预算支出均值持平。人均地方财政一般预算支出则明显放缓。华北、华中地区人均一般预算支出受转移支付作用较大，有效阻止了差距扩大。华东和华南地区的标准差一直呈增大趋势，说明转移支付对缩小区域差距的作用不大。西南地区的标准差在2019年之前呈上升趋势，之后趋于平和下降，说明财政转移支付直到近几年才开始生效。而东北地区地方财政的人均一般预算支出则呈现出共同增长，呈现出差距较小的趋势。

（二）我国财政转移支付的特征讨论

第一，财政转移支付制度作为现代财政体系的重要组成部分和国家治理的重要手段，正在深化中国区域协调发展战略的实施，加快现代财政体系建设。中央财政继续改革完善财政转移支付制度，加大对地方转移支付力度。然而，关于财政转移支付的实施效果仍存在争议。

第二，在较长的一段时间内转移支付的分配有利于发达地区，这进一步扩大了地区间公共服务水平的差距。其中，财政供养人口占总人口的比例会影响转移支付资金的分配，以财政供养人口为主的资金分配模式会导致资金向财政实力强的省份倾斜。

第三，随着近年来中央财政转移支付力度的逐渐均衡，有助于平衡各省份之间的财政差距，促进区域公共支出差距的缩小，从而提高落后省份的经济基础和科技水平，产生追赶效应，最终缩小区域经济发展差距。

二、我国财政转移支付的发展策略

（一）在保证财政均等化的基础上，平衡地区间财政转移支付规模

中西部地区的经济发展不如东部地区。财政转移支付资金向中西部地区倾斜，可以保证中西部地方政府有充足的财力履行相应的支出责任，也有利于缩小地区间发展差距和财政差距。然而，大规模的财政转移支付有时会加强地方政府对中央财政转移支付的依赖，这导致地方政府经常思考如何赢得更多的财政转移支付，而不是依靠自己的努力增加财政收入。中央财政在分配财政转移支付资金时，不仅要注重平衡地区间财政差距，还要在此基础上综合考虑地方政府财政转移支付资金使用效率和城乡居民收入差

距，在保证财政均等化的基础上，合理平衡地区间财政转移支付规模。提高财政转移支付资金的科学性和合理性。

（二）转移支付的区域分配应以实现基本公共服务均等化为主要目标

基本公共服务均等化意味着每个公民获得的基本公共服务应是相等的，即在不考虑公共服务供给成本的区域差异的情况下，人均的基本公共支出应该相等，为达到收支平衡，转移支付后的人均财政收入应当大致相等。目前，按照标准财力差距分配转移支付的做法虽然比较科学有效，但缺乏对公平的考虑。应当以缩小各区域在医疗卫生、教育、社会保障等公共服务方面的差距为目标来规范和完善我国的转移支付制度，保证各区域居民能享有水平相当的基础设施和基本公共服务，即为各区域的基本公共服务制定统一的最低标准，通过转移支付实现人均财政收入的均等化。

（三）完善财政转移支付制度构成体系，优化转移支付结构

完善一般性转移支付的构成体系，应将区域协调发展的目标定位与一般性转移支付的结构特点有机结合起来。整合规范一般性转移支付类型。在加快推进区域协调发展领域中央和地方财政事权划分和支出责任改革的基础上，将中央和地方财政事权类型纳入专项转移支付，将中央和地方共同事权类型纳入一般性转移支付，逐步形成以财政均等化为指导的一般性转移支付体系。优化专项转移支付组成体系，整合专项转移支付项目，严格控制新增专项转移支付项目，分类梳理专项转移支付项目。

（四）逐步构建横向转移支付制度，辅助纵向转移支付

长期以来，中国实施的纵向转移支付模式单一，透明度低，规范性差，区域平衡效应弱。因此，要逐步探索以中央政府垂直转移支付为主，地方政府横向转移支付为辅的转移支付模式。横向转移支付能反映地方的内在差异和不同的财政和支出需求，能更好地发挥财政均势的作用。横向财政转移支付具有更大的财政均等化作用。直接将富余资金从富裕地区转移到贫困地区，通过减少“高板”、填补“短板”，提高平均水平，减少“水桶效应”。贯彻执行中央的方针政策；横向转移支付作为补充，有利于解决经济落后地区财政资源不足的问题，减轻中央财政压力。

参考文献

1. 安虎森、郑文光:《地缘政治视角下的“一带一路”战略内涵——地缘经济与建立全球经济新秩序》,《南京社会科学》2016年第4期。

2. 安同良、杨晨:《互联网重塑中国经济地理格局:微观机制与宏观效应》,《经济研究》2020年第2期。

3. 薄文广、刘阳、李佳宇:《京津冀协同创新共同体发展研究》,《区域经济评论》2019年第3期。

4. 保继刚、杨虹霓、翁时秀:《中国旅游地理学的发展与创新》,《经济地理》2021年第10期。

5. 蔡赤萌:《粤港澳大湾区城市群建设的战略意义和现实挑战》,《广东社会科学》2017年4期。

6. 蔡运龙、傅泽强、戴尔阜:《区域最小人均耕地面积与耕地资源调控》,《地理学报》2002年第2期。

7. 曹卫东、曾刚、朱晟君、曹有挥、孙斌栋、曹炳汝、崔璨、段学军、张京祥、孙伟、杨山、陈明星:《长三角区域一体化高质量发展:问题与出路》,《自然资源学报》2022年第6期。

8. 陈得文、苗建军:《空间集聚与区域经济增长内生性研究——基于1995—2008年中国省域面板数据分析》,《数量经济技术经济研究》2010年第9期。

9. 陈发虎、李新、吴绍洪等:《中国地理科学学科体系浅析》,《地理学报》2021年第9期。

10. 陈刚强、刘沛林、李映辉等:《〈经济地理〉创刊以来的知识溢出特征与变化》,《经济地理》2020年第2期。

11. 陈肖飞、纪莉莉、张落成、赵金丽:《基于"3D"框架的江苏省地级市经济地理格局空间演化研究》,《地理与地理信息科学》2014年第3期。

12. 陈肖飞、张落成、刘桂林:《基于3D框架的长三角城市群工业污染物排放研究》,《环境科学研究》2015年第10期。

13. 陈肖飞、张落成、姚士谋:《基于新经济地理学的长三角城市群空间格局及发展因素》,《地理科学进展》2015年第2期。

14. 陈昭、林涛:《新经济地理视角下粤港澳市场一体化影响因素研究》,《世界经济研究》2018年第12期。

15. 单学鹏、罗哲:《成渝地区双城经济圈协同治理的结构特征与演进逻辑——基于制度性集体行动的社会网络分析》,《重庆大学学报(社会科学版)》2021年第2期。

16. 单云慧、郑素兰:《资源型城市转型财政转移支付法律制度供给价值研究》,《税务与经济》2022年第2期。

17. 邓晰隆:《城市群形成的本源性逻辑探究及其协同发展的政府行为建议》,《青海社会科学》2021年第6期。

18. 丁从明、吉振霖、雷雨、梁甄桥:《方言多样性与市场一体化:基于城市圈的视角》,《经济研究》2018年第11期。

19. 董艳梅:《省级区域获取中央财政转移支付的影响因素研

究》,《云南财经大学学报》2016 年第 6 期。

20. 樊杰、孙威、傅小锋:《我国矿业城市持续发展的问题、成因与策略》,《自然资源学报》2005 年第 1 期。

21. 樊杰、王亚飞:《40 年来中国经济地理格局变化及新时代区域协调发展》,《经济地理》2019 年第 1 期。

22. 樊杰、赵鹏军、周尚意:《人文地理学学科体系与发展战略要点》,《地理学报》2021 年 9 期。

23. 樊杰:《基于国家“十一五”规划解析经济地理学科建设的社会需求与新命题》,《经济地理》2006 年第 4 期。

24. 樊杰:《我国经济地理学历史沿革、现状特征与发展策略》,《经济地理》2021 年第 10 期。

25. 樊杰:《优化中国经济地理格局的科学基础——对未来 10 年经济地理学学科建设问题的讨论》,《经济地理》2011 年第 1 期。

26. 范晓莉、崔艺苧:《异质性人力资本、基础设施与城乡收入差距——基于新经济地理视角的理论分析与实证检验》,《西南民族大学学报》2018 年第 11 期。

27. 范晓莉:《文化消费、区域基础设施与城乡收入差距——基于新经济地理视角的理论分析与实证检验》,《西南民族大学学报》2020 年第 4 期。

28. 范欣、宋冬林、赵新宇:《基础设施建设打破了国内市场分割吗》,《经济研究》2017 年第 2 期。

29. 付强:《市场分割促进区域经济增长的实现机制与经验辨识》,《经济研究》2017 年第 3 期。

30. 傅伯杰:《地理学:从知识、科学到决策》,《地理学报》2017 年第 11 期。

31. 高菠阳、刘卫东、李铭:《工业地理学研究进展》,《经济地理》2010 年第 3 期。

32. 葛明、赵素萍、程盈莹:《互联互通能提高中国出口贸易效率吗——作用机理与实证研究》,《经济问题探索》2018 年第 4 期。

33. 龚锋、陶鹏:《财政转移支付与地方税收竞争——来自中国县级层面的证据》,《经济评论》2022 年第 3 期。

34. 何婷、成长春:《习近平关于推动长江经济带发展重要论述的基本逻辑》,《南京社会科学》2022 年第 6 期。

35. 何雄浪、姚雨霜:《人力资本流动、技术溢出与产业空间均衡——基于新经济地理学 OTT 分析框架的模型拓展》,《经济学报》2022 年第 1 期。

36. 贺灿飞、黎明:《演化经济地理学》,《河南大学学报(自然科学版)》2016 年第 4 期。

37. 贺灿飞、毛熙彦、彭建:《环境经济地理研究的理论演进与展望》,《经济地理》2021 年第 10 期。

38. 侯松、甄延临、曹秀婷:《高质量发展背景下城市群治理评价体系构建及应用——以长三角城市群为例》,《经济地理》2022 年第 2 期。

39. 胡鞍钢、周绍杰、鲁钰锋、地力夏提·吾布力:《重塑中国经济地理:从 1.0 版到 4.0 版》,《经济地理》2015 年第 12 期。

40. 胡晓丹:《"一带一路"交通基建项目对提升沿线地区贸易效率的作用》,《湖南科技大学学报》2019 年第 2 期。

41. 黄佳豪、李悦:《基于 TOE 框架的县乡村三级养老服务网络优化研究——以安徽省为例》,《安徽农业大学学报(社会科学版)》2022 年第 3 期。

42. 金祥荣、赵雪娇:《行政权分割、市场分割与城市经济效率——基于计划单列市视角的实证分析》,《经济理论与经济管理》2017 年第 3 期。

43. 金煜、陈钊、陆铭:《中国的地区工业集聚:经济地理、新经济地理与经济政策》,《经济研究》2006 年第 4 期。

44. 靳友雯:《财政转移支付推动西部地区社会均衡发展成效分析》,《重庆大学学报(社会科学版)》2018 年第 2 期。

45. 李洪涛、王丽丽:《城市群协调发展的距离、分割与一体化》,《财经科学》2020 年第 10 期。

46. 李加林、沈满洪、马仁锋、杨红生、陈一宁、孙才志、刘明、韩喜球、胡志丁、马学广:《海洋生态文明建设背景下的海洋资源经济与海洋战略》,《自然资源学报》2022 年第 4 期。

47. 李君华、彭玉兰:《中国制造业空间分布影响因素的实证研究》,《南方经济》2010 年第 7 期。

48. 李霞、刘佳宁:《粤港澳大湾区金融高质量发展:历史沿革、理论逻辑和实践路径》,《南方金融》2022 年第 5 期。

49. 李小建、李庆春:《克鲁格曼的主要经济地理学观点分析》,《地理科学进展》1999 年第 2 期。

50. 李小建:《中国经济地理思想的历史演变及发展走向》,《地理学报》2022 年第 8 期。

51. 李兴昌:《基于新经济地理学视角的中国经济空间结构研究》,《暨南大学》2007 年。

52. 李燕、贺灿飞:《基于"3D"框架的长江三角洲城市群经济空间演化分析》,《经济地理》2013 年第 5 期。

53. 李振发、徐梦冉、贺灿飞:《金融地理学研究综述与展望》,

《经济地理》2018 年第 7 期。

54. 刘明慧、章润兰:《财政转移支付、地方财政收支决策与相对贫困》,《财政研究》2021 年第 4 期。

55. 刘世庆、林睿:《成渝经济区城市化进程的现状与愿景:自经济地理观察》,《改革》2013 年第 10 期。

56. 刘卫东、陆大道:《经济地理学研究进展》,《中国科学院院刊》2004 年第 1 期。

57. 刘卫东、郑智:《中国经济地理学的国际化》,《经济地理》2021 年第 10 期。

58. 刘秀杰、万成伟、叶裕民:《京津冀协同发展的制度困境与对策建议——以通州与北三县协同发展为例》,《城市发展研究》2019 年第 11 期。

59. 刘彦随、夏军、王永生、宋进喜、赵新正、刘晓琼:《黄河流域人地系统协调与高质量发展》,《西北大学学报(自然科学版)》,2022 年第 3 期。

60. 刘毓芸、戴天仕、徐现祥:《汉语方言、市场分割与资源错配》,《经济学》2017 年第 4 期。

61. 刘照胜、于尚坤、王成新:《我国城市化新时代基本特征与发展策略》,《山东社会科学》2019 年第 8 期。

62. 刘志高、王琛、李二玲、滕堂伟:《中国经济地理研究进展》,《地理学报》2014 年第 10 期。

63. 陆大道:《我国新时期经济地理学的区域综合研究方向》,《地理研究》1987 年第 1 期。

64. 罗伯特·B.丹哈特、珍妮特·V.丹哈特:《新公共服务:服务而不是掌舵》,《中国行政管理》2002 年第 10 期。

65. 罗海平、邹楠、王圣云:《1981—2015 年我国粮食主产区气候生产潜力的时空分异与演化》,《长江流域资源与环境》2021 年第 7 期。

66. 吕育诚:《地方政府管理学》,元照出版公司 2001 年版。

67. 吕越、尉亚宁:《全球价值链下的企业贸易网络和出口国内附加值》,《世界经济》2020 年第 12 期。

68. 毛军、李子豪、石信秋:《财政转移支付对区域技术转移的影响研究》,《科研管理》2021 年第 1 期。

69. 毛其智、龙瀛、吴康:《中国人口密度时空演变与城镇化空间格局初探——从 2000 年到 2010 年》,《城市规划》2015 年第 2 期。

70. 门岿:《中国历代文献精粹大典》,天津学苑出版社 1990 年版。

71. 孟祥林:《"环首都"地区的发展困境与"环首都城市带"的发展》,《城市发展研究》2014 年第 4 期。

72. 孟召宜:《苏常锡地区产业结构及其调整》,《北京:国土与自然资源研究》2001 年第 2 期。

73. 皮亚彬:《集聚、扩散与城市体系》,南开大学 2014 年博士学位论文。

74. 戚伟、王开泳:《中国城市行政地域与实体地域的空间差异及优化整合》,《地理研究》2019 年第 2 期。

75. 任卓然、贺灿飞、王文宇:《演化经济地理视角下的经济复杂度与区域经济发展研究进展》,《地理科学进展》2021 年第 12 期。

76. 沈镭:《自然资源分类相关问题探讨及新分类方案构建》,

《资源科学》2021 年第 11 期。

77. 沈体雁、劳昕、杨开忠:《经济密度:区域经济研究的新视角》,《经济学动态》2012 年第 7 期。

78. 孙博文:《市场分割影响城市经济增长的新经济地理解释》,《城市与环境研究》2020 年第 3 期。

79. 孙久文:《构建中国区域经济学学科体系——评〈刘再兴文集〉》,《经济研究》2020 年第 8 期。

80. 孙久文:《重塑中国经济地理的方向与途径研究》,《南京社会科学》2016 年第 6 期。

81. 汪涛、张家明、刘炳胜:《国家可持续发展议程创新示范区评价指标体系研究》,《中国人口·资源与环境》2020 年第 12 期。

82. 汪涛、张家明、禹湘:《资源型城市的可持续发展路径——以太原市创建国家可持续发展议程示范区为例》,《中国人口·资源与环境》2021 年第 3 期。

83. 王昉、燕洪:《财政转移支付政策与贫困治理:基本逻辑与思想转型》,《财经研究》2022 年第 8 期。

84. 王辑慈:《关于企业地理学研究价值的探讨》,《经济地理》1992 年第 4 期。

85. 王江:《论中国战略性关键矿产资源安全的法律监管》,《中国人口·资源与环境》2021 年第 11 期。

86. 王丽艳、马光荣:《财政转移支付对地区经济增长的影响——基于空间断点回归的实证研究》,《经济评论》2018 年第 2 期。

87. 王领、何佳婷:《铁路、港口与物流绩效对我国贸易的影响及贸易潜力探析——以"一带一路"国家为例》,《物流科技》2019

年第 9 期。

88. 王淑佳、孙九霞:《中国传统村落可持续发展评价体系构建与实证》,《地理学报》2021 年第 4 期。

89. 王伟凯、黄志基、贺灿飞:《中国城市群经济空间评价——基于新经济地理的视角》,《城市发展研究》2012 年第 7 期。

90. 王宵雅、张继彤:《财政转移支付的区域协调发展效应研究》,《华东经济管理》2016 年第 8 期。

91. 王勇、黎鹏:《基于新经济地理"3D"框架的中国与 RCEP 伙伴国贸易效率影响因素研究》,《经济经纬》2021 年第 5 期。

92. 文余源、杨钰倩:《高质量发展背景下京津冀协同发展评估与空间格局重塑》,《经济与管理》2022 年第 2 期。

93. 吴福象、段巍:《国际产能合作与重塑中国经济地理》,《中国社会科学》2017 年第 2 期。

94. 吴金群、廖超超:《我国城市行政区划改革中的尺度重组与地域重构——基于 1978 年以来的数据》,《江苏社会科学》2019 年第 5 期。

95. 肖慧敏、刘辉煌:《地理距离、企业异质性与中国对外直接投资——基于"新"新经济地理视角》,《经济管理》2012 年第 10 期。

96. 谢元鲁:《试论中国历代政区制度变迁的特点》,《西南民族学院学报(哲学社会科学版)》2000 年第 2 期。

97. 徐明:《财政转移支付带来了地区生产效率提升吗?——基于省际对口支援与中央转移支付的比较研究》,《统计研究》2022 年第 9 期。

98. 鄢慧丽、徐帆、熊浩、王雅茜:《基于新经济地理"3D"框架的旅游经济空间结构特征分析——以长江三角洲地区为例》,《人文地理》2020 年第 1 期。

99. 晏世琦:《完善我国区域政策框架体系》,《宏观经济管理》2021 年第 3 期。

100. 叶林、杨宇泽:《中国城市行政区划调整的三重逻辑:一个研究述评》,《公共行政评论》2017 年第 4 期。

101. 叶振宇、李峰波、王宁:《我国区域经济高质量发展的阶段成效与难题攻坚》,《区域经济评论》2022 年第 1 期。

102. 尹虹潘:《开放环境下的中国经济地理重塑——"第一自然"的再发现与"第二自然"的再创造》,《中国工业经济》2012 年第 5 期。

103. 张吉献、丁志伟、张改素:《中原经济区土地经济密度的时空差异及影响因素分析》,《安阳师范学院学报》2013 第 2 期。

104. 张可云、李晨:《新中国 70 年行政区划调整的历程、特征与展望》,《社会科学辑刊》2021 年第 1 期。

105. 张婉苏:《我国财税法中转移支付的公平正义——以运行逻辑与实现机制为核心》,《政治与法律》2018 年第 9 期。

106. 张扬、陈雯、陈韵宇、任冬欢:《长江经济带三大城市群之间及其内部城市间连通性》,《经济地理》2022 年第 4 期。

107. 张颖:《区域统筹发展为导向的财政转移支付政策研究》,《求索》2012 年第 4 期。

108. 章屹祯、汪涛、曹卫东:《全球视野下区域协调发展的经济地理学研究——进展与展望》,《南京师大学报(自然科学版)》2020 年第 3 期。

109. 甄峰、徐京天、席广亮:《近十年来国内外城市地理研究进展与展望》,《经济地理》2021 年第 10 期。

110. 郑健壮、孙璐、朱婷婷:《地理距离、技术距离与集群企业的创新绩效——基于传统制造业集群的实证研究》,《浙江树人大学学报》2020 年第 1 期。

111. 周灿、曾刚:《经济地理学视角下产业集群研究进展与展望》,《经济地理》2018 年第 1 期。

112. 周春山、罗彦、尚嫣然:《中国商业地理学的研究进展》,《地理学报》2004 年第 6 期。

113. 朱晟君、王翀:《制造业重构背景下的中国经济地理研究转向》,《地理科学进展》2018 年第 7 期。

114. 朱建华、陈田、王开泳、戚伟:《改革开放以来中国行政区划格局演变与驱动力分析》,《地理研究》2015 年第 2 期。

115. 庄赟、曾五一:《新经济地理视角下中国大陆区域经济差异影响因素研究》,《现代经济探讨》2020 年第 12 期。

116. Abhishek N., Jenamani M., Mahanty B., "Urban Growth in Indian Cities: Are the Driving Forces Really Changing?", *Habitat International*, Vol.69, 2017.

117. Barnes T. J., "Retheorizing Economic Geography: From the Quantitative Revolution to the Cultural Turn", *Annals of the Association of American Geographers*, Vol.91, No.3, 2001.

118. Conroy T., Guo J. T., Hunt N. H., "Total Synthesis and Antimalarial Activity of Symplostatin", *Organic Letters*, Vol.12, 2010.

119. Davis D., "The Home Market, Trade and Industrial Structure", *American Economic Review*, Vol.88, 1998.

120. Davis J. C., Henderson J. V., "The Agglomeration of

Headquarters",*Regional Science and Urban Economics*,Vol.38,2008.

121. Dawley S., MacKinnon D., Cumbers A., Pike A., "Policy Activism and Regional Path Creation: The Promotion of Offshore Wind in North East England and Scotland ".*Cambridge Journal of Regions, Economy and Society*,Vol.8,No.2,2015.

122. Dixit A. K., Stiglitz J. E., "Monopolistic Competition and Optimum Product Diversity",*The American economic Review*,Vol.67, 1977.

123. Essletzbichler J., Rigby D., " Exploring Evolutionary Economic Geographies",*Journal of Economic Geography*,Vol.7,No.5, 2007.

124. Fiss P. C., "Building Better Causal Theories: A Fuzzy Set Approach to Typologies in Organization Research", *Academy of Management Journal*,Vol.54,No.2,2011.

125. Fujita M.P., Krugman T., Venables, *The Spatial Economy: Cities, Region and International Trade*, Cambridge, MA: MIT Press,1999.

126. Han F., Xie R., Lai M., " Traffic Density, Congestion Externalities,and Urbanization in China",*Spatial Economic Analysis*, Vol.6,2018.

127. Krugman P.A., Venables., "Globalization and the Inequality of Nations",*Quarterly Journal of Economics*,Vol.110,1995.

128. Krugman P., "Increasing Returns and Economic Geography", *Journal of Political Economy*,Vol.99,1991.

129. Li P., Bathelt H., " Headquarters-Subsidiary Knowledge

Strategies at the Cluster Level", *Global Strategy Journal*, Vol.10, No.3, 2019.

130. Ottaviano G. T., Tabuchi J. F. Thisse, "Agglomeration and Trade Revisited", *International Economic Review*, Vol.43, 2002.

131. Picard P.M., Zeng D.Z., "Agricultural Sector and Industrial Agglomeration", *Journal of Development Economics*, Vol.77, 2005.

132. Plummer P., Tonts M., "Income Growth and Employment in the Pilbara: An Evolutionary Analysis, 1980 – 2010", *Australian Geographer*, Vol.44, No.3, 2013.

133. Ragin C., *The Comparative Method: Moving beyond Qualitative and Quantitative Strategies*, Oakland, CA: University of California Press, 2014.

134. Raymond Vernon, "International Investment and International Trade in the Product Cycle", *The Quarterly Journal of Economics*, Vol.80, No.2, 1966.

135. Rice P., Venables A.J., Patacchini E., "Spatial Determinants of Productivity: Analysis for the Regions of Great Britain", *Regional Science and Urban Economics*, Vol.36, 2006.

136. Roberts M., Goh C. Density, "Distance and Division: The Case of Chongqing Municipality, China", *Cambridge Journal of Regions Economy & Society*, Vol.4, 2011.

137. Rutten R., "Openness Values and Regional Innovation: A Set-analysis", *Journal of Economic Geography*, Vol.19, No.6, 2019.

138. Simmie J., Martin R., "The Economic Resilience of Regions: Towards an Evolutionary Approach", *Cambridge Journal of Regions, E-*

conomy and Society, Vol.3, No.3, 2010.

139. Sydow J., Lerch F., Staber U., "Planning for Path Dependence? The Case of a Network in the Berlin-Brandenburg Optics Cluster", *Econ Geogr*, Vol.86, No.2, 2010.

140. Tabuchi T., Thisse J. F., "Taste Heterogeneity, Labor Mobility and Economic Geography", *Journal of Development Economics*, Vol.69, 2002.

141. Venables A.J., "Equilibrium Locations of Vertically Linked Industries", *International Economic Review*, Vol.37, 1996.

策划编辑：郑海燕
封面设计：吴燕妮
责任校对：周晓东

图书在版编目(CIP)数据

中国经济地理发展研究/刘长庚 等 著. —北京：人民出版社，2023.5
ISBN 978-7-01-025641-2

Ⅰ.①中…　Ⅱ.①刘…　Ⅲ.①经济地理-中国　Ⅳ.①F129.9

中国国家版本馆 CIP 数据核字(2023)第 074160 号

中国经济地理发展研究

ZHONGGUO JINGJI DILI FAZHAN YANJIU

刘长庚　彭文斌　魏晓 等　著

人民出版社 出版发行
（100706　北京市东城区隆福寺街 99 号）

中煤(北京)印务有限公司印刷　新华书店经销

2023 年 5 月第 1 版　2023 年 5 月北京第 1 次印刷
开本：710 毫米×1000 毫米 1/16　印张：17.25
字数：200 千字

ISBN 978-7-01-025641-2　定价：88.00 元

邮购地址 100706　北京市东城区隆福寺街 99 号
人民东方图书销售中心　电话 (010)65250042　65289539